하나님의 아름다움

하나님의 아름다움

채수일 목사 설교집

이 책을 내며

신학공부 41년 만에 처음으로 '설교집'을 냅니다.

설교는 본래 청중의 구체적인 상황 안에서 '말해진 말'이기 때문에 글로써 묶어낸다는 것이 뭔가 격에 맞지 않는다는 생각 때문에 늘 주저해왔습니다. 그러나 저를 더 주저하게 만든 것은 제 설교가 별로 내세울 만한 것이 아니고, 또 팔리지도 않을 설교집을 내어 가뜩이나 어려운 출판사에게 부담을 줄 것 같은 마음 때문이었습니다.

그런데 동연출판사의 김영호 사장님이 격려해준 것이 계기가 되어 그동안의 설교들을 묶어보았습니다. 사목을 하는 교역자가 아니어서 설교할 기회가 많지 않았고, 다양한 상황에 처한 여러 신앙공동체들로부터 초대받아 준비한 설교들이어서 구체적이지 않은 한계를 가지고 있습니다.

신학논문집을 엮어내는 것보다 훨씬 더 마음이 무겁고 부끄럽기까지 합니다. 저의 설교가 말씀에 대한 깊은 숙고와 삶의 폭넓은 경험이 결합된 신앙의 증언이 되지 못한 관념의 말놀이에 그치지 않았나 하는 두려움 때문입니다.

미흡하지만 그래도 말씀에 대한 저의 생각이 조그만 공명이라도 얻는다면 설교집을 출간해준 동연출판사에 누가 되지 않을 것 같습니다. 이 자리를 빌려 다시 한번 동연출판사 김영호 사장님과 직원 여러분에게 감사의 인사를 전합니다.

채수일

차례

이 책을 내며_ 5

1장_아래로부터의 기적

- 돈과 부활_ 13
- 아래로부터의 기적_ 20
- 왜 착한 사람에게 나쁜 일이 일어날까?_ 29
- 지식과 지혜_ 37
- 진정한 신앙인_ 45
- 자살은 죄인가?_ 55

2장_ 하나님의 아름다움

- 성령의 사귐 속에 있는 교회 _ 67
- 성서와 인권 _ 76
- 산 돌로 지은 집 _ 84
- 복 있는 사람 _ 90
- 하나님의 아름다움 _ 101
- 생명의 영이시여, 온 세상을 살리소서! _ 109

3장_ 현실의 부정과 하나님의 긍정

- 깨어 있는 사람의 때 _ 123
- 현실의 부정과 하나님의 긍정 _ 129
- 하나님의 눈치가 아니라 눈을 보아야 _ 136
- 마르다의 좋은 몫 _ 145
- 눈은 몸의 등불 _ 155
- 미래의 사람 _ 164

4장_ 이스카리옷 유다에 대한 명상

- 삼일정신과 한국 그리스도교_ 175
- 믿음이란 무엇인가?_ 188
- 세상 끝까지_ 196
- 이스카리옷 유다에 대한 명상_ 203
- 지배자와 지도자_ 213
- 사람을 낚는 어부_ 220

5장_ 생명파괴와 치유의 길

- 교회 일치의 근거와 목적_ 233
- 생명파괴와 치유의 길_ 239
- 장애의 은사_ 248
- 정의와 사랑 안에서의 통일_ 256
- 종교차별인가, 차별의 종교인가?_ 263
- 영화 '밀양'과 한국 교회_ 274

주석_ 284

1장

아래로부터의 기적

돈과 부활

마가복음 10:17-27

•돈과 부활, 혹시 설교 제목을 보고 무슨 장기이식이나 인간복제에 관한 것이라고 생각할지 모르겠습니다. 도대체 예수님의 부활과 돈이 무슨 관계가 있을까 의아하게 생각하는 사람들도 계실 것입니다. 그런데 오늘의 말씀을 읽으면서 저는 더 충격을 받았는데, 오늘의 이 말씀이 예수께서 자신의 수난과 부활을 세 번째 예고하시기 직전에 하신 말씀이기 때문입니다.

오늘의 말씀은 한 부자 청년(누가에 따르면 지도자)의 질문으로 시작합니다. "선하신 선생님, 내가 영생을 얻으려면 무엇을 해야 합니까?" 이 질문에 대해 예수님은 부자 청년이 이미 알고 있는 십계명 가운데 다섯째 계명에서부터 여덟째 계명까지를 나열합니다. 그러자 부자 청년은 이 모든 계명을 어려서부터 다 지켰다고 말합니다. 예수님은 그를 눈여겨보시고 사랑스럽게 여기시며 말씀합니다.

"너에게는 한 가지 부족한 것이 있다. 가서 네가 가진 것을 다 팔아서 가난한 사람들에게 주어라. 그리하면 네가 하늘에서 보화를 차지하게 될 것이다. 그리고 와서, 나를 따르라."

그러자 부자 청년은 근심하며 돌아가고, 예수님은 '부자가 천국에 들어가는 것은 낙타가 바늘구멍으로 들어가는 것보다 어렵다'고 말씀합니다. 놀라 흥분한 제자들이 그러면 누가 구원받을 수 있겠느냐며 반문하자, 예수님은 '사람은 할 수 없으나 하나님은 하실 수 있다'고 말씀함으로써 이야기는 끝납니다.

예수님은 부자와 중산층이 영원한 윤리적 갈등과 죄책감에 시달리게 하기 위해서 이 말씀을 하셨을까요? 아니면 하나님의 권능만 믿으면 무엇이든지 가능하다는 믿음의 능력을 과시하기 위해 그랬을까요? 예수님이 부자 청년의 부족한 윤리적 행동을 책망하거나, 그의 믿음 없음을 비난하지 않는 것으로 미루어 보아 우리는 예수님의 의도가 다른 곳에 있다는 걸 예감할 수 있습니다. 예수님은 우리에게 모든 재산을 팔아서 가난한 사람들에게 주라는 명령을 윤리적으로 일반화하지 않습니다. 아마 그렇게 하라고 해도 우리 가운데 대부분의 사람은 그렇게 하지 못할 것입니다. 예수님은 이 부자 청년을 통해 우리도 돈에 대한 사랑과 애착으로부터 자유롭지 못한 현실, 곧 우리의 돈과의 현실적 관계를 드러냈을 뿐입니다. 돈 앞에서 우리가 얼마나 약할 수 있는지를 예수님은 담담하게 보여줍니다. 그래서 인간은 하나님의 은혜를 필요로 한다는 현실을 '사람은 할 수 없으나, 하나님은 하실 수 있다'는 말씀으로 표현한 것입니다. 예수님은 돈의 현실과 세력을 과소평가하지 않고 또 과대평가도 하지 않습니다.

• 그런데 우리를 더욱 놀라게 하는 것은 '영생', 곧 부활에 대한 종교적, 신학적 질문에 대해 왜 예수님은 '돈' 문제로 응답했느냐는 것입니다. 지금까지 부활에 대한 논쟁은 주로 '몸의 부활이냐, 영의 부활이냐', '부활이냐, 영혼불멸이냐' 등 종교적이고 신학적인 질문을 중심으로 전개되어 왔습니다. 그런데 예수님 자신은 자신의 죽음과 부활을 세 번씩이나 예고하는 자리 외에는 그 어디에서도 이런 종교적이고 신학적 질문에 부활을 연결시켜 이해하고 있지 않습니다. 이것은 무엇을 의미하는 것일까요? 이것은 영생에 대한 질문, 매우 신학적이고 종교적인 질문이 현실의 문제, 특히 물질과 돈의 문제와 떨어져 생각할 수 없다는 것을 의미합니다. 돈의 문제는 단순히 윤리의 문제가 아니라 신학적 문제라는 것입니다.

돈은 사람이 부리는 교환수단일 뿐, 돈이 신일 수는 없다고 주장하는 사람이 있다면 "하나님과 맘몬을 함께 섬길 수 없다"(마 6:24, 눅 16:13)는 예수님의 말씀을 다시 생각해보아야 합니다. 굳이 '돈'이라는 일상적 단어를 쓰지 않고 예수께서 '맘몬'이라는 단어를 쓴 것도 돈이 가지는 신성 때문이었습니다. 더욱이 맘몬을 하나님과 병렬시킴으로써 예수님은 돈의 권세를 과소평가하지 않았습니다. 돈은 사람의 주인으로 섬김을 받으며, 사람 위에 군림하는 권세입니다. 돈으로부터 자유로운 사람은 없습니다. 돈 걱정 없어 보이는 재벌도, 자발적 금욕과 절제를 실천하는 수도승도 돈으로부터 자유하지 않습니다. 돈으로부터의 자유는 자기기만과 위선으로 위장될 수는 있지만 현실이 되기는 쉽지 않습니다. 까닭은 돈이 윤리의 문제만이 아니라 영적인 문제이기 때문입니다.

성서는 돈의 문제를 윤리적 차원에서 다루지 않고 영적인 관계에서 다룹니다. "돈이 있는 곳에 네 마음도 있다"(마 6:21), "어느 한편을 사랑하든지 미워하든지 해야 한다"(눅 16:13)는 예수님 말씀이나, "돈에 대한 사랑이 모든 악의 뿌리이며, 돈에 대한 사랑에 빠진 사람은 믿음을 잃는다"(딤전 6:10)는 사도 바울의 말씀은 돈의 문제가 윤리적 교훈의 문제가 아니라 영의 문제, 곧 하나님과 같은 권세와의 관계 문제임을 보여줍니다. 사람이 돈을 쓴다는 것은 착각입니다. 오히려 돈이 사람을 부리는 것이 현실이기 때문입니다. 돈 때문에 사람은 스스로 목숨을 끊기도 하고, 돈 때문에 사람은 다른 사람의 목숨을 해치기도 합니다. 돈 때문에 사람은 우정과 인륜을 서슴없이 버립니다. 돈은 재판관의 양심과 예언자의 예언도 바꿉니다. 세계의 어디에서나 돈 때문에 약탈과 살인, 구타와 고문, 전쟁, 강제투옥과 굶주림 등이 난무하고 가정이 깨지고 종교적 믿음과 윤리적 이상이 유린당하고 있습니다.

그러나 돈은 다른 얼굴도 가지고 있습니다. 돈은 천박한 사람도 숭고하게 보이게 합니다. 돈만 있으면 지식은 물로 학위까지도 사서 자신을 품위 있게 보이게 할 수 있습니다. 돈은 사람을 부지런하고,

의젓하고 대범하게 만듭니다. 돈은 안 되는 일도 되게 합니다. 감옥 생활을 호텔 생활로 바꾸기도 하고 또 감옥에서 풀려나게도 합니다. 돈은 사람의 목숨도 구해냅니다. 돈만 있으면 다른 사람의 장기를 사서 이식받을 수도 있습니다. 돈은 새로운 우정을 만들어주기도 합니다. 돈은 독재자도 대통령으로 만들 수 있습니다. 그러나 돈이 있어야 통일운동과 평화운동, 민주화운동과 인권운동, 여성운동은 물론 대학 경영도 할 수 있는 것입니다. 아! 돈은 심술 사납고 변덕스럽기도 합니다. 그러나 자극적이고 유혹적이기도 합니다. 돈은 천사이자 악마이며, 천국이자 지옥이며, 하나님이자 우상이며, 주인이자 노예이며, 독재자이자 친구입니다. 돈 때문에 웃어보고, 돈 때문에 눈물을 흘려본 사람은 누구나 돈이 가진 이 두 얼굴의 정체를 알고 있습니다.

　그러나 돈의 두 얼굴을 인정하는 사람도 돈이 신이라고 한다면 머리를 흔들지 모릅니다. "돈은 수단일 뿐 그 자체가 목적이 아니며 또 목적이 되어서도 안 된다. 그렇게 되면 사람이 돈에 예속되고 돈은 우상이 될 것이다. 그리스도교는 우상숭배를 금지하고 있지 않은가? 어떻게 돈과 하나님을 혼돈할 수 있단 말인가?" 옳은 말입니다. 그러나 이 믿음을 현실의 삶 안에서 지키기는 더 어려운 것도 진실입니다. 돈이 없어서 진학이나 자녀교육을 포기해야 했던 사람, 돈이 없어서 인간으로 최소한의 자존심도 지키지 못해본 사람, 돈이 없어서 죽어가는 가족과 함께 병원에서 문전박대를 받아본 사람, 월세 돈이 없어서 쫓겨나본 사람, 돈이 없어서 굶어본 사람은 돈이 하나님이 되는 순간을 경험했을 것입니다.

다시 오늘의 말씀으로 돌아갑니다. 예수님은 부자 청년과의 대화에서 영생, 곧 부활에 대한 신학적이고 종교적인 질문에 대한 대답을 가난, 가난한 사람, 돈 등 현실의 문제와 관계시켜 찾습니다. 그렇습니다. 종교의 문제는 현실의 문제를 떠나 대답될 수 없습니다. 그것이 아무리 종교적이고 형이상학적이고 신학적인 질문일지라도 대답은 현실에서부터 모색되어야 합니다. 부활신앙이란 무엇입니까? 죽음의 세력에서 깨어 일어난 예수님을 믿는 것입니다. 우리도 죽음의 세력에서 예수님과 함께 깨어 일어난다는 것을 믿는 것입니다. 아직도 죽음의 세력 아래에서 신음하는 사람들을 함께 일으켜 세우는 하나님 나라 운동에 동참하는 것입니다. 부활신앙을 가진 사람들은 가난하고 고통받는 사람들과 나누어야 합니다. 나눔이 그리스도인에게 요청되는 윤리적 덕이기 때문이 아닙니다. 나눔은 하나님 나라 운동입니다. 하나님 나라에 대한 희망을 가진 사람은 나누게 되어 있습니다. 고통받는 사람들의 곤궁이 우리를 나눔으로 인도하지만 그것이 동정으로 끝나지 않기 위해서는 하나님 나라, 정의와 평화의 미래에 대한 희망의 인도를 받아야 합니다.

절망적 상황에 처한 민중에게 희망을 주는 것은 우리가 가진 돈을 나눌 때 가능합니다. 세기적 전환기의 진입로에서 역사를 평화와 화해의 세기로 만드는 길도 우리가 가진 돈을 나눌 때, 가능할 것입니다. 그 돈이 많은지 적은지는 중요하지 않습니다. 돈을 나누는 것은 사람이 하는 것이 아니라 하나님이 하시는 일이기 때문입니다. 나눔을 통한 평화의 실현, 이것이 부활신앙입니다. 우리가 돈을 나눌 때, 상처받은 세계는 죽음의 세계에서 부활할 것입니다.

아래로부터의 기적

마가 6:30-44, 요한 6:1-15

• 지금부터 2천 년 전, 로마 제국에는 일반적으로 두 가지 먹는 방법이 있었습니다. 한 가지는 자신의 부를 공개적으로 과시하기 위하여 호화스런 만찬을 통하여 자신의 욕망을 충족시키는 방법이었습니다. 다른 한 가지는 해방된 노예들이나 마시는 거친 포도주와 음식을 먹는 이른바 내적 절제의 방법이었습니다.

로마 제국의 이 두 가지 먹는 방법에는 그러나 근본적으로 차이가 없었습니다. 그것은 식탁에 초대된 사람들 사이에 깊은 계급적 골이 있다는 점에서 그렇습니다. 해방된 노예와 주인 사이에도 깊은 골은 여전히 존속하고 있었던 것입니다.

그런데 주후 111년에서 112년 사이에 비티니에서 고문당한 두 명의 여자 노예에 대한 기록이 남아 있는데, 그 기록에 따르면 "그리스도인들은 마치 어떤 신에게 찬양하는 것과 같이 그리스도에게 찬양하며, 청렴하게 살아가고 있으며, 공동으로 식사를 실행하고 있다"라고 합니다.

초대 신앙공동체의 특징 중 하나가 함께 식사를 했다는 것임이 여기서도 드러납니다. 식사를 함께 하는 것은 낯선 일이 아니었습니다. 그러나 그리스도인들의 먹는 방법은 달랐습니다. 초대한 사람의 부와 명예를 과시하고, 다른 사람을 천대함으로써 자신을 돋보이게 하는 식사나, 부유하지만 내적 절제력을 과시하기 위해 해방된 노예들이 마시는 질 나쁜 포도주를 마시는 식사와도 그리스도인의 식사는 달랐습니다. 그리스도인의 식탁에는 음식의 질이 문제되지 않았습니다. 누가 초대했는지도 중요하지 않았습니다. 초대받은 사람들이 해방된 노예냐, 여자냐, 어린이냐, 부자냐, 가난한 자냐도 중요하지 않았습니다. 그리스도인의 식탁에는 모든 사람들이 평등하게 참여했던 것입니다. 바로 이런 먹는 방법 때문에 그리스도인들은 주변의 다른 사람들로부터 구별되었던 것입니다. 초대교회 그리스도인들이 다른 사람들과 구별된 많은 생활양식이 있었습니다. 전쟁에 나가는 것을 거부한다든가, 품위 높은 가문의 여성이 해방된 노예와 결혼하는 것을 허락한 일이라든가, 청렴성, 직업생활에서 속이지 않는 것 등이 그런 것이었습니다. 그러나 먹는 방법에서 그리스도인은 철저한 평등성을 지켰다는 것이 이들을 다른 집단으로부터 결정적으로 구별했습니다.

• 이런 전통은 물론 예수님의 먹는 방법에서 온 것입

니다. 예수님의 먹는 방법에 대한 보도는 복음서에 너무 많이 나와 있습니다. 하나님의 나라를 선포하고, 병자들을 고치시는 일 다음으로 가장 중요한 삶의 일부는 어쩌면 먹는 일이었을 것입니다.

먹는 문제는 예수님의 공생애의 처음부터 부활사건에 이르기까지 등장합니다. 예수님이 공생애를 시작할 때, 광야에서 시험을 받으셨습니다. 그때 악마의 첫 번째 시험은 돌로 빵을 만들라는 것이었습니다(마 4:3). 예수님이 돌아가신 후, 절망한 제자들이 엠마오로 가던 길에 부활한 그리스도를 만났습니다. 그러나 그들은 그 낯선 분이 부활한 그리스도라는 것을 깨닫지 못했다가, 그들과 함께 먹을 것을 나눌 때, 비로소 그분이 부활하신 그리스도라는 것을 알게 됩니다(눅 24:30-31). 세례자 요한은 먹지도 않고 마시지도 않았지만, 예수님은 와서 먹기도 하고 마시기도 했습니다. 얼마나 먹고 마시는 것을 즐겼던지 적대자들은 예수님을 "보아라, 저 사람은 먹기를 탐하는 자요, 포도주를 즐기는 자요, 세리와 죄인의 친구다"(마 11:18-19)라고 비난했습니다. 안식일에 밀 이삭을 잘라서 먹은 일(마 12:1-8)에서부터, 결혼잔치에서 술이 떨어지자 물로 포도주를 만드신 일(요한 2:1-11), 하나님 나라에 대한 비유에서 겨자씨(막 4:26-29), 누룩 등이 등장하는 것에 이르기까지, 먹고 마시는 일은 예수님의 짧은 공생애에 있어서 중요한 일의 하나, 아니 어쩌면 가장 중요한 일이었습니다. 예수님은 스스로를 "하늘에서 내려온 생명의 빵이다"(요 6:41, 6:48)라고 말씀했습니다. 예수님은 자신의 죽음을 제자들과 함께 식사하는 것으로 준비했습니다. 세상 끝까지 먹고 마시는 일을 통해 제자들은 예수님의 죽음을 기념하고 새로운 약속을 축하해야 했습니다.

오늘의 말씀도 먹는 것과 관련되어 있습니다. 이른바 '오병이어의 기적'으로 알려진 본문은 네 복음서 모두에 전승되었습니다. 세례자 요한이 처형당한 후, 제자들과 함께 외딴 곳으로 피한 예수님에게 소식을 들은 큰 무리가 모여들었습니다. 마치 목자 없는 양과 같았던 무리를 예수님은 측은히 여기시고, 하나님의 나라에 대하여 말씀하시면서 병자들을 고치셨습니다(눅 9:11).

날이 저물자 끼니를 걱정한 제자들이 예수님께 말했습니다. "여기는 빈들이고, 날도 이미 저물었습니다. 이 사람들을 흩어, 제각기 먹을 것을 사 먹게 근방에 있는 농가나 마을로 보내시는 것이 좋겠습니다."

그러나 예수님은 갑자기 "너희가 그들에게 먹을 것을 주어라"고 말씀하십니다.

제자들이 얼마나 놀랐을지 상상할 수 있습니다.

"아니, 우리들 끼니도 해결하지 못하는 처지라는 것을 선생님은 모르시나?"

"우리 목구멍도 채우지 못하는 판에 이 많은 사람들을 무슨 돈으로 사 먹인담?"

"어디 혹시 숨겨논 비자금이라도 갖고 계신가?"

사정을 모르는 것 같은 예수님을 어이없는 표정으로 바라보면서 제자들은 말했을 것입니다. "그러면 우리가 가서 빵 이백 데나리온 어치를 사다가 그들에게 먹이라는 말씀입니까?"

한 데나리온이 노동자의 하루 품삯인 당시 현실을 감안한다면, 제자들이 200데나리온을 가지고 있지 않았을 것이 분명합니다. 제자들은 예수님을 이해할 수 없었습니다. 그러자 예수님은 "너희에게 빵이 얼마나 있느냐? 가서 알아보아라" 하시고, 그들이 알아보고 "빵 다섯 개와 물고기 두 마리가 있습니다"라고 말합니다. 제자들이 이 빵과 물고기를 어디에서 구했는지 공관복음서에는 드러나 있지 않지만, 요한복음에 따르면 "한 아이가 보리 빵 다섯 개와 물고기 두 마리를 가지고" 있었습니다(요 6:9).

보리 빵은 유대인 식사의 주성분이지만, 가난한 사람들의 음식입니다. 굽거나 소금에 절인 물고기도 바닷가에서는 대체로 빈약한 반찬이었습니다.

그러자 예수님은 사람들을 떼를 지어 풀밭에 앉게 한 후, 빵과 물고기를 손에 들고 하늘을 우러러 감사 기도를 드린 후, 사람들에게 나누어주게 했습니다. 사람들은 제자들이 나누어주는 빵과 물고기를 받아 모두 배불리 먹었습니다. 남은 음식을 모으니 열두 광주리에 가득 찼는데, 배불리 먹은 사람들이 남자 어른만도 오천 명이었다는 것입니다.

• 이 '오병이어 이야기'는 전통적으로 예수님의 기적 능력을 입증하는 이야기로서 역사적 사건으로 이해되었습니다. 수많은 기적을 행하신 예수님이 까짓것 빵과 물고기를 늘려서 오천 명을 먹이는 일쯤이야 식은죽 먹기 아니냐는 것입니다.

종교개혁 이전의 사람들은 이 본문을 우화적으로 해석했는데, 떡 다섯 개는 모세 오경, 열두 광주리는 열두 사도로, 물고기 두 마리는 시편과 예언서 또는 복음서와 사도 서신으로 해석했습니다. 그래서 이 이야기는 사도들이 그리스도의 위임을 받아 설교의 빵을 사람들에게 나누어주고, 그럼으로써 율법이 복음으로, 옛 계약이 새 계약으로 바뀌는 전 세계적인 교회를 상징한다는 것입니다.

그러나 종교개혁자들은 본문 전체를 도덕적으로 해석했습니다. 에라스무스는 이 이야기를 "복음의 설교라는 양식으로 군중을 먹이도록 사도들에게 보여준 모범"이라고 봅니다. 칼뱅은 그리스도가 육신적인 일을 돌보는 데까지 목자 역할을 하셨다는 사실의 확증으로 봅니다.

다른 한편으로 19세기의 합리주의자들은 예수님이 자신이 갖고 있던 적은 양식을 기꺼이 나누어주자, 다른 사람들도 주머니에서 각자 가지고 있던 음식을 내놓아 모두 배부르게 먹은 것이라고 해석합니다.

'오병이어의 기적이야기'를 기적으로 볼 것이냐 설화로 볼 것이냐는 중요한 관심사가 아닙니다. 본문이 관심을 끄는 것은 예수님의 먹는 방법입니다. 예수님의 이런 먹는 방법은 초대 그리스도인들에 의해서 지속적으로 실천되었고, 바로 이 먹는 방법 때문에 초대 그리스도인들은 다른 사람들로부터 구별되었기 때문입니다.

제자들이 사람들을 "먹을 것을 사러" 보내야겠다고 했을 때, 예수님은 그들에게 고쳐 말씀하십니다. "너희가 먹을 것을 주어라."

제자들은 예수님의 제안을 이해하지 못했습니다. 놀랐지만 제자들은 군중을 위해 빵을 사러 갈 준비를 했는지 모릅니다. 예수님은 다시 말씀해야 했습니다. "너희가 가지고 있는 빵이 얼마나 되느냐?"

그때에야 비로소 제자들은 문제가 단순히 그들이 가지고 있는 빵을 나누려는 것임을 알아차리게 됩니다. 이 이야기의 핵심은 여기에 있습니다. 특별한 형식의 경제, 아니 문화혁명이 일어나기 시작한 것입니다. '사다'와 '나누다'의 대조는 오직 돈을 가지고 있는 사람들만이 배고플 때, 빵을 사먹을 수 있는, 교환가치에 근거한 사회적인 모든 관계를 뒤집어놓는 것입니다. 사람들이 가지고 있는 것, 그것이 매우 적은 것일지라도, 나눈다는 것, 그것은 새로운 먹는 방법이었습니다.

오늘의 경제 위기의 배경에는 교환가치에 근거한 시장논리의 지배가 있습니다. 모든 것이 시장으로 통합니다. 시장에서 교환가치가 없는 것, 돈이 되지 않는 것은 부도난 기업의 어음만도 못합니다. 인간관계까지도 매매법칙이 지배합니다. 이 시장 안에서는 무한경쟁의 법칙만이 지배하고, 승자만이 살아남을 수 있을 뿐입니다. 심지어 소외와 차별은 생물학적 운명으로 규정됩니다.

그러나 그리스도를 중심으로 모인 식탁에는 누구도 소외될 수 없습니다. 이 식탁에는 모든 사람이 초대받습니다. 이 밥상공동체에서 모든 사람이 배부르게 먹고 마실 때, 우리는 이미 하나님의 나라를 지상에서 실현하는 것입니다. 그러므로 교회 안에서 함께 식사를 하는 것에서부터 세상에서 굶주리는 사람들과 먹을 것을 나누는 것에 이르기까지 평등한 밥상공동체의 실현은 그리스도의 삶을 오늘에 실천하는 것과 다르지 않습니다.

• 예수께서 보리 떡 다섯 개와 물고기 두 마리로 수많은 사람을 먹이신 이 이야기는 예수님의 초능력을 과시하기 위한 데에 초점이 있는 것이 아닙니다. 만약 예수께서 자신의 초능력을 과시하기 원하셨다면, 예수님은 그의 공생애를 시작하기 전, 곧 사탄에게 시험받으셨을 때, 이미 돌로 떡을 만드셨을 것입니다.

그런데 우리는 이런 질문을 할 수 있을 것 같습니다. 만약 한 어린이가 자기가 가진 보리떡 다섯 덩어리와 소금에 절인 두 마리의 생선을 내놓지 않았다면 과연 예수께서 기적을 베풀 수 있으셨을까? 물론 예수께서는 다른 방법으로 기적을 만드셨으리라고 생각할 수 있을 것입니다. 그러나 나는 이 어린이가 아니었으면 기적은 일어나지 않았을 것이라고 여깁니다. 아니 예수께서 기적을 일으키시지 않으셨을 것입니다. 기적은 위에서부터 일어나는 것이 아니라, 아래에서부터, 우리가 가진 것을 나눌 때 일어나는 것입니다.

예수께서는 보리떡 다섯 덩이와 소금에 절인 물고기 두 마리를 들고 하늘을 우러러보시며 감사했습니다. 감사할 수 있는 상황이 아닙니다. 성인 남자만 오천 명이 넘었다면 이것은 이들을 먹이기에 충분한 양식이 아니었기 때문입니다. 그럼에도 불구하고 예수께서는 감사했습니다. 무슨 감사 기도를 드렸는지 알 수 없습니다. 오병이

어로 이 수많은 사람을 먹일 수 있는 기적을 일으킬 기회를 주신 것을 감사했을까요? 기적은 감사할 수 없는 상황에서 감사할 때 일어나는 것입니다.

  기적을 찾아볼 수 없는 이 삭막한 세상에서 우리는 기적을 만들도록 위탁받은 제자들입니다. "너희가 먹을 것을 주어라!", "너희가 생명을 살리거라"는 말씀입니다. 생명살림, 곧 기적은 우리가 가진 것—그것이 돈이건, 밥이건, 관심이건, 사랑이건, 정보건, 연대건 간에—모두를 나눌 때, 자신의 처지를 먼저 고려하지 않고 타인의 필요에 전적으로 자신을 바칠 때 만들어집니다.

왜 착한 사람에게
나쁜 일이 일어날까?

시편 73:1-16

• 왜 하필이면 내가 이런 고난과 고통을 받아야 한단 말인가? 이 질문은 불행을 몰고 오는 세상을 향한 원망스런 질문이기도 하지만, 동시에 불행한 자신의 삶과 처지를 한탄하는 자기 자신을 향한 질문이기도 합니다. 특히 이런 질문은 악하고 험한 세상에서 그래도 양심과 신앙에 따라 선하게 살려고 하는 사람들에게 더욱 절실한 것입니다. 살아가면서 누구나 겪었을, 아니 지금도 겪고 있는 고난의 현실에서 제기되는 이런 질문에 대하여 사람들은 무엇이라고 말할까요?

먼저 이런 고난과 고통은 '죄' 때문에 일어난다고 말하는 사람이 있습니다. 물론 자업자득이라고 자신이 지은 죄의 대가로 고통받아 마땅하다고 생각되는 사람이 있습니다. 이들의 고난에는 이 대답이 정당할지 모릅니다. 그러나 의롭고 선한 사람의 고난과 고통은 어떻게 설명해야 할까요? '원죄'를 들어 까다로운 질문을 피해 갈 수도 있습니다. 그런데 정작 더 황당한 것은 악하고 엄청난 죄를 저지른 사람들이 오히려 더 잘살고 뻔뻔스러울 정도로 더 잘 나간다는 것입니다.

다른 대답은 "불운의 희생자들은 종종 자신의 불행에 대해 하나님만이 알고 있는 그럴 만한 이유가 있으며 그것에 대해 자신은 옳고 그름을 판단할 자격이 없다는 논리로 스스로를 위로하는 것"입니다.[1] 착한 사람의 고난에는 무언가 이루고자 하는 하나님의 숨은 뜻이 있기 때문에 그저 고난을 순종으로 받아들여야 한다는 뜻입니다. 그러나 그 하나님의 숨은 뜻이 무엇인지는 모르지만 그 뜻에 기여한다고 해서 개인의 고통을 외면하려는 태도는 생명의 지고한 가치에 비추어볼 때 수용하기 어렵습니다.[2]

또 다른 대답은 "고난이 인간을 품위 있게 하고 교만과 천박성을 정화하여 그의 삶의 지평을 확대해주고, 고난의 목적은 인간성의 그릇된 부분을 고쳐주는 데 있다"는 것입니다.[3] 그러나 고난이 사려 깊은 인격을 만들기 위한 방편이라면 그 대가가 너무 큽니다. "하나님이 장애아를 보낸 것은 그 아이 주변 사람들에게 연민과 감사를 가르치기 위한 것이다"라는 합리화는 인간 개개인의 생명을 지나치게 경시하는 태도일 뿐만 아니라, 과연 하나님께서 그렇게 하시기 위해 우리 가운데 장애아를 보내셨는지 의혹을 불러일으킵니다.

고난을 하나님의 시험으로 보는 사람도 있습니다. 아브라함이 그의 아들 이삭을 바치는 이야기, 욥의 이야기가 흔히 원용됩니다. 그러나 만약 하나님이 더 큰 복을 주시기 위하여 우리를 시험하는 것이라면 하나님은 우리 중 얼마나 많은 사람들이 그 시험에서 실패하고 마는지를 살폈어야 합니다. 만약 하나님은 우리가 견뎌낼 만한 짐만을 주시는 분이라면 하나님은 너무나 자주 계산 착오를 일으키시는 것이 분명합니다.[4]

이런 저런 대답이 호응을 얻지 못하면 사람들은 무고한 사람의 고통에 대하여 내세에 보상이 있을 것이라고 말합니다. "내세에 대한 믿음은 사람들에게 자신의 믿음을 잃지 않으면서도 세상살이의 불공평함을 견뎌내게 해줍니다. 그러나 한편으로 그것은 우리 주변에서 볼 수 있는 불의를 외면하거나 분노하지 않는 핑계로, 다른 한편으로는 우리가 하나님으로부터 부여받은 지성과 용기로 그 불의를 해결하려 들지 않는 구실로 이용될 수도 있습니다."[5]

왜 착한 사람이 고난받는가?라는 질문은 왜 하나님은 착한 사람이 고통받게 놔두시는가?라는 질문을 전제하고 있습니다. 다시 말해 이런 질문을 제기하는 사람들은 마치 하나님이야말로 그 모든 고통을 일으키는 존재라는 전제하에서 왜 그가 우리를 고통받게 하는가를 이해하려 한다는 공통점이 있습니다. 그리고 그에 대한 전통적인 종교적 대답은 '하나님의 명성을 보호하기 위해 우리 자신을 탓하는 쪽으로 유도하거나', '현실을 부정하게 만들거나 우리의 참다운 감정을 억압하고', 인간으로 하여금 '단지 그 운명을 받아들임으로써 스스로를 증오하거나, 아니면 지나친 처사를 한 하나님을 증오하게 하는 방향'으로 나갑니다.[6]

그러나 과연 하나님은 그런 분이실까요? 우리에게 일어난 나쁜 일들이 모두 하나님께서 일으키신 것일까요? 오늘 우리는 병이나 사고나 자연재해를 두고 하나님에게 책임을 돌리지 않습니다. 어떤 것은 운이 없어서 일어나고, 어떤 것은 우리 주변의 나쁜 사람들 때문에 일어나며, 어떤 것은 우리가 인간이고 죽을 수밖에 없는 존재이기에 자연의 법칙이 지배하는 이 세상에서 불가피하게 일어나는 것일 뿐입니다. 우리에게 일어나는 고통스런 일들은 우리의 잘못에 대한 징벌도 아니요, 하나님의 어떤 원대한 계획의 일부도 아닙니다. 비극은 하나님의 뜻이 아니기에 비극을 당했다 하여 하나님에게 상처받거나 배신감을 품을 필요가 없습니다. 우리는 단지 하나님에게 돌아가 이 모든 것을 극복하도록 도와달라고 할 수 있을 뿐인데 왜냐하면 하나님도 분명히 우리만큼 노여워하시고 계시기 때문입니다.7 하나님은 선하고 의로운 사람들이 고통받는 현실에 분노하고 계십니다. 그러므로 중요한 일은 "왜 이런 일이 내게 벌어지는가? 왜 나만 이런 일을 당해야 하는가?"라고 질문하는 것이 아니라, "이제 이런 일이 벌어졌으니 우리는 어떻게 해야 할까?"라고 질문하는 것입니다.

• 시편 73편의 시인도 우리와 같은 고민에 처해 있습니다. 악인들은 "죽을 때에도 고통이 없으며, 몸은 멀쩡하고 윤기까지 흐르고, 사람들이 흔히들 당하는 그런 고통도 겪지 않으며, 사람들이 으레 부딪히는 재앙도 그들에게는 아예 가까이 가지도 않는다

는 것"(73:4-5), "그들은 모두 악인인데도 신세가 언제나 편하고 재산은 늘어만 가는 것"(73:12)을 이해할 수 없습니다. 마음이 정직하고 정결한 사람보다 왜 악인들이, 오만하고 피둥피둥 살이 쪄서 거만하게 눈을 치켜뜨고 다니면서 남을 비웃으며, 악의에 찬 말을 쏘아붙이고, 입으로는 하늘을 비방하고 혀로는 땅을 휩쓸고 다니는 악인들이(73:6-9) 더 평안을 누리는지를 아무리 깊이 생각해보아도 도저히 풀 수 없습니다. 그래서 그동안 선하고 의롭게 살아온 것이 오히려 후회되기도 합니다. "이렇다면 내가 깨끗한 마음으로 살아온 것과 죄를 짓지 않고 깨끗하게 살아온 것이 허사란 말인가?"(73:13). 이런 후회는 거만한 자를 시샘하고 악인들이 누리는 평안을 부러워할 때 더욱 커집니다(73:3). 그리고 마침내 시인은 마음이 정직한 사람과 정결한 사람에게 선을 베푸시는 하나님에 대한 확신과 믿음을 잃고 넘어지고 미끄러지는 데까지 나아갑니다.

우리도 마찬가지입니다. 악한 사람들이 오히려 잘나가는 것을 보면, 선하게 사는 것이 도대체 무슨 의미가 있는지, 하나님은 도대체 살아 계시기나 하는 것인지 의심과 회의에 빠지기 마련입니다. 신앙인들도 그들을 부러워하다가 시샘하게 되고 마침내 믿음을 잃는 데까지 나아갑니다.

그러나 시인은 '하나님의 성소'에 들어가서야 비로소 깨닫게 됩니다. 악한 자들의 종말이 어떻게 되리라는 것을. 여기서 '성소'는 하나님이 임재하시는 곳을 의미합니다. 시인은 하나님께서 임재하시는 곳, 하나님께서 임재하시는 때에, 악인들은 "멸망에 이르고, 공포에 떨면서 자취를 감추며, 아침이 되어 일어나면 악몽이 다 사라져 없어지듯이 그들도 한낱 꿈처럼 자취도 없이 사라진다는 것"(73:18-20)을 깨닫습니다.

선하고 의롭게 살아온 사람들도 종말의 때에 다 같이 사라질 것은 마찬가지입니다. 그러나 시인은 믿고 있습니다. 주님께서 "그의 오른 손을 붙잡아주시고, 주의 교훈으로 인도해주시며, 마침내 주의 영광에 참여시켜주실 것"을 믿고 있습니다. 선하고 의로운 사람들은 '믿음으로 사는 사람들' 입니다. 어떤 믿음입니까? "내 몸과 마음이 다 사그라져도 하나님은 언제나 내 마음에 든든한 반석이시요, 내가 받을 몫의 전부이시며, 하나님께 가까이 있는 것이 복'(73:26-28)이라고 믿는 믿음입니다.

하나님께 가까이 있는 것이 가장 큰 복입니다. 하나님의 영광에 참여하는 것보다 더 큰 행복이 있겠습니까? 그 복은 세상의 재산과 명성과 오만함과 바꿀 수 있는 복이 아닙니다. 하나님을 피난처로 삼은 신앙인들은 그 밖의 무엇도 우리의 삶을 지켜주는 안전한 피난처가 되지 못한다는 것을 압니다. 쌓아놓은 재산도, 쌓아올린 명성도, 높은 권력도 삶의 마지막에 아무런 보장도 할 수 없다는 이 지극히 단순한 현실 앞에서 하나님께서 가까이 계시다는 것 외에 무엇이 가장 확실한 피난처란 말입니까!

• 그러므로 신앙인은 시련과 역경 속에서 다른 사람들이나 자기 자신이 아니라, 오직 하나님 그분만을 바라보고 의지하는

사람입니다. 그리고 하나님께 기도하는 사람입니다. 우리가 불행에 굴하지 않고 일어설 수 있는 힘의 원천이 기도에 있기 때문입니다.

그러나 우리의 모든 기도가 응답받는 것은 아닙니다. 자신의 이익을 위하여, 치명적인 상황을 완화시켜달라거나, 악화되고 있는 병세를 뒤집어달라는 기도가 그것입니다. 물론 기적은 있습니다. 그러나 모든 사람에게 기적의 응답이 일어나는 것은 아닙니다. 우리는 과연 하나님이 누구의 기도는 들어주고 누구의 기도는 들어주지 않는 식으로 사람들을 차별한다고 생각할 수 없습니다. 그러므로 기도가 기적을 일으킬 때 우리가 할 수 있는 일은 우리의 기도가 기적을 불러일으켰다고 생각할 것이 아니라, 기적을 베푸신 하나님께 감사하는 일입니다.[8]

또한 다른 사람에게 해害가 되기를 원하거나, 우리가 스스로 할 수 있는 일을 하나님에게 해달라고 하면서 힘들고 하기 싫은 일을 기피하는 기도를 하는 사람들이 있습니다. 이런 기도에는 하나님께서 응답하지 않으십니다. "우리는 하나님에게 우리의 삶의 모든 문제로부터 자유롭게 해달라고 기도해서는 안 됩니다. 그런 일은 일어나지 않습니다. … 우리는 하나님에게 우리 주변에 주문을 걸어 나쁜 일은 모두 우리를 비켜가 남들한테만 일어나게 해달라고 기도할 수 없습니다. 기도를 통해 기적을 원하는 사람들은 일반적으로 기적을 얻지 못합니다. 그들은 단지 기도의 결과만을 바랄 뿐입니다."[9] 하나님은 나쁜 일이 안 일어나게 하거나 혹은 그런 일이 나쁜 사람에게만 일어나게 하는 방식으로 착한 사람을 돕지 않습니다. 하나님은 그렇

게 하시지 않습니다. 그러나 하나님은 우리에게 그것을 극복할 수 있는 힘과 인내를 주십니다.10

그렇습니다. 기도는 하나님에게 구걸하거나 하나님을 매수하는 행위가 아닙니다. 기도는 우리가 혼자 힘으로는 고난을 이겨낼 수 없는 약한 존재라는 것을 인정하고, 하나님께 고난을 이길 힘과 소망과 용기를 구하는 것입니다. 설령 우리가 기도를 통해 응답을 받지 못한다고 생각할 때일지라도, 기도는 기도하는 사람을 이웃과 교감하게 하고 동시에 하나님과 만나게 합니다. 기도는 자신의 고난에 관심을 갖는 신앙공동체가 있다는 것, 그와 함께 걱정하는 이웃들이 있다는 것, 하나님은 절망하고 고난받는 사람의 편에 서 있다는 것을 깨닫게 합니다.11

성도 여러분, 지금 남모르는 역경 속에서 고난받으며, 마음 깊이에서부터 신음하는 성도들은 기도해야 합니다. 또한 신앙공동체인 교회도 그런 성도들을 위해서 함께 기도해야 합니다. 기도만이 시련과 고난 속에서도 시험에 빠지지 않게 우리를 지키며, 악인들을 부러워하거나 시샘하지 않게 하며, 오직 하나님께 가까이 있는 기쁨으로 인하여 행복할 수 있게 하기 때문입니다. 그 무엇과도 바꿀 수 없는 우리 주 예수 그리스도께서 우리와 가까이 계시는 복과 기쁨이 성도 여러분에게 넘치시기를 주님의 이름으로 기원합니다.

지식과 지혜
마태복음 13:51-58

• 오늘의 말씀은 오랫동안 '온고지신'의 시각에서 해석되어왔습니다. 훌륭한 율법학자, 또는 교사는 '자기 곳간에서 새것과 낡은 것을 꺼내는 집주인'처럼, 전통과 새로운 변화를 균형 있게 배우는 것이 중요하다는 교훈을 끌어낸 것이었습니다. 맞는 말입니다. 전통에만 얽매여 시대의 새로운 변화를 받아들이지 않으면 고리타분하고, 그렇다고 새것만 쫓으면서 전통을 배우지 않으면 생각의 뿌리를 잃어버리기 때문입니다.

그러나 오늘 말씀의 비밀은 다른 곳에 있습니다. 이 말씀을 전후한 상황을 고려하면 우리는 곧바로 이 말씀의 비밀은 다른 곳에 있다는 것을 알 수 있습니다. 이 말씀을 마치자마자 예수님은 고향 나사렛에서 배척을 받고 떠나지 않을 수 없었습니다(마 13:57). 까닭은 사람들이 예수님을 달갑지 않게 여겼기 때문입니다. 곧이어 세례 요한이 처형당한 이야기가 뒤따르는 것으로 보아 우리는 예수님의 사역이 더 심각한 결과를 초래할 것임을 예측할 수 있습니다.

오늘 말씀의 비밀은 이것입니다. 예수님은 제자들을 전통과 새것 사이의 균형을 이룬 지식인으로 만들 의도가 있었던 것이 아닙니다. 말씀의 핵심은 예수님이 자신의 제자들, 곧 갈릴리 출신의 어부, 농부들을 '하늘나라를 위하여 훈련받은 율법학자'로 규정했다는 데 있습니다. 그리고 이것이 율법학자들, 곧 교육받은 율법교사들을 격분시킨 것입니다. 제대로 교육도 못 받은 천한 신분의 제자들을 정식 교육을 받고 사회적으로 존경받는 위치에 있는 높은 신분의 율법학자들과 대립시킨 예수님의 태도가 사뭇 못마땅했던 것입니다. 바로 여기에 말씀의 비밀이 있습니다. 예수님은 제자들을 '하늘나라를 위해 훈련받은 율법학자'로 규정했습니다. 그렇다면 하늘나라를 위해 훈련받은 율법학자들은 다른 율법학자들과 어떻게 다를까요?

• 이 질문에 대답하기 전에 잠깐 다른 이야기를 하고 싶습니다. 제가 1970년에 신학공부를 시작했을 때, 큰 감동을 준 책 한 권을 여러분에게 말씀드리려고 합니다. 이현주 목사님이 번역한 《춤추는 신》이 그 책입니다. 저자는 당시 하버드 대학교 신학대학 교수였던 샘 킨Sam Keen입니다. 그때까지 저는 한 번도 하나님이 춤을 추실 수 있다고 생각하지 못했습니다. 춤을 추기는커녕 온 몸에 깁스를 한 것처럼 경직되어 있고 엄숙하기만 한 분이 하나님이라고 생각해온 저에게 샘 킨은 하나님이 우리와 함께 기뻐하고 슬퍼하며,

춤도 함께 추시는 분이심을 깨닫게 해준 것입니다. 샘 킨은 당시 새로운 신학을 주도한 잡지를 편집하면서 이름을 알린 세계적인 신학자 가운데 한 사람이었습니다. 그런데 어느 날 갑자기 그의 이름이 신학의 지평에서 사라졌습니다. 소문에 의하면 그가 하버드 대학 교수직을 버리고 아메리카 대륙을 방랑하면서 인디언들, 흑인들, 소수민족들과 함께 어울려 산다는 것이었습니다. 그러나 저는 오랫동안 그의 삶을 확인할 수 없었습니다. 저는 그가 세상을 떠난 것으로 생각했습니다. 그런데 지난 2000년 1월 신문에 눈을 돌리다가 그만 깜짝 놀라고 말았습니다. 오래전에 아마도 세상을 떠났으리라고 생각했던 그의 책이 광고된 것입니다. 신학생 시절, 저를 감동과 흥분으로 몰아넣은 《춤추는 신》의 저자인 샘 킨이 빙그레 웃으면서 저에게 다가오는 것 같았습니다. 샘 킨이 《공중을 나는 철학자》라는 책으로 다시 살아 돌아온 것입니다. 이 책에서 저는 그가 두 번의 이혼과 오랜 기간의 방황 끝에 작은 대학 강단에서 신학과 철학을 가르치다가 은퇴했다는 것을 알았습니다. 그리고 그의 책, 《공중을 나는 철학자》는 그가 평생 하고 싶던 일, 그러나 하지 못하다가 은퇴한 후에야 시작할 수 있었던 일, 곧 '공중 그네 타기'를 배운 과정을 성찰한 책이었습니다.

일흔의 나이에 '공중 그네 타기'를 배운다는 것은 결코 쉬운 일이 아닙니다. 그러나 샘 킨은 '공중 그네 타기'를 시작합니다. 그는 힘든 일에 도전함으로써 늙는다는 것이 쓸모없다는 말과 동의어가 아님을 증명하려고 했던 것입니다. 그는 공중 그네 타기를 배우면서

"노인이 되었기 때문에 앉아 있는 것이 아니라 가만히 있으면 노인이 된다"는 것을 알았습니다. 그러나 높은 곳에 올라갈 때마다 두려웠습니다. 두려움과 공포가 엄습했습니다. 그러나 그는 놀랍게도 세계 정상의 선수들도 공중 그네를 탈 때마다 두려워한다는 것을 듣습니다. 그는 서서히 "두려움을 없애기보다는 매일 용기를 북돋우는 연습을 함으로써 공중을 나는 법을 배운다"는 것을 깨닫습니다. 그러나 그가 가끔 참을 수 없는 것은 마음의 변화였습니다.

"위대한 공중 곡예사들과 나보다 잘하는 동료 곡예사들의 화려한 묘기와 과감한 동작을 보면 감탄을 금할 수 없다. 하지만 가끔 내 안에서 사악한 마법이 일어나, 이들의 완벽한 기술과 나의 보잘것없는 동작을 비교한다. 그러면 나는 금세 우울해진다. 이들의 굉장한 묘기에 찬사를 보내기보다는 시기하는 마음이 생기면서 절망에 빠진다."

비교가 사람을 불쾌하게 만든다는 것을 힘든 경험을 통해 깨달았다.

"스스로를 열등하다고 생각한 지 채 며칠도 안 되어 마음이 완전히 바뀌면서 나는 자신을 우월하다고 생각한다. 카도나만큼은 못하지만 뚱보 클루츠 막스보다는 내가 훨씬 그네를 잘 탄다고 생각한다.

그러나 공중 그네를 연습하며, 비교하고 판단하는 것이 바보짓이라는 것을 계속 깨닫게 되었다. 다른 사람과 비교하여 자신을 평가할 때, 자신을 열등하거나 우월하다고 생각하는 것 자체는 그리 중요한 일이 아니다.

중요한 것은 그럼으로써 자신의 유일성을 잃어버린다는 것이다. 이런 사람은 높음과 낮음, 우월감과 열등감, 가학성과 피가학성 사이에서 계속 흔들린다. 그렇게 되면 자신은 오직 타인과의 비교 속에서만 존재하게 된다.

하나님은 나에게 다른 사람이 되라고 말하지 않는다. 만약 하나님이 열한 번째 계명을 주신다면 바로 이것일 것이다: 자신을 남과 비교하지 말라."

그렇습니다. 하나님은 우리가 비교하는 다른 사람이 되라고 말씀하시지 않습니다. 하나님은 우리가 천사가 되기를 원하시지도 않습니다. 하나님은 단지 우리가 우리 자신이기를 원하십니다. 그래서 우리는 이렇게 기도하고 찬송할 수 있는 것입니다.

나 주의 도움 받고자 주 예수님께 빕니다.
그 구원 허락하시사 날 받으옵소서.
내 모습 이대로 주 받으옵소서.
날 위해 돌아가신 주 날 받으옵소서.

(찬송가 349장)

'공중 그네 타기'를 배우면서 샘 킨은 제일 먼저 배우는 게 그네 위로 올라가는 방법이 아니라 그물 위로 떨어지는 것이라는 걸 알았습니다. 모든 배움은 사실 높이 올라가기 위해서 있는 것입니다. 엄청난 사교육비를 들여가며 자녀 교육을 시키는 이유는 일류 대학이 좋은 직장과 높은 소득을 보장하기 때문입니다. 오늘의 교육은 오직 신분 상승, 그에 상응한 소득 상승, 곧 올라가기 위해서 있습니다. 그런데 '공중 그네 타기'는 먼저 떨어지는 법을 가르친다고 합니다. 떨어지기 위해서 올라가는 사람은 없을 것입니다. 오직 올라가기 위해서만 살아온 사람이라도 또 정상에 도달한 사람이라도 언젠가는 내려와야 합니다. 세상에 올 때는 순서가 있었지만 세상을 떠날 때에는 순서가 없는 법입니다. 나이가 들어간다는 사실을 부인할 수 없는 나이가 된 샘 킨, 그는 다가오는 죽음을 의식하며 살아갈 나이가 되었습니다. 그는 이렇게 말합니다. "지금까지는 그네를 놓는 것보다 잡는 것을 더 잘했지만 마지막 묘기를 완성하기 위해 나는 우아하게 떨어지는 법을 배워야 한다."

• 다시 오늘의 말씀으로 눈을 돌리겠습니다. 마태복음 13장 51절에서 53절의 말씀은 1절부터 시작하는 일련의 비유 말씀의 대단원입니다. 씨 뿌리는 사람의 비유(1-9), 곡식과 가라지의 비유(24-30), 겨자씨와 누룩의 비유(31-33), 하늘나라에 대한 세 가지 비유(44-50)를 마무리하면서 하신 말씀입니다.

예수께서 제자들에게 너희가 이것들을 모두 깨달았느냐? 하고 물으시니, 그들이 예라고 대답했습니다. 예수께서 그들에게 말씀하셨습니다. "그러므로 하늘나라를 위하여 훈련을 받은 율법학자는 누구나 자기 곳간에서 새것과 낡은 것을 꺼내는 집주인과 같다."

유대교에서 율법학자는 '랍비' 곧 '위대한 사람', '수수께끼 같은 말씀의 숨겨진 의미를 연구하고, 비유의 수수께끼에 몰두하는 교사' (집회서 39:3)를 의미합니다. 예수님은 유대교의 율법학자들을 '하늘나라를 위하여 훈련을 받은 율법학자', 곧 그의 제자들과 대칭시킵니다. 유대교 율법학자들은 자신이 갈릴리 출신의 촌뜨기, 변두리 사람들과 동일시되는 것이 불쾌했습니다. 그래서 수군거립니다. "이 사람은 목수의 아들이 아닌가? 그의 어머니는 마리아이고, 그의 아우들은 야고보와 요셉과 시몬과 유다가 아닌가? 또 그의 누이들은 모두 우리와 같이 살고 있지 않은가? 그런데 이 사람이 이 모든 것을 어디에서 얻었을까?"(마 13:54-57).

일류 대학은커녕 학교도 제대로 다니지 못했을 목수의 아들이 어디서 이런 지혜와 놀라운 능력을 얻었는지 그들은 놀랐습니다. 아니 예수가 못마땅했습니다. 율법학자들의 배움과 지식이 그들의 신분을 상승시켜주었는지는 모르지만 그들의 지식에는 지혜와 능력이 없었기 때문입니다. 유대교 율법학자들은 교사가 되기 위해 배우거나 지도자가 되기 위해 배웁니다. 그러나 하늘나라를 위해 배우는 사람은 섬기기 위해서 배우는 사람입니다. 유대교 율법학자들에게는 지식의 축적이 중요하지만, 하늘나라를 위해 배우는 사람에게는 지혜와 깨달음이 중요합니다.

• 오늘날 흔히 배운다는 것은 지식의 양적 축적과 개인적 실력, 혹은 능력과 관계되어 있습니다. 실력 지향적 배움이 경

쟁사회에서 피할 수 없는 현실이기는 하지만, 그것이 받아쓰기와 모방과 암기만 허락하고 창조성과 참여를 허용하지 않기 때문에 문제입니다.

깨달음은 정보의 수집에 기초한 배움이 아니라 경험에 기초한 배움입니다. 지식의 축적에는 가르치는 사람과 배우는 사람이 차이가 있을 수 있으나, 깨달음은 참여적입니다. 가르치는 이와 배우는 이 모두가 서로에게서 배웁니다.

지식은 사람 사이의 경계를 높이지만 깨달음은 경계를 허뭅니다. 국경과 민족과 출신 성분, 성의 차이, 개인이나 집단의 능력이나 잠재력도 초월합니다.

깨달음은 실천 지향적입니다. 정보의 전달에 머물지 않고 깨달은 사람을 실천에로 움직입니다. 깨달음은 의식의 변화만이 아니라 존재의 변화를 지향합니다.

레스터 서로Laster Thuro가 말한 것처럼 우리 시대의 지식은 '지배'를 지향합니다. 그러나 지혜와 깨달음은 변화와 '공생'을 목적으로 합니다. 고린도전서 13장을 패러디해서 말한다면, "정보와 지식과 지혜, 이 세 가지는 언제나 있겠지만 그 가운데 으뜸은 지혜입니다"라고 할 것입니다. 우리 교회가 지혜의 근본이신 하나님을 배우고 깨닫는 공동체가 되기를 기원합니다.

진정한 신앙인

마태복음 26:31-35, 69-75

• 20세기 초, 인류 최고 관심사의 하나는 극지 탐험이었습니다. 서구 세계는 각 국가의 명예와 자존심을 걸고 다투어 극지 탐험에 나섰고, 극지 탐험은 개인의 탐험심과 영웅주의, 애국심과 국가 사이의 경쟁심이 합류하여 치열하게 전개되고 있었습니다. 마치 중세 유럽의 십자군 전쟁처럼 지구상의 모든 곳으로부터 탐험대가 몰려가고 있었습니다. 미국에서는 피어리와 쿠크 선장이 북극을 향해서 나아갔고, 남쪽으로는 두 척의 배가 항해를 해갔습니다. 한 척은 노르웨이 사람 아문센이, 다른 한 척은 영국인 로버트 팔콘 스콧 Robert Falcon Scott (1868-1912)이 지휘하는 배였습니다. 그런데 우리가 모두 잘 알고 있는 것처럼 인류 역사상 최초로 남극을 정복한 사람은 아문센이었습니다. 스콧은 아문센보다 한 달 늦게 남극에 도착함으로써 남극 정복에서 아문센에게 패했습니다. 스콧은 정복의 역

사에서 실패한 인물입니다.

그런데 역사는 아문센보다 스콧을 더 위대한 영웅적 탐험가로 기억하고 있습니다. 진실은 언제나 나중에 드러나는 법입니다. 아문센은 북극으로 간다고 해놓고 비밀리에 남극으로 배를 돌렸다가, 후에 비난이 일자 남극을 거쳐 북극을 가는 것이라고 말을 바꾸었습니다. 또한 리더십에 불만을 제기한 동료 요한센과 남극을 떠나자마자 결별하고 그를 매도하여 자살에 이르게 했고, 비교적 쉬운 코스의 지름길을 선택했다는 것도 그에 대한 역사적 평가에 짙은 그림자를 남겼습니다.

그러나 역사가 스콧을 더 위대한 영웅으로 기억하는 것은 그의 경쟁자였던 아문센이 비겁하고 기회주의적이며, 성공을 위해서는 수단방법을 가리지 않는 소인배였기 때문이 아닙니다. 그렇다면 왜 우리는 명백하게 실패한 인물인 스콧을 위대한 영웅으로 기억하는 것일까요?

스콧의 목적은 남극의 최초 정복에만 있었던 것이 아닙니다. 남극에 대한 과학적 탐구도 중요한 탐험의 목적이었습니다. 그는 남극 정복 실패 후, 네 명의 동료와 살아서 귀환할 가능성도 희박한 상황에서, 서서히 다가오는 죽음 앞에서 동상에 걸린 몸과 식량을 실어도 부족할 판에, 지질학계에서 의문으로 남아 있던 비어드모어 빙하 지대의 암석 지질을 밝혀줄 암석 표본 14kg을 썰매에 실었던 것입니다. 이로써 스콧은 남극에 대한 과학적 탐구의 길을 처음으로 열었습니다. 아문센이 동시에 출발했다는 소식을 듣고도 서둘러 극점을 향하지 않고, 새의 기원에 대한 실마리를 제공해줄 펭귄 알을 얻기 위해 혹독한 추위와 암흑 속에서 5주간의 탐험을 감행한 것도 그의 목적이 단순히 남극 정복에 있었던 것이 아니라, 인류에게 남극에 대한 과학적 탐사의 길을 열어주려는 데 있었기 때문입니다. 실패의 결정적 요인은 예기치 않은 기상 변화, 연료 부족과 굶주림 때문이었습니다. 1911년 11월 1일 남극점을 향해 출발, 이듬해 1월 17일 극점을 밟았지만, 아문센보다 한 달 늦게 도착하여 정복의 역사에서 실패한 후, 지옥 같은 악천후 속에서 귀환하다가 다른 두 동료와 함께 얼어 죽을 때까지 썼던 그의 일기의 마지막 날짜는 1912년 3월 29일이었습니다. 5개월에 걸친 2500km 긴 행군의 끝은 대원 모두의 죽음이었습니다. 마지막까지 남은 네 명의 대원 가운데 에반스는 뇌를 다쳐 죽고, 오츠는 자신의 동상으로 다른 동료들에게 부담을 줄까 봐 눈보라 속으로 스스로 죽음의 길을 걸어 나갔습니다. 며칠 후 스콧과 나머지 두 명의 대원도 모두 얼어 죽었습니다.

8개월 후 시신 발굴에 나선 영국 수색 팀은 1912년 11월 12일, 스콧과 그의 다른 두 동료의 시신을 찾았습니다. 수색 팀의 한 사람인 체리 그래드는 그들이 스콧의 시신을 발견했을 때, 그의 왼쪽 손은 평생 친구였던 윌슨을 향해 뻗어 있었고, 의사이자 동물학자인 윌슨과 내일 죽어도 오늘 기상학 표를 작성하고 죽을 사람으로 불린 기상학자 보우어는 손을 가슴에 포갠 채 조용하게 죽어 있었다고 증언합니다. 그리고 스콧의 가슴에는 그가 죽기 직전까지 써내려간 일기와 그의 두 동료의 아내에게, 영국 정부와 국민에게, 그리고 마지막으로 스콧 자신의 어머니와 아내에게 보내는 편지가 남아 있었답니다. 처음 남극 탐험에 나서면서부터 그가 죽기 직전까지 기록에 남긴 이 '남극 일기'는 25명으로 구성된 스콧 탐험대의 애국심, 희생과 헌신, 초인적인 용기와 인내심, 절망적 상황에서도 꿋꿋한 책임감, 영웅적 우정에 대한 위대한 인간 승리의 감동적인 기록으로 지금도 남아 있고, 바로 이 《남극 일기》, 한 권의 책만으로도 스콧은 명백한 실패를 가장 위대한 인간 승리로 승화시킨 인물이 되었던 것입니다.

영국 국왕은 해군 대령 출신 탐험대장 스콧의 장례식에 무릎을 꿇고 다음과 같이 말했다고 합니다. "우리는 오늘 진정한 영국인을 하나님께 보낸다." '진정한 영국인'은 어떤 사람일까요? 그것은 누가 보아도 명백한 실패를 위대한 인간 승리로 승화시킨 사람입니다. "영웅적인 죽음으로부터 삶이 솟아나고, 몰락으로부터 무한으로의 상승의지가 솟아난다는 것"을 보여준 사람, "성취와 성공이라는 우연성에만 집착하며 불타오르는 명예욕에 사로잡힌 소인배"가 아니라, "일이 비록 우리의 기대에서 벗어난다 할지라도 신의 뜻에 고개를 숙이고 최선을 다하는 사람",12 비록 몰락했지만 "이길 수 없는 운명의 거대한 힘에 맞서 싸우도록 장엄하게 인간의 심정을 고양시키는 사람"13일 것입니다.

스콧은 20세기 초, 실패했으나 결코 실패하지 않은 위대한 인물로 기억되고 있습니다. 실패 그 자체는 아무것도 아닙니다. 중요한 것은, 그리고 참으로 본질적인 것은 바로 실패 이후의 삶입니다. 삶의 진정성, 한 인간의 인격은 실패 그 자체에서가 아니라, 실패 이후,

그가 그것을 어떻게 새로운 차원의 인간 승리로 이끌어가느냐에 달려 있는 것입니다. 스콧은 애국심과 영웅적 동료애, 죽기 직전까지 써내려간 일기를 통하여 명백한 패배를 위대한 인간 승리로 승화시킨 진정한 영국인이 될 수 있었습니다.

• 그렇다면 진정한 신앙인은 어떤 사람일까요?

예수님의 제자 베드로도 분명히 신앙생활에서 실패한 사람이었습니다. 그는 그의 주님이신 예수님을 세 번이나 부인했습니다. "모두 주를 버릴지라도 나는 결코 버리지 않겠나이다"(마 26:33), "내가 주와 함께 죽을지언정 주를 부인하지 않겠나이다"(마 26:35)라고 맹세까지 한 그였지만, 그는 대제사장의 집 바깥뜰에서 한 여종의 추궁에 주님을 모른다고 세 번씩이나 부인했으며, 심지어는 "저주하며 맹세하여 이르되 주님을 알지 못한다"(마 26:74)고 말했습니다. 그때 곧 닭이 울었고, 베드로는 닭 울기 전에 네가 세 번 나를 부인하리라 하신 예수님의 말씀이 생각나서 밖에 나가 심히 통곡했다고 합니다 (마 26:75).

이 사건 이후, 베드로는 예수님이 부활하실 때까지 성서에 등장하지 않습니다. 자신에 대한 자괴감과 무력한 메시아에 대한 절망감으로 가룟 유다는 스스로 목숨을 끊었고, 베드로는 다시 갈릴리 호숫가의 어부로 되돌아갔습니다. 나머지 제자들도 이전의 일상생활로 되돌아갔습니다. 평범한 어부를 사람을 낚는 어부가 되게 했던 그분, 예수 그리스도와의 만남을 통한 삶의 놀라운 변화와 그분이 보여준 하나님 나라에 대한 소망, 전적으로 새로운 세계에 대한 꿈도 갈릴리 호숫가의 물거품처럼 사라졌습니다. 장모의 열병을 치유하시고(마 8:14-15), 수많은 병자들을 고치시고, 귀신을 쫓아내시고, 가난하고 슬퍼하는 사람들을 위하여 축복하시고 하느님 나라를 선포하신 예수님과 함께, 호산나를 외치는 군중들의 환호성 속에서 예루살렘 성전에 오르던 일들도 이젠 아득한 추억으로만 남았을 뿐입니다. 약한 어린이와 여인들, 병자와 죄인들과 더불어 새 하늘 새 땅을 노래하며 오르던 시온의 언덕도 이젠 흐르는 눈물 속에서 아스라이 사라졌습니다. 물 위를 걸어오시는 예수님과 함께 잠시나마 물 위를 걸었지만, 강풍이 무서워 물에 빠졌던 기억(마 14:28-51), 겟세마네 동산에서 죽음을 앞둔 예수님이 땀이 피가 되도록 기도하고 있을 때, 엄습하는 졸음을 어쩔 수 없어 함께 깨어 있지 못했던 아픈 기억(마 26:40)들이 가슴을 헤집고 치밀어 올라왔을 때에도 베드로는 이렇게 생각했을지 모릅니다.

'그래, 나는 역시 어쩔 수 없어.'
'아무리 새로 시작하려고 해도 언제나 제자리걸음만 하고 있을 뿐이야.'
'나는 나 자신을 도무지 변화시킬 수 없어.'
'세상은 우리가 바꿀 수 없어, 세상은 우리가 생각하는 것보다 훨씬 더 완강해.'

사람을 좌절시키는 외적인 요건들보다 더 심각한 것은 자기 자신에 대한 절망입니다. 객관적인 요인이야 어쩔 수 없다고 체념할 수 있지만, 자신에 대한 절망은 스스로를 파괴시킬 수 있습니다. 그러므로 진정한 의미에서 인생의 마지막은 실패했을 때가 아니라, 자신을 포기할 때입니다. 자괴감과 절망은 베드로를 다시 갈릴리 호숫가의 어부로 되돌아가게 했습니다(요 21:3).

그런데 보십시오. 부활하신 예수 그리스도께서 베드로에게 나타나셨습니다. 밤새 그물을 쳤지만 아무것도 잡지 못한 베드로와 제자들에게 예수님이 나타났지만 그들은 예수님을 알아보지 못했습니다. 그러나 예수님의 말씀에 순종하여 배 오른편에 그물을 던져 잡은 생선과 떡을 함께 나눌 때, 비로소 그들은 부활하신 예수님을 알아보았습니다. 식후에 예수님은 베드로에게 물었습니다. "요한의 아들 시몬아 네가 이 사람들보다 나를 더 사랑하느냐?"라고 베드로를 향한 예수님의 세 번의 물음은 베드로의 세 번에 걸친 부인을, 아픈 기억을 되살려냈을지 모릅니다. 근심스런 눈빛으로 베드로는 대답했습니다. "내가 주님을 사랑하는 줄을 주님께서 아시나이다." 주님은 이렇게 고백한 베드로에게 "내 양을 먹이라"(요 21:15-17)고 말씀하셨습니다.

일찍이 예수님을 살아 계신 하나님의 아들이요 그리스도라고 고백했던 베드로에게 "너는 베드로라. 내가 이 반석 위에 내 교회를 세우리니 음부의 권세가 이기지 못하리라. 내가 천국 열쇠를 네게 주리니 네가 땅에서 무엇이든지 매면 하늘에서도 매일 것이요, 네가 땅에서 무엇이든지 풀면 하늘에서도 풀리리라"(마 16,18-19)고 말씀하셨던 것처럼 베드로는 그 후, 예수 그리스도의 교회의 머릿돌이 되었습니다.

참으로 우리를 놀라게 하는 것은 바로 이것입니다. 순결한 어머니 마리아도 아니고, 지혜롭고 지식이 많은 요한이 아니라, 왜 하필이면 예수 그리스도를 세 번이나 부인한 베드로, 의심 많고 신앙에서 명백하게 실패한 베드로라는 이름 위에 왜 예수님은 교회를 세웠을까요?

그것은 베드로가 처절하게 실패한 신앙인이었음에도 불구하고, 자신의 실패를 통하여 진정한 신앙인이 되었기 때문이었습니다. 사람이란 실패할 수도 성공할 수도 있습니다. 종종 나쁜 사람에게도 좋은 일이 일어나는 것처럼, 좋은 사람에게도 때론 나쁜 일이 일어납니다. 중요한 것은 성공이나 실패 그 자체가 아닙니다. 진정한 신앙인이란 실패 속에서 절망한 자아가 아니라, 부활하신 주님을 만나는 사람입니다. 진정한 신앙인에게 중요한 것은 실패 그 자체가 아닙니다. 진정한 신앙인은 실패했을 때 다른 사람을 탓하거나 책임을 회피하는 사람, 자책감으로 자신을 스스로 포기하는 사람이 아니라, 실패를 인정하고 그 실패 뒤에 감추어진 아직 드러나지 않은 하나님의 뜻이 무엇인지 겸손하게 헤아려 깨닫는 사람입니다. 그러면 부활하신 그리스도께서 베드로에게 나타나신 것처럼, 우리를 찾아오십니다.

• 우리가 할 일은 오직 자신을 여는 일입니다. 우리가

실패할 수 있는 약한 존재라는 것, 우리 힘만으로는 자책과 절망으로부터 헤어나지 못한다는 걸 인정하는 것입니다. 그러면 우리가 우리 자신을 아는 것보다 우리를 더 잘 아시는 하나님께서, 우리가 우리 자신에게 가까이 있는 것보다 더 가까이 계신 하나님께서 우리의 명백한 실패에도 불구하고, 아니 바로 그 실패를 통하여 하나님의 승리, 하나님의 영광을 드러내실 것입니다. 하나님은 우리를 결코 실패에 머물게 하시지 않으십니다. 하나님은 결코 우리를 홀로 두시지 않습니다. 시련은 우리를 더 깊은 하나님과의 사귐으로 이끌기 위한, 우리의 믿음을 더 크게 하기 위한, 그리하여 이미 예비하신 큰 복을 주시기 위한 시험일 뿐입니다. 그러므로 진정한 신앙인이란 성공했을 때 더욱 겸손하고, 실패했을 때 더욱 감사하는 것입니다. 실패 속에서 하나님은 우리에게 전적으로 새로운 세계를 보여주심으로써 우리를 변화시키십니다. "누구든지 그리스도 안에 있으면 그는 새로운 피조물입니다. 옛 것은 지나갔습니다. 보십시오, 새 것이 되었습니다"(고후 5:17).

진정한 신앙인은 옛 것을 이미 지나간 것으로 여깁니다. 더 이상 과거가 그의 발목을 잡거나 의식을 짓누르게 하지 않습니다. 새로워진 존재를 기뻐하면서 복주시겠다고 약속하신 하나님의 말씀을 굳게 믿고 의지하며 주님의 미래에로 나아갑니다.

"누가 우리를 그리스도의 사랑에서 끊을 수 있겠습니까? … 나는 확신합니다. 죽음도, 삶도, 천사들도, 권세자들도, 현재 일도, 장래 일도, 능력도, 높음도, 깊음도, 그 밖의 어떤 피조물도 우리를 우리

주 예수 그리스도 안에 있는 하나님의 사랑에서 끊을 수 없습니다"
(롬 8:35-39).

그렇습니다. 이 세상의 그 어떤 피조물도 우리를 예수 그리스도 안에 있는 하나님의 사랑으로부터 끊을 수는 없습니다. 바로 이 변함없는 하나님의 사랑이야말로 실패의 한복판에서, 아니 모든 실패에도 불구하고, 우리가 새로운 피조물로서 전적으로 새로운 삶을 다시 시작할 수 있게 하는 능력의 근원입니다. 이 하나님의 사랑이 여러분의 가슴속에 새로운 소망의 불길을 일으키기를 주님의 이름으로 축원합니다.

자살은 죄인가?

사무엘상 31:1-6

●얼마 전 유명 연예인들의 자살 사건으로 세상이 시끄러웠습니다. 특히 크리스천 연예인의 자살을 둘러싸고 여러 가지 논쟁이 일었습니다. 자살은 죄인가, 자살한 사람은 지옥에 가는가, 그러므로 자살한 사람의 교회 예식에 따른 장례식을 허용해야 하는가 등의 문제가 그것이었습니다.

자살은 정신병의 결과이기 때문에 자살자는 환자로 봐야지 신앙적인 문제로만 보면 안 된다. 자살에 이른 사람들의 정신적 고통을 이해해야 한다. 하나님은 산 자와 죽은 자의 하나님이시고 그분의 자비는 한이 없기 때문에 자살자도 구원받을 수 있다는 이야기를 한 동료 종교사회학 교수가 수많은 댓글로 시달렸다고 합니다. 어떻게 신학자가 자살을 인정하느냐, 아니 자살을 부추기는 것은 아니냐 하는 등의 비난이 그것이었습니다.

정말 자살은 죄일까요? 자살한 사람은 지옥에 가고, 그러므로 자살한 사람은 교회예식에 의한 장례식을 허락받을 수 없을까요? 이런 전통과 신학은 어디에서 유래하는 것일까요?

• 스스로 숙고하고 결단한 자기 생명의 자발적인 제거라는 의미의 자살은 종교사에서 매우 다양하게 평가를 받습니다. 대부분의 유신론적 종교는 자살은 신에 대한 죄이며, 벌받을 행동으로 판단합니다. 까닭은 사람이 스스로 생명을 얻은 것이 아니기 때문에 스스로 생명을 거둘 권리 역시 없다는 것입니다.

중세 그리스도교 법에 따르면 자살을 기도한 것만으로도 처벌될 수 있었으며, 자살자의 교회 예식에 따른 장례식은 거부되었습니다. 이슬람 역시 자살을 경전인 꾸란을 근거로 비난합니다. 인도의 윤회론자들도 자살을 어리석은 행동으로 여깁니다. 까닭은 인간의 업보가 육체의 소멸과 함께 없어지는 것이 아니기 때문이며, 사람이 죽은 후에도 그의 선행과 악행에 따라 상이나 벌을 받는다고 생각하기 때문입니다. 붓다도 지상에서의 삶의 곤궁을 과장되게 묘사하여 차라리 죽는 것이 낫겠다는 생각을 불러일으키는 이들이 무거운 심판을 받게 될 것이라고 경고했습니다.

도덕철학자들, 특히 소크라테스는 "신이 어떤 필연성을 부여하기까지 인간은 자살할 수 없다"고 말함으로써 자살 금지를 종교적으로 규정하였습니다. 아리스토텔레스도 자살을 정치적 공동체 안에서 타인에 대한 불의한 행동이며, 그렇기 때문에 대부분 비겁한 행동이라고 말했습니다. 칸트 역시 자살을 범죄로 여기면서 그의 《도덕형이상학》에서 "인간이 인격 속에 있는 도덕성의 주체를 파괴한다는 것은 자신의 존재와 함께 도덕성 자체를 이 세상으로부터 말살시키는 것과 같다"고 경고했습니다. 실존주의 작가인 까뮈도 자살을 진정한 철학적 문제로 삼으면서, 자살을 실존적으로 거부했습니다. 까닭은 "의미 없는 세계에서 삶이란 유일한 인간적 가치이며 삶을 거부하는 것은 인간성에 대한 부조리의 승리를 의미하기" 때문이라는 것입니다. 반항적 인간은 현존재의 부조리에 대항하기 위하여 살아야 한다는 것입니다.

• 그러나 자살을 죄라고 보지 않는 예외적인 종교 전통도 있습니다. 스토아 학파 철학자들은 치유 불가능한 병에 시달리는 사람이 자살을 할 경우, 정당한 것으로 여겼습니다. 자살은 용기 있고 지혜로운 인간의 자기규정 행동이라고 생각했던 것입니다. 조국을 적으로부터 지키기 위해서, 혹은 신앙을 지키기 위하여 스스로 죽음을 선택할 경우, 사람들은 그것을 영웅적 행동이나 순교로 받아들입니다.

윤리적 차원에서 자살을 더 적극적으로 평가하려는 입장도 있습니다. 예컨대 공리주의자들은 한 사람의 생명 연장이 그 사람의 주변에 기쁨보다 오히려 더 부담을 준다면 차라리 죽는 것이 낫다고 생각했습니다. 흄은 "만일 신이 존재한다면, 우리는 그에게 감사드려야 한다. 까닭은 신이 우리에게 우리 스스로 우리의 삶을 떠날 수 있는 자유를 주었기 때문이다. 신이 우리에게 모든 생명을 다스릴 권리를 주셨다면, 자살을 자비로운 은혜로 받아들이는 것을 무신론적이라고 말할 수 없을 것이다"라고 말했습니다. 자살을 인간의 자유의 시각에서 긍정하는 이들도 있는데, 그들은 자살을 인간의 권리라고 주장하지는 않지만, 오직 예외적인 상황에서만 허락될 수 있는 자유로운 행동의 특수한 경우라고 말합니다. 칼 야스퍼스는 억압과 파괴적 고통에서 벗어나기 위해 선택되는 자살의 존엄성을 인정합니다. 인간은 존엄하게 살 권리도 있지만 존엄하게 죽을 자유도 있다는 것입니다.

• 그러나 대부분의 그리스도인들은 자살이—정신분열을 제외하고는—용서받을 수 없는 죄라고 생각합니다. 까닭은 자살이 회개와 용서를 불가능하게 하기 때문입니다. 그래서 로마 가톨릭 교회는 인간적 판단에 따라 의식적이고 자발적으로 스스로 목숨을 끊은 사람을 위해서 교회식으로 장례예식을 거행하는 것을 거부했고, 자살자가 교회 묘지에 묻히는 것을 허락하지 않았습니다.

그리스도교 안에는 자살이 죄라는 판단을 다양하게 해석하는 전통이 있습니다. 그 이유는 무엇보다 성서의 전통 자체가 문제를 제기하기 때문입니다. 예를 들면 자살한 삼손(삿 16:28-30)이 신앙의 영웅으로 찬양(히 11:32 이하)을 받는 것이 그것입니다. 또 그리스도교 박해의 시기에 순결을 잃기보다 스스로 목숨을 끊은 많은 여성 그리스도인들을 어떻게 평가할 것인지도 문제가 되었습니다. 고대 그리스도교 신학자들의 일부(크리소스토무스, 오이세비우스, 암브로시우스, 히에로니무스 등)는 이런 여인들의 자살을 찬양하였으며, 그 여인들 가운데 많은 이들이 성인으로 추앙받았습니다. 그러나 교부 아우구스티누스는 거기에 반대하는 입장을 취했는데, 까닭은 순결이 육체 안에 있는 것이 아니라 마음에 있다고 확신했기 때문이었습니다. 물론 그럼에도 불구하고 아우구스티누스는 그 여인들이 특별한 하나님의 명령에 따라 행동했을 가능성을 부인하지 않았습니다.

도덕 신학적 교리 전통은 토마스 아퀴나스에 근거하여, 인간의 창조주이신 하나님은 생명에 대해서만이 아니라 죽음에 대해서도 절대적인 주님이시며, 그러므로 인간은 자신의 생명을 하나님으로부터 대여받았을 뿐 자신의 생명에 대하여 절대적인 권한을 부여받지 못했다고 주장합니다. 아퀴나스는 중세 후기, 세 가지 이유에서 자살을 반대했습니다. 첫째, 인간의 자기 사랑과 자기 보전은 자연으로부터 주어진 의무이다. 둘째, 인간은 공동체에 소속되어 있다. 셋째, 생명의 처리 권한은 인간에게 있지 않고 하나님에게만 있다는 것이 그것입니다.

그러기 때문에 자살의 동기가 자살에 대한 신학적 판단의 기초라고 생각하는 사람도 있습니다. 곧 어떤 동기에 의해서 자살하느냐가 중요하다는 것입니다. 그러나 디트리히 본회퍼는 "자살 동기의 저급성이 자살을 비난받게 하는 것이 아니다. 인간은 저급한 동기에서 생명을 유지할 수도 있고, 고상한 동기에서 삶을 버릴 수도 있기 때문이다"라고 말했습니다. 자살의 동기 그 자체가 자살에 대한 신학적 판단의 기초가 되지 못한다는 걸 지적한 것입니다.

• 그렇다면 그리스도교는 어디에 근거해서 자살을 거부하는 것일까요? 그리스도교가 자살을 거부하는 이유는 복음 때문입니다. 자살에 대한 비난은 어떤 율법이나 혹은 어떤 창조주에 대한 신앙에서부터 제기되는 것이 아닙니다. 그것은 예수 그리스도 안에 있는 하나님의 은혜에 대한 기쁜 소식에 근거하고 있습니다. 그리스도인은 이 세상 운명의 힘에 지배를 받는 예속으로부터 이미 해방되었고, 우리 자신의 죄의 짐으로부터도 해방되어 우리를 구원하신 분에게 속해 있습니다. 그리스도인은 예수 그리스도에게 속한 때부터 육을 따라 살지 않는, '그리스도 안에서 새로운 피조물'(고후 5:16 이하)입니다. 삶이란 하나님의 은총이고 바로 그렇기 때문에 의미가 있는 것입니다. 그리스도인은 존재의 연속성에 대한 의미를 꼭 찾을 수 있어야 한다고 생각하지 않습니다. 신앙 안에서 그리스도인은 이미 그런 괴로운 질문으로부터 해방되었습니다.

"자살 직전에 서 있는 사람은 자살금지법이나, 금지 명령을 듣지 않는다. 그는 회개와 구원, 신앙에로 부르시는 하나님의 은혜로운 부름만을 듣는다. 절망에 빠진 이를 구원하는 것은 자기 자신의 능력에 호소하는 율법이 아니다. 율법은 희망 없는 절망에로 인도할 뿐이다. 오직 다른 사람의 구원 행동, 곧 자기 자신의 능력으로부터가 아니라 하나님의 은총으로부터 오는 새로운 삶의 제시가 삶에 절망한 이를 만날 수 있다."

디트리히 본회퍼의 말입니다. 젊은 나이에 나치의 강제수용소에서 사형을 기다렸던 경험이 있는 신학자의 고백입니다. 그가 자살을 선택하지 않은 것은 전쟁이 곧 끝나 수용소에서 풀려날 수 있으리라는 기대 때문이 아니었습니다. 오히려 절망 속에서 하나님의 은총으로부터 오는 새로운 삶을 그가 이미 경험했기 때문이라고 생각합니다.

• 자살을 기도하는 사람은 자살을 통하여 모든 문제가 해결되거나 모든 관계가 단절되리라고 생각할 수 있습니다. 그러나 살아 있는 사람과 역사와의 관계가 자살을 통해 모두 끊어질 수 있는 것이 아닙니다. 그래서 어떤 자살은 영웅적 행동으로 추앙을 받으며 역사 속에 살아 있고, 어떤 자살은 지극히 당연한 결과 혹은 비겁한 도피로 비난을 받는 것입니다. 또 어떤 자살은 자신의 결백을 입증하는 수단이나 자기 주장의 관철 수단으로 인정되기도 합니다.

자살의 원인은 다양하지만(생활고, 병고, 비관, 염세, 가정 불화, 양심의 가책, 결백의 주장, 배신감, 실연 혹은 자발적 안락사 등), 자살의 책임은 전적으로 자살한 사람 자신에게 있습니다. 그러나 자살한 사람은 이미 자살을 통하여 윤리적으로 책임질 위치에 있지 않습니다. 그럼에도 불구하고 자살은 다른 사람들과의 관계에서 무거운 상처를 주고, 하나님과의 관계에서는 구원의 은총을 포기하는 것이기 때문에 책임적 인간, 특히 신앙인이 취할 마지막 선택이 아닙니다. 생명은 하나님이 주신 선물이라는 그리스도교의 근본적인 생명이해는 인간이 살 권리만이 아니라 죽을 권리도 가지고 있다고 주장할 수 없게 합니다. 삶은 권리만이 아니기 때문이며, 또한 자신만의 소유가 아니기 때문입니다. 인간의 삶은 태어나면서부터 관계 속에 있기 때문에 삶은 권리만이 아니라 의무인 것입니다. 물론 사람은 자신의 생명을 자신의 의도대로 끝맺을 자유와 권리를 가질 수 있다는 주장은 존중되어야 합니다. 더욱이 더 이상 육체적으로 존속할 만한 가치가 없다고 판단되는 극단적인 상황에서 선택되는 자살은 인간답게 죽을 수 있는 마지막 기회일지도 모릅니다.

그런데 만일 자살의 동기가 빚, 외로움과 고독에 있다면 자살한 사람의 자살에 대한 책임은 우리 사회와 신앙공동체가 함께 짊어져야 합니다. 자살을 강요한 필연적인 개인적·사회적 조건에 대해서만이 아니라, 무관심에 대해서도 책임을 공유해야 합니다. 자살이 죄냐 아니냐, 자살한 사람은 천국에 가느냐 아니면 지옥에 가느냐 하는 질문은 교리적·신학적 질문은 되지만, 윤리적 질문은 될 수 없습니다. 자살에 이를 수밖에 없었던 자살자의 결단은 타인이 너무 쉽게 판단할 수 없을 만큼 진지한 것임을 우리는 인정해야 합니다. 그러나 그리스도인은 자살을 강요하는 사회적 조건을 극복할 책임과 노력을 나누어 가집니다. 이것이 자살자의 심리적 상황을 분석하고 책임을 자살자 자신에게 돌리거나, 자살은 죄라는 단순한 종교적 신념을 설교하는 것보다 더 나은 미래를 준비하는 교회가 취할 태도입니다.

자살에 대한 종교사회학적 조사 결과에 따르면, 자살을 생각한 대부분의 신앙인들이 목회자를 찾아 상담을 하지 않는다고 합니다. 목회자가 개인적으로 신뢰를 얻지 못한 데 이유가 있거나, 아니면 지금까지 교회가 추구해온 가치, '성공 지상주의', '능력 복음' 때문이 아닌가 생각해봅니다. 성공한 삶, 행복하고 그늘 없는 삶만이 신앙의 결과인 것처럼 가르친 잘못된 신앙관 탓에, 실패한 사람이나 삶이 주는 무거운 그늘 아래 신음하는 사람은 마치 믿음이 없는 사람인 듯이 취급받기에 자신의 속내를 드러낼 수 없는 것입니다. 하나님은 빛으로 우리를 인도하시지만, 우리 앞에서 인도하시는 것이 아니라 언제나 우리 등 뒤에서 길을 비추십니다. 앞에서 비추는 빛은 오히려 우리 눈을 뜨지 못하게 합니다. 빛은 오직 등 뒤에서 비출 때 길을 밝힐 수 있는 것입니다. 그러나 빛은 언제나 그림자를 만들어 냅니다. 하나님의 빛에 비추인 길 위에도 그림자는 있는 법이고, 그리고 그 그림자는 언제나 우리 자신의 그림자입니다. 빛 없는 그림자 없고 그림자 없는 빛도 있을 수 없습니다. 하나님이 인도하시는 삶, 빛으로 밝히시는 길 위에도 어둠과 그림자는 있다는 것을 깨달은 신앙인에게 자살은 있을 수 없습니다.

2장

하나님의 아름다움

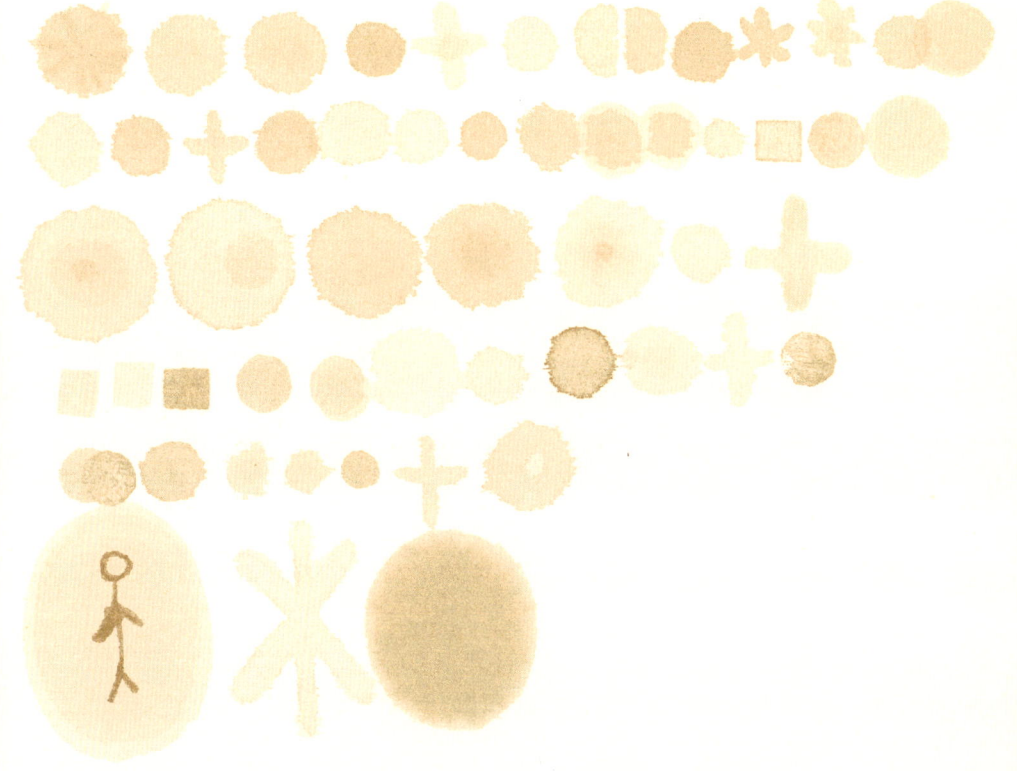

성령의 사귐 속에 있는 교회
사도행전 2:1-13

• 한국 교회는 짧은 선교의 역사에도 불구하고 빠르게 성장하여 세계를 놀라게 했습니다. 겨우 백 년을 넘긴 한국 교회가 지금은 전국에 21개 교단, 4만 7천여 교회, 1천 2백만 이상의 그리스도교인의 수를 자랑하고 있습니다. 피선교지였던 한국이 지금은 세계 132개 국가에 2천 4백여 명의 선교사를 파송하고 있고, 126개의 선교회, 전국의 기도원은 123곳, 신학교는 184개나 됩니다. 한국 교회의 이런 빠른 성장의 배경에는 일제 식민지 지배, 남북 분단, 한국전쟁, 개발 독재와 근대화, 도시화와 산업화 등의 사회적 요인이 있습니다. 정치적 불안정과 경제적 빈곤, 인구의 빠른 이동과 사회의 급격한 변화 등이 정신적 고향을 찾게 했고, 교회는 이들 정신적·공간적 실향민들의 안식처가 될 수 있었습니다.

그러나 19세기 초, '대부흥운동'에서부터 시작된 '성령운동'이 한국 교회 양적 성장의 중요한 배경이 된 것은 의심할 여지가 없습니다. 성령운동은 교회의 양적 성장에 기여했을 뿐만 아니라, 신자들에게 믿음의 확신과 소망을 주었습니다. 방언과 치유의 은사, 거듭남의 체험 등이 그것입니다. 성령운동은 남성 중심의 가부장적 질서 속에서 차별받던 여성들을 해방하는 역할도 했습니다. 또 교역자 중심적인 교회 질서 속에서 평신도의 능동적인 참여를 일깨우는 데 기여했습니다.

성령운동이 한편으로는 교회 성장에 기여했지만, 다른 한편으로 날카로운 비판을 받는 것도 사실입니다. 성령운동이 지나치게 물량적인 성장지상주의에 빠져 교회의 분열을 조장하고 심화시켰다는 비판이 그것입니다. 대형 교회와 민중 교회, 은혜가 넘치는 교회와 차가운 교회 등으로 교회를 분열시킨 것입니다. 또 성령운동이 그리스도인들의 가슴만 뜨겁게 만들었지, 사회적·역사적 책임을 외면하거나 현실에 무관심하게 만들었다는 비판도 있습니다. 개인의 '영혼 구원'에만 관심이 있지 다른 사람들 특히 고난받는 사람들의 '사회적 구원'에는 관심을 기울이지 않는다는 비난도 있습니다.

한국 교회 성령운동은 마치 양면에 날이 선 칼처럼, 두 얼굴을 가지고 있습니다. 한편으로는 교회와 신앙생활을 역동적이고 생명력 있게 일치시키면서, 다른 한편으로는 교회를 분열시킵니다. 성령 받은 교인과 못 받은 교인, 성령운동 하는 교회와 안 하는 교회, 능력 받은 목사와 능력 없는 목사 등으로 교회와 교인을 분열시키는 것도 성령운동입니다. 성령 체험은 정말로 우리를 이기적인 영혼구원론자로 만드는 것일까요? 성령 체험을 갈구하는 사람은 그리스도교인의 사회적 책임을 무시하는 사람들인가요? 사회를 변화시키겠다고 세상 안으로 들어가는 사람들은 겉모습이 세상 사람들과 다르지 않다고 해서 그 사람에게 성령이 역사하지 않는다고 말할 수 있을까요? 어떤 사람이 성령을 받을까요? 성령 받은 표징은 무엇이고 성령은 '무슨 은사'를 그리고 '왜' 우리에게 주시는 것일까요?

• 지금은 한국 교회가 성령보다 '영성'에 대해서 더 많은 관심을 갖고 있는 것 같습니다. 영성이란 무엇입니까? 영성은 하나님 체험의 길이면서 결과입니다. 인류가 시작되면서 지금까지 변함이 없는 하나님 체험의 원초적 길은 세 가지입니다. '춤'과 '노래'와 '기도'가 그것입니다. 많은 사람들이 찬양을 예배를 돕는 보조수단, 설교를 더 은혜롭게 하는 도구로 생각합니다. 그러나 찬양 그 자체가 예배입니다. 춤도 마찬가지입니다. 다윗은 법궤를 찾았을 때, 춤으로 하나님을 찬미했습니다. 그러나 오늘 우리의 예배에서 춤은 더 이상 있을 자리가 없습니다. 찬양은 노래방으로, 춤은 디스코텍으로 빼앗기고 말았습니다. 남은 것은 기도 하나인데, 기도란 무엇입니까? 많은 사람들은 기도를 일방통행으로 우리의 소원을 하나님에게 전하는 것으로 생각합니다. 그러나 기도는 그저 '주시옵소서'의 반복적 부탁이나, '위협'이 아닙니다. 하나님은 사실 우리에게 주실 것을 이미 모두 주신 분입니다. 기도는 하나님이 우리에게 무엇을 요구하시는지를 듣는 것입니다. 왜냐하면 우리는 하나님께서 먼

저 말씀하시지 않으시면 들을 수 없고, 하나님께서 스스로를 보여주시지 않으면 볼 수 없고, 하나님께서 내려오시지 않으면 올라갈 수 없기 때문입니다.

얼마 전 한 친구 목사가 어느 권사님 댁에 심방을 갔다고 합니다. 늦둥이를 얻어 애지중지하면서 키우는 아들을 위해 같이 간 권사님이 "하나님, 이 가정에 귀한 선물로 주신 이 아들을 하나님이 쓰시는 큰 그릇으로 만들어 주시옵소서"라고 기도했다고 합니다. 그런데 기도가 끝나자마자 이 아이 하는 말이, "엄마, 나는 큰 그릇 안 될래요. 내가 보니까 큰 그릇은 장롱 위에 신문지에 쌓여 있다가 일 년에 한두 번 잔치가 있을 때만 쓰던데, 나는 그런 그릇 안 되고, 매일 누구나 쓰는 그런 그릇 될래요"라고 말했다는 것입니다. 그 말을 들은 친구 목사가 크게 깨달았다고 합니다. '우리도 어느새 무엇이든지 커야만 좋다는 병에 걸려 있었구나. 한국 경제만 거품경제가 아니라 우리의 신앙도 거품신앙은 아닌지……' 반성했다고 합니다.

흔히 사람됨을 그릇과 비교합니다. 술을 마셨다 하면 말술을 들고, 성격이 호탕하고 거침이 없는 사람을 흔히 그릇이 크다고 하고, 생각이 좁고 행동이 쩨쩨하면 그릇이 작다고 합니다. 어찌 사람됨만 그릇과 비교할 수 있겠습니까. 나는 영성도 그릇과 비교할 수 있다고 생각합니다. 영성의 그릇은 그 크기가 아니라 그 그릇이 깨끗한가 더러운가, 그 그릇이 비어 있느냐 채워져 있느냐에 달려 있다고 생각합니다. 비어 있어야 하나님이 채워주시지 않겠습니까? 아름다운 소리는 속이 빈 피리에서 나오는 것처럼 영성도 깨끗하게 비어 있는 영혼 안에서 꽃피우는 것이 아니겠습니까? 한국 교회가 지금까지 추구해온 영성은 이른바 '충만 영성'이었습니다. 말씀 충만, 성령 충만, 은혜 충만 등 무엇이든지 가득가득 채워야 직성이 풀리는 영성이 그것입니다. 그러나 영성의 그릇은 비어 있어야 하고, 감사의 그릇은 언제나 차고 넘쳐야 합니다.

• 그렇다면 성령은 누구에게 어떻게 임하시며, 성령 받은 공동체를 어떻게 변화시키는 것일까요? 성령은 회개하고 용서받은 자에게 주어지는 선물입니다(행 2:38). 성령은 하나님의 선물입니다. 이것은 우리가 성령을 받을 만한 무슨 특별한 업적을 쌓았기 때문에 주시는 것이 아니라 전적으로 하나님의 은혜라는 의미입니다. 그러므로 아무도 하나님의 선물을 자기 자신의 특별한 영적 능력이나 경건 때문에 받는 것이라고 생각해서는 안 됩니다. 누가 성령을 받느냐는 것은 인간적 척도에 있지 않습니다. 하나님 자신이 결정하실 뿐입니다. 성령은 하나님이 원하실 때, 원하시는 곳에 보내십니다(고전 12:11).

성령의 은사는 다양합니다. 은사의 다양성은 공동의 이익, 곧 교회의 화해와 일치를 위해서 주어지는 것입니다(고전 12:7). 그러므로 성령 은사의 다양성이 교회 안에서 파당을 짓거나 시기하고 질투하는 대상이 되어서는 안 됩니다. 사도 바울은 은사의 다양성이 교회의 일치를 지향해야 하는 것을 사람의 몸과 지체의 비유를 들어 설명합니다(고전 12:25-26). 은사가 우리에게 주어지는 목적은 이 세계로부터 종교적 환상의 세계로 도피하게 하기 위한 것이 아니라, 갈등 있는 이 세계의 한복판에서 그리스도의 구원하고 해방하시는 주권을 증언하기 위함입니다. 성령은 '세상으로부터' 우리를 구원하는 것이 아니라, '세상과 함께' 우리를 구원하십니다.

예수님께서 공생애를 시작하기 전, 성령은 예수님을 광야로 내몰았습니다. 예수님을 광야로 몰아친 성령께서 우리도 삶의 광야로 내모실 때가 있습니다. 성령과의 사귐 속에 있는 삶이 무풍지대에서의 삶을 의미하지 않습니다. 성령 받았다고 인생의 모든 문제가 자동적으로 해결되는 것은 아닙니다. 성령 받은 사람도 광야 같은 인생 한복판에 내던져집니다. 고난 없는 삶이 아니라, 고난에도 불구하고 소망을 잃지 않고 고난을 극복하는 삶이 성령의 능력 안에 있는 삶입니다.

그러므로 성령과의 사귐 속에 있는 사람은 누구보다 먼저 자신을 사랑해야 합니다. 사람이 진실로 사랑하기 어려운 대상은 밖에 있는 원수보다 자기 자신일 때가 더 많습니다. 원수와는 필요에 따라 화해할 수도 있습니다. 그러나 자기 자신 안에 있는 원수, 도저히 사랑하고 용서할 수 없는 자기 자신 속의 자기의 일부를 사랑한다는 것은 쉬운 일이 아닙니다. 그러나 성령은 내가 스스로 용서하고 용납하고 사랑할 수 없는 '나 속의 나'를 사랑하게 하십니다. 인간적 사랑은 대부분 결핍 경험에 기초해 있습니다. 나에게 무언가 부족한 것을 사랑의 대상을 통해 보충하려는 것입니다. 이런 사랑은 사실 다른 사람을 사랑하는 것이 아니라 사랑의 대상 속에 투영된 자기 자신을 사랑하는 것입니다. 이것은 진정한 사랑이 아닙니다. 진정한 사랑은 사랑할 수 없는 것, 사랑을 필요로 하는 사람을 사랑하는 것입니다. 성령은 용서와 용납을 통하여 이런 사랑의 능력을 우리에게 주십니다.

성령의 사귐 속에 있는 교회는 성도들의 고통만이 아니라 영광과 기쁨도 나누어 가지는 공동체입니다. 성령의 사귐 속에 있는 교회 안에는 높고 낮음도, 귀하고 천함의 구별도 있을 수 없습니다. 오순절에 베드로는 초대교회에 일어난 성령의 역사를 요엘 예언서를 인용하여 설명합니다. "마지막 날에 나는 모든 사람에게 나의 성령을 부어주리니 너의 아들딸들은 예언을 하고, 젊은이들은 계시의 영상을 보며, 늙은이들은 꿈을 꾸리라. 그때에는 나의 남종에게도 여종에게도 나의 성령을 부어주리니 그들도 예언을 하리라"(행 2:17-18). 이로써 세대 간의 평등이 탄생합니다. 누구도 너무 젊거나 늙지 않았습니다. 그들은 모두 새로운 '생명의 영'이신 성령을 받아들이는 데서 평등합니다. 젊다는 것이 어떤 장점도, 늙었다는 것이 어떤 단점도 아닙니다. 아들과 딸들이 예언을 하고, 남종과 여종이 영을 받습니다. 남자와 여자가 평등합니다. 성령의 체험에서 남성과 여성, 남종과 여종, 늙은이와 젊은이 사이의 새로운 공동체가 탄생합니다. 하나님의 영은 사회적 차별을 지양합니다. 오늘 성령의 은사 속에 있는 교회는 남자와 여자, 늙은이와 젊은이, 주인과 종, 건강한 사람과 병든 사람이 함께 어울려 평등한 삶, 충만한 삶을 사는 곳입니다. 그리하여 병든 이들이 치유를 받고 새로운 생명으로 거듭나는 곳입니다. 절망한 사람들이 하나님 나라의 미래에 대한 소망으로 다시 일어서는 곳입니다.

• 성령의 임재는 초대교회 제자들에게 방언의 은사를 주었습니다. 오순절 다락방 방언사건은 구약성서의 바벨탑 사건(창 11:1-9)과의 맥락에서 해석될 수 있습니다. 바벨탑은 메소포타미아 지역의 '지구라트'라고 불리는 피라미드에서 영감을 받은 것인데, 놀라운 것은 '바빌론'이 '신의 문'을 의미한다는 것입니다. 바벨탑 사건은 인간이 하나의 언어를 가지고 신의 문을 들어가려고 했는데, 하나님이 언어의 혼란을 통하여 그것을 방해했다는 것입니다. 그런데 오순절 성령 임재와 방언은사 체험 사건은 '다양한 언어사건'을 통해, 다시 말해 '활발한 의사소통'을 통해 신의 문으로 들어오게 한다는 것을 의미합니다. 방언은 다른 사람이 이해할 수 없는, 오직 신과의 대화를 위한 이상한 언어라는 뜻으로 이해되고 있지만, 동시에 방언은 외국어를 의미합니다. 성령은 예루살렘에 모인 여러 나라에서 온 사람들에게 복음을 증거하기 위해 방언, 곧 외국어의 은사를 제자들에게 주신 것입니다. 증언은 '의사소통'에 의해서 가능합니다. 일방적인 주장이나 독백은 증언일 수 없습니다.

선교가 대화인 것도 마찬가지입니다. 대화는 선교를 위한 하나의 방편이 아닙니다. 대화 자체가 선교입니다. 대화 자체에서 역사하고 드러나는 것은 모든 사람이 구원받기를 원하시는 하나님의 영, 바람이 어디에서 와서 어디로 가는지 알 수 없는 것처럼 그렇게 역사하시는 성령이십니다. 그러므로 대화에 참여하는 이들은 대화 과정에서 진지함과 상호존중의 태도를 지녀야 합니다. 그리고 대화 결과에 대해서도 열려 있어야 합니다. 대화를 통해 드러나는 것은 진리 자체, 곧 하나님 자신이어야 하기 때문입니다. 그러므로 대화로서의 선교는 언제나 '초대'이지 '개종의 권유', 혹은 '감언이설의 유혹'이 아닙니다.

성령이 역사하는 교회, 성령과의 사귐 속에 있는 교회는 어떤 공동체일까요? 의사소통이 활발한 교회입니다. 신자와 목회자, 어린이와 어른, 여자와 남자, 건강한 사람과 병든 사람, 외국인 노동자와 내국인 신자, 부자와 가난한 사람들, 배운 사람과 못 배운 사람들, 은사 받은 사람과 못 받은 사람들 사이의 의사소통이 활발한 교회, 아무런 두려움 없이 자신의 생각을 말하고 서로 다른 의견이 존중받는 공동체, 차이가 차별의 이유가 되지 않는 공동체, 이런 공동체야말로 성령의 사귐 속에 있는 신앙공동체인 것입니다. 우리 교회가 그런 신앙공동체 되길 예수님 이름으로 축원합니다.

성서와 인권
누가복음 1:67-80

• 누가복음 1장 67절부터 80절까지의 말씀은 세례 요한의 아버지 사가랴의 찬송으로 알려져 있습니다. 아내 엘리자벳이 수태하지 못하고 자식이 없을 뿐만 아니라, 두 사람이 모두 나이가 많아 더 이상 자식을 얻을 가능성이 없었는데 주님의 은혜를 힘입어 마침내 아들 요한을 얻은 기쁨으로 노래한 것입니다. 그러나 이 기쁨은 노년에 아들을 얻은 데서만 온 것이 아닙니다. 요한에게 부여될 역사적 소임, 곧 주의 길을 예비하고, 그의 자비하심으로 주의 백성에게 구원의 소식을 전할(눅 1:77) 소임이 주어진 것에 대한 감사에서 나온 것입니다. 그러므로 그의 기쁨은 자신만의 기쁨이 아니라 다른 사람들과 더불어 가지게 되는 기쁨이었습니다.

요한의 아버지의 이름, '사가랴'는 구약성서에 흔히 나타나는 이름으로 '야훼께서 기억하신다'는 뜻입니다. 그의 아내 이름, '엘리자벳'의 히브리어 표현은 '나의 하나님이 약속하셨다', 혹은 '하나님은 나의 행운이다', '하나님은 완전하시다' 등 다양하게 해석될 수 있습니다. 사제 가문 출신의 사가랴와 엘리자벳은 '하나님 앞에서 의로운 사람들'이었습니다. 이들의 의로움은 단순히 윤리적이고 법적인 의로움이라기보다는 하나님의 명령에 순종하는 생활에서 온 것입니다.

그런데 이들의 경건한 생활과는 대조적으로 이들은 자식을 갖지 못했습니다. 아이를 낳지 못하는 것은 당시 하나의 큰 저주이며 천벌을 받은 표시이기도 했습니다. 반대로 자녀를 잉태하는 것은 하나님이 내리는 축복의 표징이었습니다(창 1:28, 시 127, 128편 등). 그러나 사가랴와 엘리자벳은 이 축복에 대한 희망을 포기한 상태였던 것으로 보입니다. 그것은 엘리자벳이 임신하지 못해서뿐만 아니라 둘 다 모두 늙었기 때문이었습니다.

그런데 하나님께서 이들에게 아들을 주어 이름을 요한이라고 짓게 했습니다. 아들의 이름을 짓는 일은 보통 아버지가 하는 일인데, 하나님이 이름을 지시했다는 사실은 이 아이의 독특한 위치를 지적해주는 것이라고 하겠습니다. '요한'은 '주께서 너그러우시다'는 뜻으로 당시 매우 흔한 이름이었습니다.

요한의 임무는 이스라엘을 향한 예언자적 과업이었습니다. 사람들을 우상숭배와 죄로부터 하나님에 대한 사랑과 봉사로 돌이키게 하는 과제를 부여받은 것입니다. 말라기 2장 6절에 따르면 참사제의 임무는 많은 사람들을 악으로부터 돌이키게 하는 것입니다. 구약성서에서는 엘리야가, 신약에서는 요한이 그 임무를 맡게 되었습니다.

• 올해(2008년)는 국제연합이 세계인권선언을 공포한 지 꼭 60년이 되는 해입니다. 세계교회협의회WCC 국제위원회는 지난 11월 16일부터 21일까지 뉴욕에서 인권 문제를 가지고 '애드버커시 위크Advocacy Week'를 열었습니다. 150여 명이 참석한 회의에서는 지구화 시대의 변화된 인권 상황, 특히 이주민 문제, 기후 변화, 스리랑카 문제 등이 논의되었습니다. 그동안 인권은 수많은 이들의 투쟁과 희생 위에서 크게 신장되어왔습니다. 그러나 안보와 인권 사이의 긴장은 여전히 지속되고 있습니다. 특히 지구화의 진전은 한 국가 안에서는 물론 국가 사이에서도 빈부격차를 심화시켰고, 광범위한 이주민 문제(자발적 혹은 타율적인 이주를 포함하여)도 인권을 위협합니다. 인류의 화해와 평화를 위해 존재하는 것이 종교임에도 불구하고 역설적으로 종교 때문에 발생하는 갈등과 폭력이 인권을 말살하기도 합니다. 그러나 9·11 테러에 대한 반응으로 등장한 국제안보 상황으로 국익이 보편적 인권과 국제주의적 관심을 능가한다는 현실주의적 관점을 정당화했습니다. 기후 변화도 인권과 밀접하게 관계되어 있습니다. 지구 온난화로 인한 재해는 물론, 해수면 상승으로 태평양 섬나라들 주민들은 이주를 강요당하고 있습니다. 어떤 형태로 인권이 위협을 받든지 가장 큰 피해자는 언제나 여성과 어린이입니다. 소수민족과 원주민, 동성애자와 장애우 등 소수자 인권 문제도 시급한 현안입니다. 급변하는 지구화 시대에 인권 문제는 더

복잡해지고 있는데, 그렇다면 성서는 인권을 어떻게 이해하고 있을까요?

• 성서는 인권의 전거라고 할 수 있는 말씀으로 가득 차 있습니다. 살인 금지 명령, 우상숭배 금지 명령, 하나님과의 교제로서의 노동, 사회적 약자들, 특히 병자와 불구자와 과부와 어린이와 나그네에 대한 하나님의 관심, 빚진 노예의 해방과 일반적인 부채의 탕감(신 15:1 이하), 예언자들의 권력 비판 등이 그것입니다.

그러나 구약성서의 '자비' 개념과 '희년법'은 성서의 인권이해를 돕는 중요한 전거를 제시합니다. 자비를 나타내는 히브리어 '라하밈 rachamim'은 근동 아시아의 가족질서를 통해 삶과 권리를 위협당하는 형제자매들의 삶과 권리를 보장하는 것을 의미합니다. 자비는 그러므로 단순한 자선 행위가 아니라 권리의 보장을 뜻합니다.

레위기 25장에 표현된 '희년법'은 상이한 소유관계에 기초한 사회적 불평등을 정기적으로 극복하기 위해서 제정된 것입니다. 가난하고 약한 이들의 권리를 지키기 위한 야훼의 정의가 이스라엘의 기본적인 사회원칙이라는 점이 '성결법전'(레 17-26장)에 반영되어 있으며 이것의 최고 목적은 정의의 실현이라고 하겠습니다. 특히 레위기에 언급된 임금 노동자로 고향을 떠난 이들과 노예들의 해방과 귀향, 빚의 탕감, 토지의 휴경과 야훼 귀속성, 나그네에 대한 접대 등은 인권에 대한 성서적 관심의 포괄성을 증언하는 것입니다.

하나님께 불순종하여 낙원에서 쫓겨나는 아담과 그의 아내를 위해 가죽 옷을 지어 입히신 이야기(창 3:21), 동생을 살해한 가인에게 표를 주어 죽임을 면하게 하신 사건(창 4:15) 등은 심지어 죄를 지은 사람의 인권도 보호하시는 야훼의 자비를 보여줍니다.

신약성서에서 인권장전의 전거로 광범위하게 인용되는 본문은 "안식일이 사람을 위해서 있지, 사람이 안식일을 위해 있는 것이 아니다"라는 예수님의 말씀입니다. 이것은 종교가 정치권력과 유착한 당시대의 현실을 반영합니다. 종교적 제도, 아니 신의 이름으로도 인권을 침해할 수 없다는 선언과 다르지 않습니다. 예수님은 로마 제국의 식민지 통치의 현실을 누구보다 명확하게 파악하고 있었습니다. "민족들을 지배하는 왕들은 백성들 위에 군림한다"(눅 22:25).

군림과 지배의 현실에서 예수님은 전적으로 다른 길을 가르치셨는데, 그것은 섬김입니다(눅 22:26-27). 섬김은 급진적인 상호평등의 원칙에서 이루어져야 합니다. 예수님의 급진적 평등주의는 "하늘에 계신 내 아버지의 뜻을 행하는 사람이 곧 내 형제요 자매요 어머니다"(마 12:46-50)라고 선언하는 데서 더욱 분명해집니다. 모든 형태의 권위적 위계질서는 바뀔 수 있습니다. 그러나 혈연관계로 맺어진 상하관계는 운명적으로 바뀔 수 없는 것입니다. 그러나 예수님은 바로 이런 혈연에 의한 상하관계도 하나님의 뜻을 실천하는 모든 사람에게 수평적으로 확대시킵니다.

예수님의 인권사상은 평등을 지향합니다. 이 평등은 예속적 상하관계의 전환에 의해 성취됩니다. "지금 굶주린 사람은 행복하다. 너희가 배부르게 될 것이다. 그러나 지금 배불리 먹고 지내는 사람들아, 너희는 불행하다. 너희가 굶주릴 날이 올 것이다"(눅 6:20-26). 하나님 나라에 들어가기를 원했던 부자 이야기에서 예수님은 소유를 팔아 가난한 자들에게 나누어주고, 단지 형제의 한 사람으로 하나님 나라 운동에 참여할 것을 강경하게 요구함으로써(막 10:17-22) 평등주의 원칙의 경제적 성격을 확실히 제시합니다.

성서는 하나님의 형상으로 지음받은 인간의 삶과 창조의 세계가 파괴되는 모든 현장에서 생명을 더 풍성하게 하는 것이 구원의 길임을 증언합니다. 이 일을 위해 하나님은 역사 속에 개입해 들어오시고, 예언자들을 보내시고, 마침내 예수 그리스도를 보내 구원의 길, 곧 참된 인권 회복의 길을 열어 보이셨습니다.

• 하나님은 인간의 생명을 회복하고 인권을 보호하기 위해 언제나 예언자를 보내셨습니다. 오늘 우리는 본문에서 세례 요한과 그의 아버지 사가랴를 만났습니다. 사가랴의 찬송에서 드러난 것은 아브라함에게 맹세한 약속을 지키시는 하나님의 신실함에 대한 감사와 하나님이 요한을 주님에 앞서 보낸 이유입니다. 하나님은 어두움과 죽음의 그늘에 앉아 있는 이들에게 빛을 비추고 그들을 평강의 길로 인도하시기 위해 요한을 보내셨습니다. 요한은 주의 백성에게 회개를 촉구하여 죄 사함을 받고 구원을 알게 하는 과제를 부여받았습니다. 요한은 권력자 헤롯과 지배계층에게는 눈엣가시와 같았습니다. 그의 날카로운 비판과 회개에의 촉구는 구체적이었습니다(눅 3:12-14). 세리는 세금을 포탈하거나 과중한 세금을 민중의

어깨 위에 부과해서는 안 되었습니다. 군인들도 민간인을 괴롭히지 말고 자기 임금에 만족해야 했습니다. 옷 두 벌 있는 자는 옷 없는 자에게 나눠주어야 했고 먹을 것도 나눠줘야 했습니다(눅 3:11-14). 회개의 경제적·사회적 차원의 구체화를 보여줍니다. 회개는 하나님 앞에서 죄를 고백하는 것만이 아니라, 불의한 인간관계의 청산에서 구체화되어야 합니다.

결국 요한은 옥에 갇히고 참수형을 당했습니다. 골짜기를 메우고 산을 낮추고 굽은 길을 곧게, 험한 길을 평탄하게 하는 일(눅 3:5)을 하는 예언자의 운명이 어떤 것인지를 보여줍니다. 오늘도 억압하는 이들을 비판하고 억압받는 이들의 인권을 지키기 위해 일하는 교회는 박해를 받습니다. 그러나 이것이 주의 오심을 예비하는 예언자적 교회의 과제가 아닐까?

• 일반적으로 인권은 정치권력과의 관계에서 주목을 받았고, 그 사정은 지금도 크게 변하지 않았습니다. 군부독재와 권위주의적 정권의 인권 탄압은 지금도 세계 도처에서 진행되고 있습니다. 그러나 변화된 세계 상황, 특히 지구화와 지역화, 세계화와 지방화의 역동적 상호관련성이 빈부의 격차를 더 심화시키는 상황에서 인권의 경제적 차원이 함께 고려되어야 합니다. 국민 1인당 소득 2만 불 시대를 구가하던 때에도 결식아동들이 있었습니다. 북한에서는 굶주림으로 죽어가는데 남한에서는 매년 음식 쓰레기로 버려지는 돈이 엄청난 액수입니다. 어느 소년 가장이 빚에 쫓기다 못해 어

린 동생을 남기고 아파트에서 투신하는 현실은 어떻게 이해해야 할까요. 경제 불황 때문에 급증하는 실업 노동자들, 비정규직 노동자들의 삶도 심각합니다. 대학을 졸업했지만 취직을 못하는 고학력 실업자의 불안도 인권 문제입니다. 갈수록 늘어나는 외국인 노동자 문제, '투어리즘'(상업 관광, 섹스 관광 등), 기후 변화로 인한 강요된 이주도 인권에 대한 우리의 관심을 확대할 것을 요청합니다. 또 정보화 시대, 통신혁명 시대라고 불리는 우리 시대의 문화상업주의에 의해서 침해받는 사생활도 심각한 인권 문제라고 하겠습니다. 변화된 시대의 인권 문제는 정치적 민주화만이 아니라 경제적 민주화, 문화적 민주화도 포함해야 합니다. 경제적 민주화는 경제정의의 실현을 통해, 문화적 민주화는 자본주의적 시장 원리를 극복함으로써 이루어질 것입니다. 소박하고 단순한 삶, 기쁘게 나누는 삶에서부터 시작하여 인권 탄압을 제도적으로 보장하는 모든 악법의 철폐, 정의로운 경제체제를 만드는 일에 이르기까지 교회는 인권을 위해 일해야 합니다. 인권을 말하지 않고 우리는 하나님을 말할 수 없고, 하나님을 말하지 않고서는 인권을 말할 수 없기 때문입니다.

산 돌로 지은 집
베드로전서 2:4-17

• 오늘 우리가 함께 읽은 베드로의 첫 번째 편지는 주후 1세기에서 2세기로 넘어가는 전환기에 기록된 것입니다. 편지의 수신인은 소아시아 지역에 흩어져 사는 나그네로서 탄압받고 있는, 이제 막 성장하는 새로운 그리스도교 공동체였습니다. 베드로서의 저자는 복음을 전달받고 세례를 받은 후, 신앙생활의 입문으로 이방인들에게 고난을 받는 그리스도인들을 격려하고, 그들의 고난에 의미를 주고, 그 속에서 드러나는 하나님의 은총을 증언하기 위해 편지를 씁니다.

"사랑하는 여러분, 시련의 불길이 여러분 가운데 일어나더라도 그것은 여러분을 시험하려는 것이니 무슨 큰일이나 생긴 것처럼 놀라지 마십시오. 여러분은 그리스도의 고난에 참여하는 것이니 오히려 기뻐하십시오.

여러분이 그리스도 때문에 모욕을 당하면 행복합니다. 영광의 성령, 곧 하나님의 성령이 여러분에게 머물러 계시기 때문입니다"(벧전 4:12-14).

이들 소아시아에 흩어져 있는 그리스도인들도 그들이 그리스도인이 되기 전에는 이방인과 다름없는 사람들이었습니다. 그들 역시 "과거에 이방인들이 즐겨하던 일을 하면서 살아왔습니다. 곧 방탕에 빠지고 욕정에 흐르고 술에 취하고 진탕 먹고 마시며 떠들어대고 가증한 우상숭배를 일삼아왔습니다"(4:3).

스스로 나그네였기 때문에 부단히 새로운 환경에 적응해야 했고, 그런 생활 조건은 그들의 철저한 개인주의적 욕구의 충족과 자신의 안정 확보에 대한 관심을 극대화시켰습니다. 거지가 거지 사정 안다고 다른 거지를 돌보아주기는커녕, 다른 거지의 쪽박을 깨부수어야 내가 살 수 있다는 지극히 노출된 욕망의 전장과 같은 상황에 그들은 처해 있었습니다. 그들은 자신을 부단히 다른 사람과 비교하고, 부족하다 싶으면 남을 헐뜯고, 잘났다 싶으면 우쭐하며, 약한 이를 경멸하고 자신을 과시하는 허영에 사로잡힌 이들이었습니다. 그래서 베드로는 "여러분은 모두 나그네들이니 귀찮게 생각하지 말고, 서로 극진히 대접하십시오. 각자가 받은 은총의 선물이 무엇이든지 그것을 가지고 서로 남을 위해서 봉사하십시오"(4:9-10)라고 권고합니다.

• 그런데 이들 소아시아의 공동체 안에는 자유라는 이

름으로 쓸데없는 말을 퍼뜨려 사람들 사이를 이간질하고, 선한 일을 하려는 사람들을 오해시켜 곤궁에 빠지게 하는 악을 행하는 사람들도 있었습니다. 그래서 선한 일을 하던 사람들이 낙담하게 되었습니다. 이들 낙심한 이들에게 베드로는 이렇게 말씀합니다.

"그리스도는 죄를 지으신 일이 없고, 그 말씀에도 아무런 거짓이 없었습니다. 그 분은 모욕을 당하시면서도 모욕으로 갚지 않으셨으며, 고통을 당하시면서도 위협하지 않으시고, 정의대로 심판하시는 분에게 모든 것을 다 맡기셨습니다"(2:22-23). 그러므로 "선을 행하다가 고통을 당하면서 참으면 하나님의 축복을 받습니다. 여러분을 바로 그렇게 살아가라고 부르심을 받은 사람들입니다"(2:20-21).

말 많네 해도 교회처럼 말 많은 곳도 없을지 싶습니다. 교회가 시험에 빠지고 분열되는 대부분의 원인도 서로 상처를 주고받는 말 때문이라는 것은 초대교회 안에서도 마찬가지였나 봅니다. 그래서 유대의 지혜서 탈무드는 말하기보다 듣기를 더 하라고 하나님이 사람의 입을 하나, 귀를 둘로 만들었으며, 혀를 다스리는 것이 천하를 다스리는 것보다 어렵다고 말했는지 모릅니다. 여러분은 왜 혀를 다스리기가 어려운지 아십니까? 탈무드에 따르면 혀에는 뼈가 없어서 그렇다고 합니다. 그런데 이 뼈도 없는 혀가 총칼을 지니고 있지 않고서도 얼마든지 사람에게 상처를 주고 심지어는 사람을 죽일 수도 있지 않습니까? 그러나 말이 사람을 죽이기만 하는 것은 아닙니다.

사람을 살려내기도 합니다. 사랑한다는 말 한마디, 누가 뭐라고 해도 나는 너를 믿는다는 그 말 한마디, 그 말 때문에 살아야겠다는 의욕이 솟구치고 새로운 희망을 갖게 되는 것도 말 때문입니다.

그러나 견딜 수 없는 것은 교회 안에서 선한 일을 하려는 사람들이 오히려 더 오해를 받고 낙담하여 상처를 받고 교회를 떠나기까지 한다는 점입니다. 교회 안에서 열심히 일하지 않는 사람들은 오해받을 일도 없습니다. 직분도 맡지 않고 가끔씩 주일을 지키는 교인들은 교회 때문에 상처받을 일도 없습니다. 교회 안에서 갈등이 생기고 분열이 일어나는 것은 역설적이게도 모두 교회를 위하여 열심히 일하기 때문입니다. 주님의 몸 된 교회를 사랑하는 그 열심 때문에 오히려 서로에게 상처를 주고 오해와 불신이 쌓일 수 있는 것입니다.

사랑하는 교우 여러분, 그러므로 교회 일로 인하여 상처를 받는 것을 이상히 여기거나 놀라지 마십시오. 말은 말로써 막아지지 않습니다. 베드로가 권면하듯이 "선한 일을 하여 어리석은 자들의 무지한 입을 막는 것이 하나님의 뜻입니다"(2:15). 오해는 또 다른 오해를 불러일으키는 말로써가 아니라, 오직 선한 행동을 통해서만 막아질 수 있는 것입니다.

• 오늘의 이 말씀에서 우리는 중요한 두 가지 상징을 발견하게 되는데, 그것은 '산 돌로 지은 집'입니다. 집을 짓는 데는 여러 가지 크기와 형태의 돌이 필요합니다. 둥글거나 모나거나 각진 돌, 크거나 작은 돌, 빨강 색, 검은색, 하얀색 등 어느 것 하나도 각자

의 위치에서 제 몫을 다할 때, 집은 견고하고 균형을 잡게 됩니다. 모든 크기와 형태의 돌이 집을 짓는 데 필요하다는 것이 곧 각각의 돌들이 자신의 권리와 위치를 주장하고 고집할 수 있다는 걸 의미하는 것은 아닙니다. 그것은 신앙공동체라는 집은 예수 그리스도라는 머릿돌 위에 세워져 있기 때문입니다. 이 머릿돌, 예수 그리스도가 안 계신 집은 거룩한 집이 아닙니다. 그런 집은 취미단체나 계모임, 사조직과 다름이 없습니다. 교회가 교회이기 위해서는 그 중심에 예수 그리스도가 서 계셔야 합니다. 교인들의 신분이나 성격의 다양성은 오직 그리스도라는 머릿돌 위에서만 섬기고 봉사하며 선교하는 데서 일치를 찾을 수 있습니다.

죽은 돌은 움직이지 않습니다. 죽은 돌은 이미 가지고 있는 자기의 형태를 바꿀 수 없습니다. 그런데 성서는 그리스도인들을 산 돌이라고 합니다. 교회는 산 돌로 지어진 집이라고 합니다. 무엇이 산 돌입니까? 어떻게 돌이 살아 있을 수 있습니까?

산 돌은 집 짓는 분의 뜻에 자기를 맡겨 자기 모습을 변화시키는 돌입니다. 오직 산 돌만이 자기 스스로를 깎아내어 다른 돌들이 자기 곁에 설 수 있는 자리를 마련해줄 수 있습니다. 제 모습을 고집하지 않고 집 짓는 분의 계획에 따라 자신을 깎아내고 다듬을 때에 서로 다른 돌들이 마침내 하나님이 거하시는 성전을 세울 수 있는 것입니다.

교회 안에서의 오해와 불신과 갈등 역시, 우리가 스스로를 깎아내 집 짓는 분의 뜻에 맡겨 순종하지 않고 오직 자신의 형태만을 고집하는 죽은 돌들이기 때문에 일어나는 것입니다.

산 돌은 어떤 돌입니까? 산 돌은 스스로를 낮추어 하나님의 권능에 순종하는 돌입니다(벧전 5:6-7). 하나님을 향한 순종, 이것이 신앙의 처음이며 마지막입니다. 하나님에게 순종하는 이들을 하나님은 때가 이르면 높여주실 것입니다. 그러므로 지금 하나님에게 순종하기 때문에 고통당하고 있는 이들은 "온갖 근심 걱정을 송두리째 하나님께 맡기십시오. 하나님께서는 언제나 여러분을 돌보십니다"(벧전 5:6-7).

산 돌에는 이끼가 끼지 않습니다. 부단히 움직이고 구르고 그래서 닳고 깎이고 더러워지는 것 같아도 마침내 그 돌을 사용해 하나님께서는 예수 그리스도라는 머릿돌 위에 크고 아름다운 신령한 집을 세우실 것입니다.

우리 모두가 자신을 집 짓는 분의 뜻에만 맡기는 산 돌이 되도록 기도합시다. 그래서 비록 울퉁불퉁하고 더럽고 볼품도 없는 돌이지만, 이 돌들로 하나님이 신령한 집을 짓기를 기도합시다. 그리하여 많은 사람들이 우리 교회를 보고 하나님이 살아 계신 것을 깨닫고 믿을 수 있게 되기를 축원합니다.

복 있는 사람
시편 1편

• 미국을 방문하는 사람마다 오늘 세계의 최강국인 미국 대륙의 광활함과 그 자연의 아름다움, 또 그 엄청난 군사력과 자본의 힘에 놀라게 됩니다. 세계에서 아름답고 큰 도시들도 미국에 많이 있습니다. 그러나 그 가운데 뉴욕은 세계 제1의 도시로 알려져 있습니다. 뉴욕은 맨해튼, 브루클린, 브롱크스, 퀸스, 스태튼 섬으로 이루어진 세계 최대의 도시입니다. 그러나 뉴욕 가운데 뉴욕이라면 단연 맨해튼을 들 수 있을 것입니다. 그래서 뉴욕에 사는 사람을 뉴요커라고 하지 않고 맨해튼에서 사는 사람을 뉴요커라고 합니다. 유럽인들이 맨해튼에 들어오기 전에 이곳에는 인디언인 이로쿼이 족과 알공킨 족이 살고 있었다고 합니다. 맨해튼이라는 이름을 붙인 것은 알공킨 족으로 '언덕이 많은 섬'이라는 뜻입니다. 그런데 1626년 네덜란드 서인도 회사의 페테르 미노이트가 불과 24달러어치 물

품과 교환하는 조건으로 맨해튼 섬을 알공킨 족에게서 사들임으로써 맨해튼은 유럽인의 식민지로 성장하게 되었다고 합니다.

인디언에게서 단돈 24달러에 산, 아니 헐값에 빼앗았다고 해야 할 맨해튼 섬이 지금은 세계 정상의 도시가 되었습니다. 세계 경제를 움직이는 것은 물론 국제정치, 문화, 예술, 교육 등 모든 분야에서 그 전위성과 방대함이 세계 최고의 도시일 뿐만 아니라, 가장 치열한 경쟁으로 쉴 새 없이 움직이는 세계의 도시입니다.

그런데 이 맨해튼의 5번가와 7번가 사이의 넓은 구역에 19채의 고층빌딩들이 들어서 있는데, 그 빌딩에서 일하는 사람만 6만 5천 명이고, 해마다 17만 명 이상 방문하는 곳이 라카펠러 센터입니다. 우리나라에서는 록펠러로 알려져 있습니다. 20세기 초 미국 최고의 부자 가운데 한 사람이자, 최고의 자선사업가로 알려진 존 데이빗슨 라카펠러 1세(1839-1937)를 기념하면서 동시에 공황기에 실업자들을 구하기 위해 그의 아들 존 데이빗슨 라카펠러 2세가 건설한 라카펠러 왕국이라고 할 수 있습니다. 오늘에도 수많은 사람들이 이곳을 방문하고 존 라카펠러 1세를 기억하는 것은 그가 이룩한 엄청난 세계적 부를 보기 위해서가 아닙니다. 지금은 라카펠러 왕국을 능가하는 세계적인 부자들이 많으니까요.

그러면 왜 지금도 사람들이 라카펠러를 말하고 있는 것일까요? 그것은 그가 세계적인 재산가였을 뿐만 아니라 또한 인류를 위해 가장 크게 쓴 인물이기 때문입니다. 석유회사로 출발하여 40세에 이미 미국 20대 갑부 중 한명으로 선정된 그는 '내 재산은 온 인류를 위해 쓰라고 하나님께서 주신 것'이라고 생각했고, 그 생각대로 그 자신은 물론 그의 후손들을 통해 인류를 위하여 큰일을 했던 것입니다. 지금 세계 명문대학의 하나가 된 시카고 대학, 새로운 백신개발로 질병 퇴치에 기여한 '라카펠러 의학연구소'(1901년), '사회보건국'(1911년), '제1차 세계대전 후 구호사업', '북경 유니온 의과대학'(1914년), 미국의 해외선교, 미국 국립공원 조성, '메트로폴리탄 미술관', '뉴욕 현대미술관', '뉴욕 리버사이드 교회', '클로이스터 미술관', 'UN 본부'(1946년 라카펠러 2세가 뉴욕 이스트 강변 부지를 기증하여 세워짐), 세계교회협의회WCC의 에큐메니칼 운동, '신학 교육기금' 조성과 연세대학교 연합신학대학원, 9 · 11 테러로 무너진 '세계무역센터' 등 그의 이름과 결부되지 않은 것이 없습니다. 그의 큰 기부가 아니었으면 가능하지 않았을 일들입니다.

• 라카펠러가 세계적인 부자가 될 수 있었던 것, 또 재산을 인류를 위해 크게 쓸 수 있었던 것이 그의 어머니가 끼친 신앙의 영향이었다는 사실은 이미 잘 알려져 있습니다. 그의 어머니 일라이저 라카펠러는 엄격한 스코틀랜드 장로교 출신이었습니다. 도덕적이고 준엄하며 금욕주의에 가까운 절약은 그의 어머니로부터 물려받은 정신적 유산이라고 할 수 있습니다.

라카펠러에 대한 전기들은 그가 어려서부터 유달리 재산을 모으는 남다른 재주가 있었다고 말합니다. 예를 들면 그가 일곱 살 때에 이미 야생 칠면조를 부화시켜 비싼 값에 팔았고 그렇게 모은 동전을 어머니가 거실의 궤짝 위에 두었던 푸른 색 자기 사발에 모았다가, 3년을 저축한 돈 50달러를 이웃집 농부에게 이자 7%를 받고 빌려주었다는 이야기 같은 것입니다. 1년 뒤 원금과 함께 이자 3달러 50센트를 받은 라카펠러는 크게 감동을 받았는데, 3달러 50센트라면 그가 하루 열 시간씩 열흘은 감자를 캐야 받을 수 있는 돈이었습니다. 그때부터 그는 "내가 돈을 위해 일할 것이 아니라, 돈이 나를 위해 일하도록 해야겠다"라고 결심했다고 합니다.[1]

고등학교를 졸업한 후 그는 일자리를 찾아 나섰습니다. 다른 친구들은 더 많은 주급을 주는 직장을 찾았는데, 그는 단지 일자리가 아니라 자신의 큰 포부를 위한 디딤돌이 될 일자리를 찾고 있었습니다. 마침내 '휴이트 앤드 터틀' 사의 경리직원으로 채용된 그는 주급 3달러 50센트로 일을 시작했습니다. 그 후 그는 평생 동안 회계장부를 썼다고 합니다. 하루도 빼지 않고 장부를 기록했으며, 한 푼도 소홀히 하지 않고 수입과 지출금, 저축과 투자금, 그리고 사업과 자선금의 내역을 작성해나간 것입니다. 매주 그는 싸구려 하숙집의 집세로 1달러를 지불하는 것 외에도 소액기부모임에 75센트를, 그리고 이리 스트리트 침례교회의 주일학교에 5센트, 빈민구제 활동에 10센트, 해외선교 활동에 10센트를 헌금했습니다. 그는 3달러 50센트의 주급에서 일정하게 십일조를 교회에 헌금했습니다. 이런 십일조 정신은 그의 어머니가 그에게 주었다는 이른바 '라카펠러 10계명'의 3계명에 실려 있습니다.[2]

라카펠러는 열아홉 살에 교회의 집사가 된 후, 교회를 떠난 적이 없었고 또한 교회학교 교사로서 늘 봉사했습니다. 사업이 번창하여 아무리 바빠도 예배에 빠지는 일이 없었고, 교회학교 교사로서의 봉사를 소홀히 한 적이 없었습니다.

그는 또한 항상 긍정적 사고를 지닌 낙천주의자였습니다. 사업이 위기에 부닥쳤을 때에도 그가 흔들림 없이 낙천적일 수 있었던 것은 신앙의 힘 덕분이었습니다. 자기 재산은 인류를 위해 쓰라고 하나님께서 주신 것이기 때문에 결코 망할 수 없다는 믿음 때문이었습니다.

그는 첫 직장을 가졌을 때부터 경영 일선에서 물러날 때까지 매일 아침 6시 반부터 일을 시작했습니다. 부지런하고 세심했던 그는 일을 마친 후에도 '기회가 왔을 때 조심해야 해. 자만심에 빠지면 실패하기 쉽지. 서둘러서 잘 되는 일은 없어. 내가 보내는 하루하루가 나의 미래를 결정하는 거야'라고 늘 다짐하던 청년이었습니다.

• 그렇습니다. 라카펠러처럼 오늘 하루가 나의 미래를 결정한다고 생각하며 하루하루 최선을 다해 부지런하게 사는 사람, 자만심에 빠지지 않는 사람, 쉽고 빠른 길을 가지 않고 힘들고 더디 가더라도 정도를 걷는 사람, 온전한 십일조를 바치면 하나님께서 하늘 문을 열고서 쌓을 곳이 없도록 복을 부으실 것이라는 믿음을 가진 사람(말 3:8-10), 교회학교 교사건 무슨 직분이건 교회 안에서 맡은 직분을 소중하게 생각하고 순종하며 충성하는 사람, 철저하게 절약하되 선한 일에는 크게 쓸 줄 아는 사람, 이런 사람은 영육 간에 축복을 받아 부자가 되지 않을 수 없을 것입니다.

라카펠러는 분명히 복 받은 사람이었습니다. 그가 믿음 안에서, 믿음으로 세계적인 부자가 되었기 때문입니다. 그러나 그것이 전부가 아닙니다. 라카펠러 외에도 당시 부자는 많았고, 지금도 부자는 많습니다. 그러나 모든 부자가 라카펠러처럼 자신의 부를 인류를 위해 기부한 것은 아닙니다. 그가 다른 세계의 부자들과 달리 복 받은 사람이 된 것은 그가 자신의 부를 인류를 위해 크게 쓰도록 하나님께서 주신 것이라고 고백했고, 또 그 고백을 실천했기 때문입니다.

사람은 누구나 복 받기를 원합니다. 그래서 새해가 시작될 때마다 '새해 복 많이 받으세요'라며 서로 덕담을 나눕니다. 건강의 복, 재물의 복, 자녀의 복 등 저마다 간구하는 복이 다르지만 인간이 복 받은 삶을 살고자 하는 마음은 인종과 종교, 보수와 진보, 복음주의와 에큐메니칼을 넘어서 궁극적으로 모두 한결같다고 할 것입니다.

물론 잘못된 기복신앙은 비판받아야 합니다. 하나님을 복의 수단으로 시험하거나, 하나님을 매수하려는 기복신앙은 잘못된 신앙입니다. 그러나 모든 사람은 진실로 복 받기를 원하고, 또한 복 받은 삶을 살기를 원합니다. 하나님께서도 천지를 창조하시고 복을 베푸셨고(창 1:22), 자신의 형상대로 사람을 창조하신 후에도 사람에게 복을 베푸시어 "생육하고 번성하여 땅에 충만하여라"고 하셨습니다. 그 후에도 하나님은 아브라함과 이삭과 야곱에게 복을 내려주셨으며, 지금도 모든 사람에게 복 내려주시기를 원하십니다. 예수님도 말씀하셨습니다. "너희 가운데 아들이 빵을 달라고 하는데 돌을 줄 사람이 어디에 있으며, 생선을 달라고 하는데 뱀을 줄 사람이 어디에 있겠느냐? 너희가 악해도 너희 자녀에게 좋은 것을 줄줄 알거든, 하물며 하늘에 계신 너희 아버지께서 구하는 사람에게 좋은 것을 주시지 않겠느냐?"(마 7:9-11). 그러므로 우리는 하나님이 베푸시는 복을 더욱 간절히 사모하며 기도하면서 복 받은 사람, 복 있는 사람, 하나님께서 아브라함과 이삭과 야곱에게 약속하신 것처럼 우리 때문에 '만민이 복을 받는 복의 근원'이 되어야 하겠습니다.

• 그러면 어떻게 해야 복 있는 사람이 될까요?

시편 1편의 시인은 "악인들의 꾀를 따르지 아니하며, 죄인들의 길에 서지 아니하며, 오만한 자들의 자리에 앉지 아니하고, 오직 여호와의 율법을 즐거워하여 그의 율법을 주야로 묵상하는 사람"을 복 있는 사람이라고 말합니다. 악한 일을 하는 사람들은 대부분 처음에는 악한 사람들의 꾀를 따르다가, 그들과 함께 서 있다가, 마침내 그들과 더불어 주저앉는 현실을 점진적으로 서술합니다.

그런데 영어성서인 'Good News Translation'에 따르면 "악인들의 충고를 거절하며, 죄인들의 예(example)를 따르지 않으며, 하나님을 필요로 하지 않는 이들과 함께 하지 않으며, 그 대신에 주님의 율법을 순종하는 데서 기쁨을 찾으며, 그 율법을 밤낮으로 공부(study)하는 사람"이 복 있는 사람입니다.

독일어 성서는 복 있는 사람을 "악인들의 충고를 따르지 않으며, 죄인들의 길을 걷지 않으며, 빈정대는 자들 가운데 앉지 않으며, 주님의 명령을 기뻐하며, 그 명령을 밤낮으로 생각하는 사람"이라고 번역했습니다.

이것이 복 있는 사람들의 생활입니다. 아니 이렇게 살면 하나님께서 복을 내려주신다는 말씀입니다. 복 있는 사람은 잔머리나 굴리면서 꾀를 내어 눈앞의 작은 이익을 탐하는 소인배 같은 악인들처럼 살지 않는다는 것입니다. 다른 사람을 비방하고 깎아내리고 흠집을 냄으로써 반사이익을 취하는 악한 사람과는 다르다는 것입니다. 복 있는 사람은 하나님의 말씀을 어기는 죄인들, 오만하며 빈정거리는 사람들과 어울리지 않는 사람입니다. 사람은 그가 어울리는 사람처럼, 그런 사람만큼의 인물이 되기 때문입니다. 악하고 오만한 사람들과 어울리면 악하고 오만한 사람이 됩니다. 선하고 뜻이 높은 사람들과 어울리면 자기도 모르는 사이에 그들과 같은 사람이 되어갑니다. 그래서 한 사람의 친구들을 보면 그 사람됨을 알 수 있다는 격언이 있는 것입니다.

1절에서 복 있는 사람은 부정문의 형태로 표현되었지만, 이제 2절에서는 긍정문의 형태로 서술됩니다. 복 있는 사람은 오로지 주의 율법을 즐거워하며, 밤낮으로 율법을 묵상합니다. 그는 하나님의 말씀을 듣는 것을 기뻐하며, 말씀을 조용히 소리 내어 쉬지 않고 낭송하는 사람입니다. 말씀 안에는 하나님의 자비로운 의지가 계시되어 있기 때문에 말씀을 소리 내어 낭송하면 하나님의 능력이 드러납니다. 말씀은 "사람에게 생기를 북돋우어 주고, 마음에 기쁨을 안겨주는"(시 19:7-8) 능력이 있습니다.

• 그렇다면 이런 사람에게 하나님은 어떤 복을 내리실까요? 이들은 "시냇가에 심은 나무가 철따라 열매를 맺으며, 그 잎이 시들지 아니함 같으니, 하는 일마다 잘되는" 복을 받습니다(시 1:3). 성서는 영혼의 복과 육체의 복을 나누지 않습니다. 복은 물질적이고 현실적이며 또한 영적이며 미래적입니다. 아브라함과 이삭과 야곱에게 약속하시고 주신 복은 "만민이 그들로 말미암아 복을 받는 복의 근원이 되는 것"(창 12:2-3, 22:17-19, 28:13-15)이었습니다. 시인은 복 있는 사람은 "하는 일마다 잘 될 것이다"고 노래합니다. 하는 일마다 잘되는 복 있는 사람이 되기 위해서는 나무가 시냇가에 심겨져 있어야 하는 것처럼, 언제나 하나님의 말씀 안에 우리 영혼의 뿌리를 내리고 있어야 합니다.

성서가 약속하는 복, 성서가 증언하는 복 있는 사람은 '값싼 은혜의 낙관주의자'나 '눈먼 성공주의자'가 아닙니다. 복 있는 사람은 '철따라 열매를 맺는 나무'와 같습니다. 열매는 너무 일러도, 너무 늦어도 제 맛을 낼 수 없습니다. 제철을 만났을 때 맺어진 열매가 가장 향기롭고 맛있는 것처럼, 복 있는 사람은 삶의 열매를 맺을 철을 놓치지 않는 사람입니다. 그리고 그 철을 준비하고 기다렸다가 여호수아처럼 용감하게 나아가는 사람입니다. 하나님은 여호수아에게 다음과 같이 말씀하십니다.

"오직 너는 크게 용기를 내어 나의 종 모세가 너에게 지시한 모든 율법을 다 지키고, 오른쪽으로나 왼쪽으로 치우치지 않도록 하여라. 그러면 네가 어디를 가든지 성공할 것이다. 이 율법책의 말씀을 늘 읽고 밤낮으로 그것을 공부하여, 이 율법 책에 쓰여진 대로, 모든 것을 성심껏 실천하여라. 그리하면 네가 가는 길이 순조로울 것이며, 네가 성공할 것이다. … 너는 두려워하거나 낙담하지 마라. 네가 어디로 가든지 너의 주, 나 하나님이 함께 있겠다"(수 1:7-9).

• 복 있는 사람을 '나무'에 빗대어 노래한 시인은 오래된 유대인 농부 이야기를 생각나게 합니다. 어느 날 한 영주가 산책을 하다가 '구주 콩나무'(Johannisbrotbaum)를 심는 한 농부를 만났습니다. 그 영주가 농부에게 물었습니다. "이 나무가 열매를 맺으려면 몇 년이 걸리나?" 농부가 대답했습니다. "아마 한 70년은 걸릴 텐데요."

영주가 비웃으며 말했습니다. "정말 멍청한 놈이군. 자네가 70년 후에도 살아 있어서 그 나무 열매를 먹을 수 있으리라고 생각하나? 차라리 더 빨리 열매를 맺는 나무를 심게. 그래야 자네가 살아 있는 동안에 그것을 즐길 수 있지 않겠나!"

그러나 농부는 나무 심기를 다 마친 다음, 흐뭇한 표정으로 나무를 바라보면서 말했습니다. "영주님, 저는 세상에 태어나서 구주 콩나무 열매를 먹었지만, 그 나무는 제가 심은 것이 아니었습니다. 그 나무는 저희 조상들이 심은 것이지요. 저는 제가 심지 않은 나무의 열매를 먹었기 때문에, 저의 자식들과 손녀 손자들이 열매를 먹을 수 있도록 나무를 심고 있는 것이지요. 사람은 한 사람이 다른 사람에게 손을 내밀 때에만 생존할 수 있는 것이지요. 보세요. 저는 단순한 농부입니다만, 저희들에게 있는 격언을 알고 있답니다. 함께 살든지 아니면 함께 죽든지!"

복 있는 사람은 인생을 이 오래된 나무처럼 긴 우주의 역사 속에서, 더 먼 곳에서부터, 아직 오지 않은 미래에서부터 생각하는 사람입니다.

그러나 악인은 그렇지 않습니다. 시인은 "악인들이 한갓 바람에 흩날리는 겨와 같으며, 심판 때에 얼굴을 들지 못하며, 의인들의 모임, 곧 새로운 세계의 메시아적 공동체에 들어서지 못할 것이며, 악인의 길은 망할 것"이라고 노래합니다. 그러므로 복 있는 사람은 악한 사람들이 더 잘되고, 뻔뻔하고 오만한 사람들이 더 잘사는 현실을 보고 시험에 빠지지 않습니다. 악착스럽고 다른 사람을 짓밟으면서 자기의 이익에만 혈안이 되어 수단과 방법을 가리지 않고 부를 축적하여 오만한 사람을 부러워하거나, 공연히 시기하지 않습니다.

복 있는 사람은 그런 악한 사람들의 길이 결국은 망할 것임을 알고, 오직 하나님의 길, 하나님의 말씀이 인도하는 길을 서두르지도 않고 쉬지도 않으면서 묵묵히 가는 사람입니다. 하나님은 이런 사람에게 복을 내려, 만민이 그 사람 때문에 복을 받게 하실 것입니다.

하나님의 아름다움
시편 27:1-14

"내가 여호와께 바라는 한 가지 일
그것을 구하리니,
곧 내가 내 평생에 여호와의 집에 살면서
여호와의 아름다움을 바라보며
그의 성전에서 사모하는 그것이라."

• 하나님의 이름은 무엇일까요? 성은 '하' 씨이고 이름은 '느님'일까요? 아니면 성은 '여' 씨이고 이름은 '호와'일까요? 아니 도대체 하나님이 이름을 가지고 있을까요?

여러분이 모두 아시고 계신 것처럼, 사실 하나님은 이름이 없습니다. 아니 이름을 붙일 수가 없는 분이시지요. 사람은 애써 하나님에게 이름을 붙이려고 하지만, 자칫 그것은 하나님의 이름을 망령되이 일컫지 말라는 제3계명을 어기는 일이 될 수 있습니다.

하나님의 이름을 처음 물은 사람은 야곱이었습니다. 얍복 나루에서 천사와 겨루어 이긴 다음 하나님의 이름을 물었을 때(창 32:29), 하나님은 자신의 이름을 밝히지 않았습니다. 일찍이 하나님의 얼굴을 본 사람이 없고, 또 그분의 얼굴을 보면 죽는다고 알려져 있었습니다. 그러나 야곱은 얍복강 가에서 하나님의 얼굴을 보고도 죽지 않았다고 하여 그곳 이름을 브니엘(하나님의 얼굴)이라고 했습니다.

두 번째로 하나님의 이름을 물은 사람은 모세였습니다. 모세는 호렙 산에서 불붙은 떨기나무 속에서 자신을 보이신 하나님의 이름을 물었습니다. 하나님은 "나는 스스로 있는 나다"라고 대답하셨습니다(출 3:4). 그러나 '스스로 계신 분'은 사실 이름이 아닙니다.

이런 의미에서 하나님은 이름이 없습니다. 우리가 일반적으로 하나님을 서술하는 표현들, 예를 들면, 거룩하신 분, 사랑과 자비의 하나님, 정의로우신 하나님, 진노하시는 하나님, 심판자, 만군의 주 등은 모두 이른바 하나님의 속성을 나타내는 것들입니다. 유대교와 마찬가지로 유일신 신앙을 가지고 있는 이슬람교는 하나님이 100개의 이름을 가지고 계시는데, 99개의 이름은 이미 드러나 있고, 한 개의 이름은 아직 드러나지 않았다고 생각합니다. 그 가운데 가장 많이 쓰는 하나님의 이름은 '자비하신 분', '전지전능하신 분', '모든 것을 보고 듣는 이', '지키고 인도하시는 이', '용서하시는 이', '마지막 심판자' 등입니다. 그러나 아직 드러나지 않은 남은 하나의 이름이 무엇인지 우리는 모릅니다.

• 그런데 우리는 오늘 시편 27편에서 하나님에 대한 아주 놀라운 표현을 듣게 됩니다. 그것은 하나님께서 '아름답다'는 것입니다.

'아름답다'는 말은 시각적이거나 청각적인 대상이 좋은 느낌을 주는 상태에 있는 것을 뜻합니다. 감동적인 장면에 대해서도 쓰입니다. 자연이나 예술적인 대상에 대해서 쓰일 때는 특별히 그것이 여성적이라는 느낌을 주지 않으나, 사람에 대해서 쓰일 때는 그 서술되는 대상이 여성이라는 느낌을 주게 됩니다. 이에 대해 '예쁘다'는 말은 시각적인 대상이 좋은 느낌을 주는 것을 뜻하며, 예술적인 대상에 대해서 쓰이는 일은 드물며, 주로 인체의 부분이나 그 움직임 및 손으로 만든 물건 등이 작고 귀엽고 잘생긴 것을 형용할 때 쓰입니다.[3]

우리는 '전지전능하신 하나님', '가장 위대하신 하나님', '진노하시는 하나님', '질투하시는 하나님', '의로우신 하나님', '사랑하시는 하나님', '용서하시는 하나님' 등에 대해서는 수없이 들어왔지만 '아름다우신 하나님'에 대해서는 별로 들어본 기억이 없습니다. 개신교 전통, 특히 경건주의 전통에서 아름다움은 오랫동안 배제되어 왔습니다. '아름다움'은 현실과 관계없는 것으로 여겨지거나, 돈 있는 부자나 중산층이나 부릴 수 있는 여유, 유혹적인 것, 시험에 빠뜨리는 것으로 치부되었습니다. 예술, 연극, 영화, 문학 등은 신앙의 엄격함과 진지함으로부터 우리 눈을 돌려놓기 때문에, 피해야 할 어떤 것으로 간주되었습니다. 더욱이 세상의 아름다움, 몸의 아름다움은 경멸되거나 극복되어야 할 어떤 것으로 보는 것이 신앙의 이름으로 정당화되었습니다.

그러나 음악은 예외였습니다. 그레고리안 찬트에서부터 요한 세바스찬 바하, 프리드리히 헨델, 루드비히 반 베토벤, 요한 볼프강 모차르트의 음악에 이르기까지 우리는 음악에서 하나님의 현존과 아름다움을 듣고 경험합니다. 그렇다고 모든 음악이 다 허용된 것은 아닙니다. 시각예술이나 춤 등도 매우 제한된 영역에서만 수용되었습니다. 하나님의 아름다움에 대해 성서가 말할 경우, 대부분 그것은 하나님이 창조하신 세계의 아름다움을 의미하는 것입니다. 하나님의 아름다움에 대한 언급은 아주 드물게 나타날 뿐입니다. 아가서에 나오는 신랑과 신부의 아름다운 성적 사랑 이야기도 인간에 대한 하나님의 신적인 사랑과 인간의 하나님에 대한 영적 사랑에 대한 알레고리칼 해석으로서만 받아들일 수 있었습니다. 그리스도교 신비주의 안에서 하나님의 아름다움이 노래되고 있지만, 그것 역시 인간적 성애를 넘어선 신적이고 영적인 어떤 것으로 해석되는 한에서만 교회에 의해 허용되었습니다.

- 그렇다면 하나님께서 아름답다는 것은 무엇이며, 하나님의 아름다움을 바라본다는 것은 무슨 의미일까요? 이것을 깨닫기 위해 우리는 먼저 시편 27편을 쓴 시인이 누구인지, 그가 도대체 어떤 삶의 상황에서 이런 시를 썼는지를 살펴볼 필요가 있습니다.

시인은 아무런 죄도, 또 까닭도 없이 박해를 받고 있습니다. 시인을 박해하는 원수, 곧 대적자와 악한 자들은 거짓으로 증거하며, 폭력을 휘두르고 있습니다(12절). 마치 시인을 잡아먹으려는 군대처럼 그를 에워싸고 위협합니다(2-3절). 그러나 두려움과 무서움 한가운데서 시인은 빛이요 구원이시며 생명의 피난처이신 주님을 의지합니다.

그러나 시인을 두렵게 하는 것은 원수들, 대적자와 악한 자들의 공격과 비난과 폭력이 아닙니다. 시인이 참으로 두려워하는 것은 하나님이 그의 얼굴을 숨기시는 것입니다. 얼굴을 돌린다는 것은 거절과 분노를 의미합니다(시 44:23 이하, 88:14, 102:2, 104:29, 143:7). 그러나 밝은 얼굴로 대하는 것은 복과 은혜, 구원과 평화를 의미합니다(시 31:16, 80:7, 86:16, 89:15). 그래서 아론도 "주께서 너에게 복을 주시고, 너를 지켜주시며, 주께서 너를 밝은 얼굴로 대하시고, 너에게 은혜를 베푸시며, 주께서 너를 고이 보시어서, 너에게 평화를 주시기를 빈다"(민 6:24-26)고 축복 기도를 했던 것입니다.

시인은 하나님께서 그의 얼굴을 숨기지 않을 것을 믿고 있습니다. 재난의 날에 주께서 그를 주의 초막 속에 숨겨주시고, 주의 장막 은밀한 곳에 감추시리라는 것을(27:5), 그의 부모도 그를 버렸으나, 하나님은 그를 버리지도, 포기하지도 않으시리라는 것을 믿고 있습니다(27:10).

하나님의 아름다움은 그의 '자비로우심'입니다. 자비이신 하나님의 아름다움은 성육신에서 가장 완전하게 드러납니다. 하늘이 땅으로 내려온 사건, 말씀이 육신이 된 사건, 거룩한 것이 속된 것과 하나 된 사건, 창조주 하나님이 나사렛 출신의 목수의 아들로 태어나신 사건, 하나님이 십자가에 죽으시고 부활하신 사건, 이 모든 사건들이 하나님의 아름다움을 드러내는 방식입니다.

하나님의 아름다움은 이집트 파라오의 화려하고 거대한 신전 속에서가 아니라, 이집트 노예생활에서 해방된 히브리인들의 작은 법궤에서 드러납니다. 하나님의 아름다움은 권력을 가진 지배자들의 위엄 속에서가 아니라 가난하고 궁핍한 사람들 사이에서(시 113:4-7), 주님을 찾고 그의 능력을 힘써 사모하고 언제나 그의 얼굴을 찾아 경배하면서 그가 이루신 놀라운 일을 기억하고 있는 사람들 사이에서(시 105:4-5) 드러납니다.

> 주님은 모든 나라보다 높으시며, 그 영광은 하늘보다 높으시다.
> 주 우리 하나님과 같은 이가 어디에 있으랴?
> 높은 곳에 계시지만 스스로 낮추셔서,
> 하늘과 땅을 두루 살피시고,
> 가난한 사람을 티끌에서 일으키시며,
> 궁핍한 사람을 거름더미에서 들어 올리셔서,
> 귀한 이들과 한자리에 앉게 하신다(시 113:4-7).

• 그러나 믿음은 아직 현실이 아닙니다. 자비로우신 하나님을 신뢰하고 있어도 여전히 박해는 계속되고 고통은 견디기 어렵습니다. 시인이 할 수 있는 일은 다만 강하고 담대하게 주님을

'기다리는 것'입니다(14절). "너는 여호와를 기다릴지어다. 강하고 담대하며 여호와를 기다릴지어다."

믿음의 삶은 고난과 박해 없는 삶을 의미하지 않습니다. 모든 역경과 고통이 나를 피해가고, 그런 일은 다른 사람들, 특히 내가 미워하는 사람들에게만 일어나는 것을 의미하지 않습니다. 믿음을 가지면 만사가 형통하고, 만사에 복을 받는 것을 의미하지 않습니다. 믿음이 있어도 우리는 인간이기 때문에 회의하고, 삶의 질고와 고통 앞에서 흔들리고 상처를 받습니다.

믿음의 삶이란 고난과 역경의 한복판에서 강하고 담대하게 주님을 기다리는 것입니다. 그리하여 마침내 하나님의 자비로우심, 곧 하나님의 아름다움을 보는 것입니다. 이것이 시인이 노래한 믿음의 삶입니다.

> "내가 여호와께 바라는 한 가지 일
> 그것을 구하리니,
> 곧 내가 내 평생에 여호와의 집에 살면서
> 여호와의 아름다움을 바라보며
> 그의 성전에서 사모하는 그것이라"(시 27:4).

믿음은 말씀을 듣는 데서 시작됩니다. 그러나 믿음의 마지막은 하나님의 아름다움을 보고 찬미하는 데서 그 절정에 이릅니다. 왜 하나님을 믿느냐고 물으면 대부분 사람들은 '구원받기 위하여'라고 대답합니다. 그러면 구원받은 사람의 삶은 어떤 것이냐고 묻는다면 여러분은 무엇이라고 대답하시겠습니까? 구원받은 삶은 시인의 노래처럼, "평생 동안 여호와의 집에 살면서, 여호와의 아름다움을 바라보며, 그의 성전에서 사모하는 것", "살아 있는 동안 주님을 노래하는 것, 숨을 거두는 그 때까지 시를 읊어서 하나님을 노래하는 것" (시 104:33)입니다.

생명의 영이시여, 온 세상을 살리소서!

에스겔 18:30-32, 요한계시록 21:5, 요한복음 3:5-8

• 에스겔은 유대 왕국이 바빌론의 포로기였던 주전 594년부터 571년까지 활동한 예언자였습니다(겔 1:1-3, 29:17). 예루살렘 성전 사제계급의 한 사람이었던 부시의 아들로 태어난 에스겔은 청년 시절, 요시아 왕의 개혁 정책에 크게 영향을 받았습니다. 요시아 왕은 주전 621년 거대한 정치적·종교적 개혁을 추진했습니다. 아시리아의 속국으로 전락한 유대를 온전한 야훼 신앙의 힘으로 개혁하려고 했던 것입니다. 성전에 자리 잡고 있던 이교를 정화하고, 야훼 경배의 본래적 형식과 율법을 복원시키려고 했던 요시아 왕의 개혁 정책은 당시 청년 사제였던 에스겔에게 깊은 인상을 남겼습니다.

새로 쟁취한 유대의 독립을 지키기 위해 요시아 왕은 이집트 왕 느고에게 대항했습니다. 그러나 유감스럽게도 므깃도 전투에서 요시아 왕은 전사하고 맙니다. 요시아 왕의 갑작스런 죽음은 유대 왕국의 희망을 다시 좌절시켰습니다. 후계자였던 요시아의 둘째 아들 여호아하즈도 이집트 왕 느고의 포로가 되었고, 느고는 요시아의 장남 엘리야킴을 유대 왕으로 임명하지만, 그를 모독하기 위해 그의 이름을 여호야킴으로 바꾸어버렸습니다. 새로운 집권자인 여호야킴은 종주국인 이집트에게 잘 보이고 권력을 유지하기 위해 이집트에게 바칠 엄청난 공물을 무자비하게 징수했습니다. 자신의 궁성을 건축하기 위해 수많은 사람들을 가혹한 강제노역에 동원하는가 하면, 종교혼합주의에 기울어 이교도적 제의가 번창하는 길을 열었습니다. 이 시기에 예언자 예레미야가 등장합니다. 예레미야는 유대가 법적으로는 야훼와의 계약에 충실한 듯이 가장하면서, 사실은 이스라엘의 진정한 주인인 야훼에게 등을 돌렸다고 규탄합니다. 그러자 유대 왕 여호야킴은 예언자들의 비판을 잔인하게 억압하였고, 그 결과 예언자 우리야는 처형당하고 예레미야는 추방당합니다.

    그러나 몇 년 후, 신흥 바빌론 제국의 느부갓네살 왕이 느고를 이집트로 몰아냅니다. 여호야킴은 빠르고 능란하게 이집트와의 봉신관계를 바빌론과의 봉신관계로 전환하고, 유대 왕권에 머물 수 있게 됩니다. 그런데 주전 602년 여호야킴은 갑자기 바빌론과의 봉신관계 철회를 공포하면서(열하 24:1), 이집트와 바빌론 사이에서 독자적인 노선을 추구합니다. 바빌론은 곧바로 유대를 침공했고, 주전 598년 마침내 바빌론은 예루살렘을 포위하기 시작했습니다. 유대의 운명이 풍전등화 같은 시기에 여호야킴이 갑자기 사망하고, 아들 여호야긴이 즉위합니다. 당시 18세에 불과했던 여호야긴은 집권 3개월 만에 예루살렘을 바빌론에게 넘겨주고 투항합니다. 덕분에 예루살렘은 파괴되지 않았지만 궁성과 성전은 약탈당했고, 왕과 그 가족들, 그리고 수많은 상류계층 인사들과 수공업자들이 포로로 잡혀 바빌론으로 끌려갔습니다. 그리고 당시 청년이었던 에스겔도 유형이라는 가혹한 운명을 겪지 않을 수 없었습니다. 포로로 잡혀간 유대인들은 유프라테스 강가의 간척지에서 노동을 하면서도 언젠가는 고국으로 돌아가리라는 희망을 포기하지 않았습니다. 그리고 민족주의적 성향을 가진 이른바 '구원예언자'들은 정세를 낙관적으로 판단하면서 귀향을 예언했습니다.

그러나 과거의 통치자들이 바빌론에서 돌아오는 것을 탐탁치 않게 생각하는 사람들이 있었습니다. 당시 유대에 남아 있던 새로운 통치자 시드키야와 그의 추종자들이 그들입니다. 이들은 이집트와 시리아에 의존하여 바빌론으로부터의 독립을 쟁취하기 위한 비밀협정을 맺고 드디어 바빌론에게 공공연하게 대항하기 시작합니다. 분노한 바빌론 왕 느부갓네살은 주전 587년 다시 유대로 진군, 예루살렘을 함락하고 파괴합니다. 성전은 불에 타 무너졌고 시드키야와 그의 가족들, 책임 있는 정치지도자들은 대부분 잔혹하게 처형당했으며(열하 25:7), 예루살렘 주민들은 다시 포로지로 끌려갔습니다(열하 25:8 이하).

• 바로 이런 상황에서 청년 사제 에스겔이 예언자로

소명을 받은 것입니다. 그때 그의 나이 서른이었습니다. 에스겔은 사제직과 예언자직 사이의 팽팽한 긴장 속에서 산 비극적인 인물입니다. 시온 사제단의 일원이었던 그는 신앙의 내면성과 종교적 세계의 우위성을 강조하는 제사장 전통 속에서 성장했습니다. 그러므로 율법의 준수와 정결이라는 사제적 이상은 그의 격한 마음과 강력한 감정을 엄격하게 통제하게 했습니다. 그러나 다른 한편 예언자로서 부름받은 에스겔은 참을 수 없는 격정을 가지고 예리한 풍자와 신랄한 조롱으로 자기 백성을 비판해야 했습니다. 사제직과 예언자직 사이의 이런 긴장은 심각한 내적 갈등으로 발전하지만, 에스겔은 마침내 이런 갈등 끝에 압도적인 확신을 가지고 활동을 시작합니다.

그러나 때론 무자비할 정도로 백성을 고발하는 예언자인 에스겔도 상처받은 영혼의 소유자였습니다. 동족들의 적대감과 증오로 가득 찬 멸시는 그렇다고 해도, 그가 견딜 수 없었던 것은 그에게 남은 유일한 힘이었던 아내의 죽음입니다(24:15 이하). 그의 소명에서 비롯된 영적인 동요는 그의 신체적인 저항 능력도 무너뜨려, 일주일 동안이나 몸을 움직이지도 못하고 말조차 할 수 없는 혼수상태에 빠지게 합니다(1:28, 3:14-15, 12:17 이하). 하나님은 에스겔에게 '사람의 아들'이라는 칭호를 사용함으로써 사제이자 예언자인 에스겔이 스스로를 대단한 인물로 생각할 여지를 주지 않습니다. 그는 가장 낮은 자리에서 홀로 가장 높으신 분 앞에 서 있습니다. 에스겔은 신체적으로도 연약한 인물입니다. 그러나 하나님은 바로 그가 연약하다는 그 사실 때문에 하나님의 도구로 사용하십니다. 하나님은 연약한 에스겔을 통해 자신의 무한한 권능을 선언합니다. 에스겔은 음식을 받아먹을 때 경련을 일으키기도 하고(12:18), 자제하는 태도를 버리고 갑자기 아픔으로 몸을 떨며 고통의 신음을 내기도 합니다(21:11). 아내의 갑작스런 죽음에 직면해서는 움쩍도 할 수 없는 슬픔 때문에 실어증에 걸려 율법에 규정된 장례의식조차 수행하지 못합니다(24:15-17). 때론 한 달 이상이나 온 몸이 마비된 채 장막에 누워 있기도 합니다(4:4-6:8). 그의 모든 육체적 고통과 고난은 그의 백성을 위한 예언적 상징이 됩니다. 마치 죽음에 잠긴 것처럼, 마치 모든 것을 멸망시키는 하나님의 진노의 힘에 위압당한 것처럼, 마치 동족의 죄를 스스로 짊어진 채 그들이 받을 형벌을 미리 받는 것처럼, 마치 완전한 벙어리가 되어 모든 죄를 무자비하게 심판하고 복수하는 분에 대한 일체의 관계를 끊어버린 것처럼, 예언자의 고통은 바로 하나님의 상징적 행위입니다. 에스겔은 스스로 예언자가 된 사람이 아닙니다. 거부할 수 없는 압도적인 하나님의 영에 사로잡혀 그는 예언자가 되지 않을 수 없었습니다.

에스겔은 고향으로 돌아갈 것이라는 낙관적 전망을 했던 '구원예언자'들과는 다른 야훼의 결의를 선포했고, 이로 인해 동족들의 적대감을 감수하고 증오로 가득 찬 멸시를 받을 수밖에 없었습니다. 그는 추방당한 백성 가운데 멸시당하는 사람들을 끌어안는 하나님, 그들이 과거의 악습으로부터 벗어나 새로운 삶을 살도록 촉구하시는 하나님을 선포합니다. 내적 갱신은 부름받은 사람의 목표입니다. 부름받은 사람은 이 목표를 향해 나아감으로써 하나님의 권능에 자신을 개방합니다. 하나님의 권능에 자신을 개방하는 사람은 하나님으로부터 자신의 의지를 관철시킬 수 있는 힘을 선사받습니다(36:26-27). 하나님은 주변의 이교세력 한가운데서 그들을 하나로 묶어 형제 자매적 공생의 새로운 공동체를 이룩하게 하십니다. 그러나 이런 형제 자매적 공생관계는 새로운 세계의 종착점이 아닙니다. 이것은 단지 새로운 세계로 향하는 통로, 새로운 시작일 뿐입니다. 구원의 희망을 이스라엘과 결부시키고 여러 민족들 가운데서 이스라엘의 우위성을 회복시키려는 시도를 에스겔은 철저하게 배제합니다(36:22, 32).

하나님은 진노와 심판, 은혜와 갱신을 통해 각 개인뿐만 아니라 여러 민족들을 만나십니다. 하나님의 행위는 온 세계를 포괄하고, 세계의 통치자인 하나님은 온 세계를 그의 권력 아래 예속시키십니다. 민족주의적 구원예언자들은 하나님의 영광의 현시를 시온의 성소에 국한시키지만, 에스겔은 하나님의 영광이 어떤 특정한 장소에 국한되지 않으며, 심지어는 부정한 포로지, 세상의 저주받은 곳에도 현존한다고 확신합니다. 고향으로부터 추방당한 사람들을 하나님은 오히려 심판자의 현존 가운데 서게 만드십니다. 이들이 회개하고 영으로 새롭게 탄생할 때 자신만이 아니라 세계도 살게 될 것이라는 것이 에스겔의 확신입니다(18:30-32). 이들은 '의로운 사람들'이라는 칭호를 받습니다(14:12 이하). 그러나 그들은 엘리트처럼 불림을 받지 않습니다. 그들이 구원의 선물을 받을 어떤 자격이 있거나, 새로운 희망의 계기가 될 만한 능력을 보이기 때문에 에스겔이 그들을

'의로운 사람들'이라고 부르는 경우는 없습니다. 이들은 다만 지금까지의 길로부터 방향을 전환하고(회개), 모든 것을 온전하게 하는 하나님의 구원 행위를 대망하면서, 생명의 영이신 창조주의 능력을 받기를 기도하기 때문에 의로운 사람들인 것입니다.

회개는 깊은 내적인 전향, 하나님에 대한 가장 내밀한 태도의 변화와 그에 따른 삶의 근본적인 방향 전환을 뜻합니다. 하나님은 인간을 홀로 내버려두지 않고, 하나님이 선사하신 새로운 삶과 하나님이 약속하신 새로운 세계의 가능성에 자신을 열도록 촉구하십니다. 이전 길에서 돌이켜 생명에 이르게 하는 전환인 회개는 생명의 영이신 하나님의 사랑 때문에 가능합니다. 이 새로운 세계는 형제 자매적 연대성에 바탕을 둔 인간적 상호배려 관계가 성취된 세계이고, 이것은 각 사람에게 주어진 신적인 존엄성을 보호하는 데서 구체화된다는 것이 예언자 에스겔의 증언입니다. 그래서 칼 바르트 Karl Barth 도 "우리가 회개하면서 기도하기 위해 두 손을 모을 때, 이미 하나님의 혁명이 시작된다"고 말했던 것입니다. 하나님의 혁명은 회개하고 기도하는 사람을 근본에서부터 변화시키고, 그들을 통해 마침내 세계를 혁명적으로 변화시킵니다. 그리스도인은 바로 하나님의 혁명가입니다. 그리고 이런 혁명적 변화는 우리 자신의 인간성이나 가능성에서 시작되는 것이 아니라, 전적으로 생명의 영이신 하나님의 자비와 사랑 때문에 가능한 것입니다.

• 오늘 우리 세계는 미국발 금융위기에서 촉발된 세계

적인 경제위기에 처해 있습니다. 이른바 서브프라임 모기지 사태에서 시작된 금융위기는 이익의 극대화에 눈이 어두워진 금융기관들의 도덕적 해이와 탐욕, 미국 중심의 신자유주의적 금융자본주의, 시장근본주의의 파국에서 비롯된 것이었습니다. 이 충격의 파고에 휩쓸리고 있는 우리나라 경제도 심각한 지경에 이르고 있습니다. 세계는 미국 달러를 기축통화로 한 금융시장 질서를 바꾸는 대안을 모색해야 한다고 하지만, 현실성도 전망도 분명하지 않습니다. 국제연합UN 같은 국제적 조직을 만들어 지구적 차원에서 재발 가능한 경제위기를 막을 수 있는 방법을 찾아야 한다는 주장도 있습니다.

물론 구조적이고 세계체제적인 대안을 모색하고 정착시키는 것이 중요하다고 생각합니다. 그러나 아무리 구조적 대책을 마련한다고 해도 빈틈은 있기 마련이고, 과연 미국이 달러 패권을 스스로 제한할 것인지를 기대하기도 어려운 것이 현실입니다. 우리는 이런 형태의 경제위기와 파국은 인간이 회개하지 않는 한, 다시 말해 전적으로 새로운 가치와 삶에로 방향 전환을 하지 않는 한 언제든지 다시 일어날 수 있다고 생각합니다. '보다 많이'에서 '보다 적게', '보다 빠르게'에서 '보다 느리게', '보다 높게'에서 '보다 낮게'로 삶의 방향을 정하고, 그런 삶을 기쁘게 실천하는 '대항가치', '대안가치'를 만들고 실천하는 데 길이 있다고 생각합니다. 그리고 그런 전환은 생명의 영을 통한 회개에서 가능합니다.

구조적 대안의 모색과 개인적 삶의 전환은 서로 뗄 수 없이 연결되어 있습니다. 스리랑카의 신학자 알로이스 피에리스Aloysius Pieris, S.J

는 '가난으로부터의 자유'가 '가난으로부터 오는 자유'와 결합되지 않으면 맘몬과의 싸움에서 결코 이길 수 없다고 말했습니다. 가난은 극복되어야 합니다. 그러나 세상의 많은 사람들이 굶어 죽어가는 것이 이 지구가 충분한 식량을 제공하지 못하기 때문이 아니라는 것은 누구나 알고 있는 사실입니다. 맘몬의 지배로부터 벗어나는 길은 우리가 맘몬을 가지고 있을 때가 아니라, '가난으로부터 오는 자유'를 기쁘게 누릴 때입니다. 숭배자 없는 우상은 힘을 잃게 됩니다. 부러워하거나 두려워하지 않는 사람들에게 맘몬은 힘을 쓰지 못합니다. 가난한 사람들의 피를 먹고 살면서 생명을 파괴하는 맘몬으로부터 생명을 더욱 풍성하게 하는 생명의 영이신 하나님에게로 돌아설 때, 인류에게 희망이 있습니다.

• 하나님의 영은 생명의 샘이며, 생명, 곧 충만한 생명, 완전하고 파괴되지 않은 영원한 생명을 우리에게 주십니다. 하나님의 영은 이 영원한 생명을 죽음 이후가 아니라, 지금 여기에서 죽음 이전에 가져오십니다. 그것은 하나님의 영이 그리스도를 이 세상에 보내시고, 그리스도는 인격으로 나타난 부활이요 생명이기 때문입니다. 그리스도와 함께 파괴될 수 없는 생명이 빛으로 왔고, 그리스도가 이 세상에 보내는 생명의 영은 우리에게 새로운 생명을 가져다주는 부활의 능력입니다. 성령의 보내심은 파괴될 수 없는 생명에 대한 하나님의 긍정과 놀라운 생명의 기쁨이 계시된 것과 같습니다. 예수 그리스도가 계신 곳에 생명이 있다고 복음서는 말합니다.

예수 그리스도가 계신 곳에 병자들이 고침을 받고, 슬퍼하는 사람들이 위로를 받고, 쫓겨난 사람들이 받아들여지고, 죽음의 악령이 축출당합니다. 예수 그리스도는 새로운 종교를 이 세상에 가져온 것이 아니라 새로운 생명을 가져왔습니다. 이 생명의 복음은 우리 시대에 슬퍼하는 사람을 '위로'하고, 병든 사람들을 '치유'하고, 낯선 사람들을 '받아들이고', 죄를 '용서'하고, 파멸의 세력에 의해 위협받고 상처받은 생명을 '구원'하게 합니다.

또한 생명의 영은 모든 피조물의 생명을 상호 의존하게 합니다. 만물은 서로 의존해 있으며, 서로 위하면서 살아갑니다. 생명은 공동체이고 공동체는 생명을 나누지 않으면 생존할 수 없습니다. 그러므로 생명의 영은 사람 사이의 생명공동체만이 아니라 다른 생명 사이의 생명공동체를 형성합니다. "영이 위에서부터 부어지면, 사막은 밭이 되고 밭은 삼림으로 여기게 되리라. 그 때에 공평이 광야에 거하며 의가 아름다운 밭에 있으리라"(사 32:15-16)고 예언자 이사야는 노래했습니다.

사람은 함께 사는 다른 모든 생명과 마찬가지로 "흙으로 만들어진 피조물입니다"(창 2장). 이 흙은 우리 모두의 환경이며 "우리의 어머니"(시락서 40:1)입니다. 흙은 우리가 서 있는 땅만을 의미하는 것이 아닙니다. 흙은 우리가 그 안에서 살고 있는 생명권과 대기권을 포함한 지구적 체계를 의미합니다. 그러나 현대 산업사회는 흙을 단순히 물질, 혹은 투기수단으로만 여기고 거룩하게 여기지 않았습니다. 지금 우리는 지구적 재앙과 파국이 우리를 덮쳐오기 전에 하나님의 땅의 거룩함을 다시 회복하고 존경할 때가 되었습니다. 생명의 영은 '새 하늘과 새 땅'(계 21장)을 가져올 것입니다. 하나님의 나라 없이 영원한 생명이 있을 수 없고, 새로운 땅 없이 하나님의 나라가 있을 수 없습니다.

모세가 하나님의 산, 호렙에서 불타는 떨기나무 앞 거룩한 땅에서 신발을 벗은 것처럼, 지금 우리가 서 있는 바로 이곳도 거룩한 땅입니다. 바로 지금, 여기에서의 모든 삶은 거룩합니다. 비록 그것이 고통스럽고 병들어 있고 희망이 없을지라도, 바로 이 땅, 지금 우리가 함께 서 있는 이곳이 '거룩한 땅'입니다. 모세처럼 신발을 벗고, 다시 말해 우리 자신을 보호하고 방어하는 모든 기재들을 벗어버릴 때, 발가벗은 몸과 마음으로 하나님 앞에 설 때, 하나님은 우리에게 말씀하실 것입니다. 자기 백성의 신음, 모든 피조물의 신음을 들으신 하나님께서 제국의 포로로 잡혀 있는 백성을 해방시키도록 우리를 부르십니다. 그러나 스스로 하나님의 혁명가가 될 수 있는 사람은 아무도 없습니다. 모세도 두려워 떨면서 "내가 누구이기에 바로에게 가며 이스라엘 자손을 애굽에서 인도하여 내리이까? 주여, 보낼 만한 자를 보내소서"(출 4:13)라고 말했습니다. "내가 여기 있나이다. 나를 보내소서"(사 6:8)라고 말한 예언자 이사야도 부름받았을 때, "화로다 나여 망하게 되었도다. 나는 입술이 부정한 사람이요, 나는 입술이 부정한 백성 중에 거주하면서 만군의 여호와이신 왕을 뵈었음이로다"(사 6:5)라고 고백했습니다.

우리가 선 땅은 거룩합니다. 그것은 우리가 거룩한 사람이기 때문이 아니라, 우리를 부르신 분이 거룩하시기 때문입니다. 그러므로 우리를 부르시는 생명의 영이신 하나님만 바라보고 그분의 말씀에만 순종해야 합니다. 그리하면 하나님께서 모세를 통해 자기 백성을 이집트 종살이에서 해방시키신 것처럼, 우리를 통해, 우리 교회를 통해 맘몬의 노예살이에 시달리는 민중과 모든 피조물을 해방하실 것입니다.

생명의 영이신 하나님께서 우리에게 생명의 영을 부으시어, 마침내 신음하는 모든 피조물의 생명이 충만해질 수 있길 주님의 이름으로 기원합니다. 아멘.

3장

현실의 부정과 하나님의 긍정

깨어 있는 사람의 때

마태복음 25:1-13

• 열 처녀의 비유는 '하나님의 나라'에 대한 것입니다. 하나님의 나라는 마치 큰 결혼 잔치와 같다는 것입니다. 하나님의 나라는 신랑을 기다리는 신부의 기쁨과 같습니다. 이 잔치에는 모든 사람들이 초대됩니다. 먹을 것과 마실 것이 풍부해서 모든 사람이 배불리 먹고 마실 수 있습니다. 신랑과 신부가 결혼을 통해 한 몸과 한 가정을 이루듯, 하나님과 인간 사이의 장벽이 무너져 한 몸, 한 가정을 이루는 곳에 하나님의 나라가 임합니다.

하나님이 신랑과 비유되는 전통이 유대교에서는 낯선 일이 아닙니다. 이사야(62:5)는 하나님을 신랑으로 묘사합니다. 마가복음(2:19) 역시 신랑을 하나님의 구원의 때와 연관시키고 있습니다. 예수님은 이 비유를 통해 하나님의 나라는 무엇이고, 언제 오는지, 또 그 나라를 희망하는 그리스도인의 삶은 어떠해야 하는지를 설명하고자 합니다.

비유는 비교적 단순합니다. 열 처녀가 저마다 등불을 들고 신랑을 기다립니다. 그런데 다섯은 미련하고, 다섯은 슬기로웠다는 것입니다. 미련한 다섯은 기름을 충분히 준비하지 않았고, 슬기로운 다섯은 기름을 충분히 준비했기 때문에 신랑이 늦게 왔음에도 불구하고 그와 함께 등불을 밝히고 춤추며 즐거워할 수 있었다는 것입니다.

유대인의 결혼 풍습을 아는 사람은 곧바로 하나님의 나라가 처녀들의 미련함이나 슬기로움과 아무런 관련이 없다는 것을 알 수 있습니다. 미련한 사람은 하나님 나라 잔치에 들어가지 못하고 슬기로운 사람들만이 하나님 나라 잔치에 갈 수 있다는 확대된 비유 해석은 잘못된 것입니다. 슬기와 미련함 같은 인간의 지적 능력은 하나님 나라 잔치에 들어갈 수 있는 조건이 아닙니다.

결혼식이 밤에 진행될 경우, 처녀들이 횃불을 켜들고 춤을 추는 것은 관례였습니다. 나무 몽둥이에 질긴 천을 감고 올리브기름을 칠한 횃불은 약 15분 정도 탈 수 있었습니다. 그러나 기름이 떨어지면 다시 기름을 발라 불을 밝힐 수 있는 여러 번 사용이 가능한 횃불이었습니다. 열 처녀 모두 기름을 칠한 횃불을 가지고 있었습니다. 미련한 처녀 다섯만이 기름을 가지고 있지 않았던 것이 아닙니다. 신랑의 도착이 늦어져 결혼 잔치가 지연되는 것이 빈번한 일은 아니었지만 있을 수 있는 일이었습니다. 그런데 애타게 기다리는 신랑이 오지 않습니다. 지치고 피곤한 열 처녀 모두 잠이 듭니다. 이른바 미련한 다섯 처녀만이 아니라 슬기로운 다섯 처녀도 잠이 들었던 것입니다. 잠이 흔히 준비 없는 삶을 표현하는 경우가 성서에도 나타나지만(살전 5:6, 롬 13:11, 엡 5:14), 이 비유에서는 관련이 없습니다.

그런데 한밤중에 갑자기 신랑이 온다는 연락이 옵니다. 열 처녀는 모두 횃불을 밝히고 신랑을 맞이합니다. 곧 다섯 처녀가 가진 횃불에 기름이 떨어져 불이 꺼져갑니다. 그들은 다른 다섯 처녀, 곧 기름이 떨어질 것에 대비해 더 많은 기름을 준비한 처녀들에게 기름을 빌려줄 것을 부탁합니다. 그러나 다른 다섯 처녀는 있는 기름을 나누어 쓰면 모두에게 모자랄 터이니 가게에 가서 사오는 것이 좋겠다고 말합니다. 결혼식이 열리는 유대 마을 어디에서나 동네 모든 사람들이 자지 않고 함께 축하하기 때문에 가게의 문은 언제나 열려 있고 기름을 사는 것 역시 어려운 일이 아니었기 때문입니다. 다섯 처녀가 기름을 사러 간 사이에 신랑이 오고 신랑은 아직 꺼지지 않은 등불을 가지고 있는 다섯 처녀와 함께 혼인 잔치에 들어갑니다. 그리고 잔칫집 문이 닫힙니다. 뒤늦게 기름을 구해 달려온 다섯 처녀의 간곡한 부탁에도 불구하고 잔칫집 문은 열리지 않습니다. 신랑은 그들이 누구인지 모른다며 외면합니다. 모든 사람들이 함께 즐거워해야 할, 한 사람도 소외되어서는 안 될 결혼 잔치 집에 들어갈 수 없는 사람들이 생긴 것입니다. 하나님의 나라는 모든 사람들에게 개방되어 있습니다. 하나님의 나라 잔치 식탁에는 모든 사람들이 초대되었습니다. 그러나 그 초대에 함께 하지 못하는 사람들이 있는데, 까닭은 그들이 준비하지 않았기 때문이라는 것입니다. 비유는 그래서 그 날과 그 시간은 아무도 모른다. 그러니 항상 깨어 있어라라는 경고와 함께 끝을 맺습니다.

• 하나님의 나라는 어떤 나라일까요? 하나님의 나라는 언제 어떻게 올까요? 항상 깨어 있으라는 것은 무엇을 의미할까요? 이 질문은 박해받는 초대교회가 직면한 문제의 하나였습니다. 열 처녀의 비유는 하나님의 나라가 언제 올 것인가 하는 시간 계산에 관심이 없습니다. 하나님의 나라가 언제 온다며 날짜를 계산하여 심판에 대한 불안과 위기의식을 조장하여 결국은 자기 종파의 이익을 도모했던 수많은 사이비 종말론과 말세론을 우리는 잘 알고 있습니다. 오히려 이 열 처녀의 비유는 이런 종류의 사이비 종말론을 경계합니다. 그날과 그 시간은 아무도 모릅니다. 하늘의 천사도 모르고 아들도 모르고 오직 아버지 하나님만이 아십니다(마 24:36). 그러나 거짓 예언자들이 나타나 많은 사람들을 속일 것입니다(마 24:11). 깨어 있는 자만이 하나님의 나라 잔치에 들어갈 수 있습니다.

그렇다면 깨어 있다는 것은 무엇을 의미할까요? 깨어 있다는 것은 잠들어 있다는 것의 반대 개념이 아닙니다. 5절은 지혜로운 다섯 처녀도 잠들었다는 것을 보여줍니다. 깨어 있음은 준비되어 있다는 것을 의미합니다. 깨어 있다는 것은 시간을 초월해서 산다는 것을 의미하지 않습니다. 현실과 관계없는 미래에만 집착하는 것은 깨어 있는 자의 태도가 아니라 꿈꾸는 자의 태도입니다. 에른스트 블로흐 Ernst Bloch는 이런 의미에서 밤에 꾸는 꿈을 낮에 꾸는 꿈과 구별했습니다. 밤에 꾸는 꿈이 억압된 의식의 재현이라면 낮에 꾸는 꿈은 깨어 있는 사람의 꿈입니다. 현재 안에서, 현재로부터 미래를 지향하며 사는 삶이 깨어 있는 자의 삶입니다.

　　　　　●시간과 계절의 변화는 옛날에도 있었고 앞으로도 있을 것입니다. 사실 변하는 것은 사람 자신인데, 사람들은 시간이 가고 또 온다고도 말합니다. 해가 변한다고 해서 시간 자체가 새로워지는 것은 아닙니다. 깨어 있지 않은 자에게 시간은 습관의 기계적 반복 이상의 의미를 갖지 않습니다. 오늘은 어제의, 내일은 오늘의 연속일 뿐입니다. 깨어 있지 않은 자에게 변화란 기껏 우연이거나 운명, 또는 재수일 뿐입니다. 일이 잘되면 우연히 재수가 좋은 것이고, 일이 잘 안되면 어쩔 수 없는 운명이거니 생각합니다.

그렇지만 깨어 있는 자에게 시간은 가능성이며 준비입니다. 시간, 즉 때와 때 사이에서, 바로 그때가 올 것을 예상한 책임적 계획과 결단을 포함한 것이 깨어 있는 자의 시간입니다. 깨어 있지 않는 자는 시간을 묻지 않습니다. 그는 시간, 곧 때와 때 사이의 기계적 반복에 자신을 수동적으로 맡길 뿐입니다.

그러나 삶의 미래는 열려 있고, 나에게 그때가 언제일지는 알 수 없습니다. 미래에 우리에게 어떤 일이 일어날지, 어떤 사건들이 닥쳐올지, 우리에게 어떤 변화가 있을 것인지 우리는 예측할 수 없습니다. 그래서 미래는 우리를 불안하게 합니다.

과거와 현재는 우리 손안에 있을지 모르지만, 미래는 누구의 것입니까? 미래는 전적으로 하나님 자신의 것입니다. 미래가 하나님에게만 속해 있다는 믿음 때문에 우리는 우리를 잡아매고 있는 과거와 현재로부터 해방받을 수 있는 것입니다. 미래는 우리의 미래가 아닙니다. 하나님의 미래입니다. 그러기 때문에 우리는 미래에 희망을 가질 수 있는 것입니다. 우리의 희망의 근거는 우리 자신의 과거와 현재가 아닙니다. 우리가 희망을 가질 수 있는 것은 우리의 미래가 우리 것이 아니라, 하나님의 것이기 때문입니다.

불확실한 미래, 불확실한 시간의 중심에서 우리가 할 수 있는 일은 깨어 있는 일입니다. 깨어 있어야 우리는 과거를 반성할 수 있습니다. 그러나 희망이 없는 과거의 반성은 책임 전가와 책망, 자신에 대한 실망 혹은 자기 정당화로 끝나는 수가 많습니다. 희망을 갖지 않은 사람은 과거를 돌이켜 역사로부터 배우려 하지 않습니다. 희망을 가진 사람만이 어제로부터 배우고 오늘을 계획하며 내일을 준비합니다. 하나님의 미래에 희망을 건 사람은 무책임하게 시간의 흐름에 자신을 맡길 수 없습니다. 우리의 미래가 하나님의 미래이고, 하나님의 미래가 우리의 미래라고 믿는 사람들은 과거의 자신을 용납하고 진지하게 받아들입니다. 하나님의 미래가 소중하기 때문에 오늘의 우리가 소중한 것입니다. 우리는 모두 하나님의 미래로 용납받은 사람들입니다. 그래서 우리는 사도 바울과 함께 "나는 이 희망을 이미 이루었다는 것도 아니고, 또 이미 완전한 사람이 되었다는 것도 아닙니다. 다만 나는 그것을 붙들려고 달음질칠 뿐입니다. 나는 내 뒤에 있는 것을 잊고 앞에 있는 것만 바라보면서 목표를 향하여 달려갈 뿐입니다"(빌 3:12 이하)라고 고백하는 것입니다.

현실의 부정과 하나님의 긍정

마태복음 15:21-28

• 오늘의 말씀은 두 가지 측면에서 흔히 오해를 받아 왔습니다. 그중의 하나는 예수님이 성차별주의자가 아닌가 하는 것입니다. 마귀에 사로잡힌 딸의 치유를 위해 자존심과 체면을 깎이는 수모를 겪으면서도 다가온 여인에게 아무 대답도 하시지 않는 예수님의 태도는 이해하기 어렵습니다. 더욱이 '나는 이스라엘 백성만을 찾아 돌보라고 해서 왔지', 당신 같은 이방인을 위해 온 것이 아니라며, 이 여인을 '개 새끼'로 비유한 데서는 예수님의 성차별이 그 절정에 달하는 인상을 줍니다. 예수님은 정말 이방인 여성을 개만도 못하게 여긴 남성 우월주의에 사로잡힌 성차별주의자였단 말일까요?

두 번째 이 말씀이 주는 오해는 예수님께서 유대주의자, 즉 하나님의 구원이 오직 유대인들에게만 약속되었지, 비유대인, 즉 이방인들은 하나님의 구원의 경륜에 포함되지 않는다는 편협하고 배타적인 유대 선민주의에 빠져 있지 않느냐 하는 것입니다. "나는 길 잃은 양과 같은 이스라엘 백성을 찾아 돌보라고 해서 왔다"는 말씀이 이 사실을 뒷받침해주는 듯합니다. 예수님은 정말 성차별주의자이면서 유대 선민주의자였을까요?

이 말씀은 위에서 지적한 두 가지 오해를 불러일으킬 수 있지만, 사실은 다른 의도를 가지고 있습니다. 그것은 과연 믿음은 어떻게 시작되는가? 그리고 믿음은 어떤 과정을 통해 성숙해 가며, 그 믿음은 무슨 결과를 우리 삶에 주는가 하는 질문에 대답하려고 합니다.

이름과 나이와 생김새가 언급되지 않은 한 가나안 여인의 이야기는 예수님이 띠로와 시돈 지방으로 가셨을 때 전개됩니다. 병행 말씀이 있는 마가복음에 따르면 이 여인은 시로페니키아 출신의 이방인이었다고 합니다(막 7:24-30). 띠로와 시돈 지방은 북갈릴레아 지역에 있는 반도 도시로서 상업과 수공업이 발달했습니다. 로마 지배 시대에는 로마인들의 지방 행정수도 역할을 한 이 도시에 사는 시로페니키아 출신 여인의 생활 수준도 성서에는 언급되어 있지 않습니다. 성서는 이 여인에게 마귀 들린 딸이 있었다고 전합니다. 마가복음에 따르면 이 여인은 예수님에 대한 소문을 들어, 이미 예수님이 병 고치는 능력을 가지고 있으며 많은 이적을 행하셨다는 것을 알고 있었습니다. 예수께서 이 지방에 와서 체류하신다는 소식을 듣고 여인은 곧바로 달려갑니다. "다윗의 자손이여, 저에게 자비를 베풀어 주십시오. 제 딸이 마귀가 들려 몹시 시달리고 있습니다." 여인은 소리쳐 간청합니다.

그러나 예수님은 아무런 대꾸도 하지 않습니다. 애가 탄 여인은 계속 소리쳐 외칩니다. 사람들의 이목도 있고 이방인, 그것도 여인과의 접촉을 불경시하는 제자들이 불안해 합니다. 창피한 줄도 모르고, 기를 쓰고 악을 쓰며 덤벼드는 여인이 불쾌해지기까지 합니다. 그래서 제자들은 "저 여자가 소리를 지르며 따라오고 있으니 돌려보내시는 것이 좋겠습니다"라고 예수께 청합니다. 제자들을 더욱 화나게 만드는 것은 이방인 여인이 예수님을 "주여, 다윗의 자손이시여" 하면서 제자들만이 쓰는 칭호를 외친다는 것입니다. 이 여인은 이를 통해 자신이 이방인이라는 사실을 감추지 않습니다. 이 여인은 유대인 출신인 예수님, 그것도 남성인 예수님과의 접촉이 금지되어 있다는 것, 유대인들의 배타적인 선민의식을 익히 알고 있었습니다.

그러나 전통과 관습과 계율과 체면 상실과 모독에도 불구하고, 이 여인은 소리치며 예수님에게 접근합니다. 도대체 무엇이 이 여인을 그토록 몰아가는 것일까요? 그 이유는 두 가지입니다. 첫째, 이 여인은 악마에 사로잡힌 딸을 사랑하기 때문입니다. 병든 딸 때문에, 딸의 치유를 위해 이 여인은 체면과 인습과 전통과 율법의 온갖 제약을 넘어서고 있습니다. 두 번째 이유는 이 여인이 예수님에 대하여 무언가 들었다는 것입니다. 그녀는 예수님께서 악마를 쫓아내시고 병자를 고치신다는 소문을 듣고 예수님을 무조건 신뢰했습니다.

믿음은 '들음'과 '무조건적인 신뢰'에서 시작됩니다. 어떤 형편에서든지 어떤 형식으로든지 복음을 듣는 것이 믿음의 첫 걸음입니다. 부모님을 통해서건 친구를 통해서건 목사님의 설교를 통해서건 성서를 읽어서건 간에 우리가 복음을 듣지 않았다면 우리의 믿음은 시작되지 못했을 것입니다. 그런데 '들음'은 언제나 '선포'를 전제합니다. 복음을 전하는 자 없이 어떻게 복음이 전달될 수 있겠습니까? 먼저 듣고 경험한 신자들이 전달해야 합니다. 우리가 듣고 경험한 복음을 아직 듣지 못하고 경험하지 못한 사람들에게 전하는 것이 전도요 선교입니다.

'들음'은 호기심과 희망을 생기게 합니다. 다른 병자들을 고치신 그분께서 우리 딸도 고치실 수 있을 것이라는 신뢰를 갖게 합니다. 그녀의 기대가 어긋나지 않으리라는 희망의 근거에는 예수님 자신이 계십니다. 흔히 인간적 확신의 기초에는 자신의 능력, 재산, 특권, 출신 성분, 보장된 직업, 이른바 '줄' 등이 있습니다. 그러나 이 여인이 '비빌 언덕'이라고는 이제 예수님 한 분밖에 없습니다.

• 그러나 이런 기대와 신뢰를 가지고 예수님을 찾아간 이 여인을 기다린 것은 차가운 냉대와 멸시뿐입니다. 처음에는 대꾸도 안 하다가 "자녀들이 먹을 빵을 강아지에게 던져주는 것은 옳지 않다" 하고 경멸하는 말투로 예수님은 말합니다. 정말 예수님은 성차별주의자이고 인종주의자 같습니다. 도대체 예수님의 이런 태도를 어떻게 이해해야 할까요?

예수님이 성차별주의자가 아니시라는 것은 다른 여러 사건들에서는 물론, 이 여인과 대화를 하신다는 것 자체, 마침내 유대인인 제자들이 보는 가운데서 이 여인의 큰 믿음을 칭송하는 데서도 드러납니다. 또 예수님이 배타적인 유대주의자가 아니셨다는 것은 이 가나안 여인 이야기가 나오기 직전에 유대인들의 불신앙과 위선을 신랄하게 비난하는 데서 드러납니다. 더욱 중요한 것은 이 가나안 여인의 딸을 고치신 사건 이후에, 예수님의 선교의 장이 인종적·종교적 한계와 장벽을 넘어서고 있다는 점입니다. 하나님의 구원계획에는 어떤 장벽도 있을 수 없습니다. 종교와 인종의 장벽, 소유와 신분의 장벽, 출신과 계급의 장벽, 성과 육체적 조건의 장벽, 그 어느 것도 우리를 하나님의 구원의 사랑에서 갈라놓을 수 없습니다.

그럼에도 불구하고 예수님은 일단 이 여인을 거부합니다. 이 여인은 불쾌함과 분노와 실망에 사로잡혔을지 모릅니다. 모독감은 자신이 식탁에서 떨어지는 빵부스러기라도 받아먹으려는 개 새끼와 비교될 때 절정에 달했을 것입니다. 그런데 보십시오! 이 여인은 오히려 자신을 더 낮추면서, "주님, 강아지도 주인의 상에서 떨어지는 부스러기는 주워 먹지 않습니까?" 하고 응답합니다.

율법을 모르는 천한 민중을 개 새끼와 비교한 것은 당시 유대인들의 습관이었습니다. 그렇지만 가나안 여인의 태도는 여간 비굴한 것이 아닙니다. "원 세상에 체면이고 자존심을 깎아내려도 분수가 있지 이 정도면 차라리 침 뱉고 확 돌아버리는 것이 낫지… 쯧쯧쯧" 하고 말하고 싶은 사람도 있을 것입니다. 그러나 여인은 예수님의 거절에도 불구하고 끝까지 붙들고 늘어집니다. 마침내 예수님은 "여인아, 참으로 네 믿음이 장하다. 네 소원대로 이루어질 것이다"라고 말씀하십니다. 독일어 성서에는 '네 믿음이 크다'로 번역되어 있습니다. 그런데 바로 그 순간에 그 여인의 딸이 치유를 받습니다.

• 신앙생활의 과정에서 고난과 시험이 없을 수 없습니다. 이 가나안 여인이 겪은 고난과 시련은 예수님의 무관심과 침묵에서 시작되어, 자신의 신세가 개 새끼만도 못하다는 한탄에서 절정에 달합니다. 우리도 기도가 응답받지 못할 때를 경험합니다. 나의 계획과 뜻이 잘 풀리지 않을 때가 있습니다. 하나님의 침묵이 원망스럽고, 다른 사람은 다 행복해 보이는데 왜 나만 이런 시련을 당하는지 분통을 터뜨릴 때가 있습니다. 아무리 애원하고 소리쳐도 하나님이 들으시는 것 같지 않고, 다른 사람들도 나를 경멸하고 무시한다는 상념에 사로잡힐 때가 있습니다.

그래서 우리는 묻는 것입니다. 무엇이 그토록 깊은 좌절감에 빠진 이 가나안 여인을 붙들고 있었을까? 현실의 부정에도 불구하고 하나님의 긍정에 대한 무조건적인 신뢰였습니다. 마틴 루터는 "그리스도인은 하나님 앞에서 모두 거지다"라고 말한 적이 있습니다. 그렇습니다. 이 가나안 여인처럼 우리는 모두 하나님 앞에서 거지입니다. 우리는 언제든지 '하나님, 무엇을 주시옵소서'라고 기도하지 않습니까? 그런데 주목할 것은 우리가 하나님 앞에서나 거지지, 다른 어떤 것 앞에서도 거지인 건 아니라는 것입니다. 가나안 여인으로

하여금 당시 시대를 지배했던 인종과 성과 신분의 장벽을 넘어서, 아니 모독과 경멸을 넘어서 예수님에게 나아가게 했던 힘은 무엇입니까? 세상의 부정을 넘어서는 하나님의 긍정을 믿었기 때문입니다. 이 여인에게 예수님은 그래서 "네 믿음이 크다"고 말씀하신 것입니다.

예수님이 성서에서 큰 믿음으로 인하여 칭송한 사람이 많지 않습니다. 이 가나안 여인은 아픈 딸에 대한 한없는 사랑 때문에, 예수님에 대한 소문에서 드러난 인간에 대한 하나님의 긍정을 신뢰했기 때문에, 체면과 모독과 경멸에도 아랑곳하지 않고 예수님에게 나아갈 수 있었던 것입니다. 바로 이 사랑과 신뢰가 악마에게 사로잡힌 딸을 해방시키고 구원하게 했던 것입니다. 신앙생활 하다가 낙심하는 사람들이 많습니다. 기도에 응답이 없다고, 하나님이 살아 계신 것 같지 않다고, 왜 하필이면 나만 이런 모독과 고난을 당해야 하느냐고 분통을 터뜨리는 사람이 있습니다. 이런 시련은 전혀 낯선 경험이 아닙니다. 우리의 노력에도 불구하고 현실이 우리를 부정할 때, 우리는 하나님은 우리를 긍정하고 계시다는 것을 믿어야 합니다. 시험에 빠졌을 때 우리는 '주님, 저를 도와주십시오!' 하고 이 가나안 여인처럼 애원해야 합니다. 우리가 하나님 앞에서 거지라는 것을 인정하는 것, 이것이 큰 믿음입니다. 이런 큰 믿음으로 인하여 하나님은 우리에게 구원과 치유의 은혜를 내려주실 것입니다.

하나님의 눈치가 아니라 눈을 보는 믿음

누가복음 18:9-14

• 성서에 등장하는 많은 사람들 가운데 오해를 받는 사람들이 있는데 대표적인 사람들이 바리사이파 사람들입니다. 바리사이파 사람들은 '회칠한 무덤' 같은 위선적 종교인의 전형으로 흔히 비판을 받지만 사실 이들 바리사이파 사람들은 유대교 역사에서 매우 중요한 역할을 담당했습니다.

바리사이파로 알려진 이들은 기원전 2세기 중엽 하스몬 사람들이 인정한 중산층으로 구성된 평신도 단체로 매우 경건한 사람들이었습니다. 종교적 실천이 위협받지 않는 한 정치적으로 온건하고 수동적이었던 이들은 지나칠 정도로 정확하게 율법을 지켰는데, 특히 정결 계명과 안식일 계명, 십일조 계명을 존중했습니다. 이들은 율법에 충실한 삶을 통해 하나님 나라의 실현을 촉진시키려고 했습니다. 이들은 유대 전쟁 후, 사두가이파, 에세네파, 열심당원 등 4종파 가운데 유일하게 살아남은 종파로서 유대 민족을 인도했고, 유대 백성들이 우호적인 태도로 추종했던 집단입니다. 그러므로 바리사이파 사람을 무조건 나쁜 사람의 전형으로 단정하는 것은 이 비유를 바르게 이해하는 데 오히려 장애가 됩니다. 예수님의 비난의 초점은 바리사이파 사람의 위선이 아니라, 다른 사람을 멸시하는 태도에 있기 때문입니다.

오늘의 말씀은 오랫동안 기도의 바른 태도에 관한 가르침으로 이해되어왔습니다. 바리사이파 사람과 세리의 상반된 기도 태도를 제시하면서, 무엇이 올바른 기도의 방법이고 자세인지 본보기를 제시하려는 데 목적이 있다는 것입니다.

그러나 이 비유의 진정한 목적은 두 가지 상이한 기도 방식이 아니라, 두 가지 상이한 유형의 인간을 대조시키는 데 있습니다. 자신의 미덕과 선행과 율법적인 삶을 근거로 자신을 높이고 남을 멸시하는 사람과, 하나님의 자비에 의존하여 사는 사람의 유형이 그것입니다. 다시 말해, 율법의 요구를 능가한 자신의 의로움을 자부하고 있는 바리사이파 사람과 자신의 죄를 의식하고 하나님의 자비로움을 간구하는 세리의 행위를 대조시킨 것입니다.

그런데 청중을 충격으로 몰아넣은 것은 예수께서 바리사이파 사람이 아니라 세리가 하나님으로부터 의롭다는 인정을 얻었다고 판결하신 것입니다. 이로써 예수님은 자신의 의로움을 근거로 다른 사람들을 멸시함으로써 공동체적 삶을 파괴하는 태도를 공박한 것입니다.

• 주후 1, 2세기에 유대인들은 매일 세 번의 기도를 드리는 규칙이 확정되었습니다. 아침 9시경의 아침 기도, 성전에서 저녁의 희생이 드려질 때는 오후 3시경에(신 28:4, 행 2:15, 3:1 등 참조), 그리고 저녁의 '쉐마'는 대부분 해가 진 다음에 드렸습니다. 물론 개인적으로는 수시로 기도를 드릴 수 있었습니다.

그런데 예수님의 이 비유는 예루살렘 성전에서 기도드리는 상이한 두 인물에 관계된 것입니다. 한 사람은 바리사이파 사람이고 다른 한 사람은 세리입니다. 세리는 바리사이파 사람들에 의해 받아들여지지 않았습니다(막 2:13-17 참고). 세리는 헬레니즘적인 소小임차인을 나타내는데, 그는 특정한 지역이나 단체에 대해서 관세권과 조세권에 대해서 고정된 액수를 그때그때의 영주로부터 임대하거나, 임금을 받고 조세를 징수하는 고용인입니다. 이들의 사회적 신분은 노예, 일일품꾼, 추수꾼과 나란히 분류되는 하층민으로서, 대부분 무직이거나 노예들이며, 이들은 임무 수행 때문에 백성의 증오를 받았습니다.

바리사이파 사람은 서서 기도했습니다. 아마도 두 손을 높이 들고 하늘을 바라보면서 기도했을 것입니다. 먼저 그는 다른 사람과 비교하여 자신이 하나님의 계명을 잘 지킨 것을 감사합니다. 그는 자신이 '강도'나, '협잡꾼', '사기꾼', '음행을 행한 자'와 같지 않은 것을 감사합니다. 그는 일반적으로 바리사이파 사람들이면 행하는 금식은 물론(바리사이파 사람들은 일주일에 두 번씩 금식했습니다), 율법이 요구하는 이상으로 십일조를 드렸습니다. 물건을 판 사람이 이미 십일조를 드렸음에도 불구하고, 그는 그가 구입한 것에 대해서도 십일조를 드림으로써 자신이 율법의 요구를 넘어서고 있다는 것을 암시합니다. 금식은 하나님을 모르는 백성의 죄를 용서하는 데 기여하고, 하나님의 통치를 실현시킬 수 있다고 믿어졌습니다(막 2:18-21 참조).

바리사이파 사람의 기도는 흠잡을 것이 없습니다. 이 기도는 풍자적으로 서술된 것이 아니라 실제 경건주의자였던 바리사이파 사람들의 일상생활을 서술한 것입니다. 예수님의 비난은 그러므로 바리사이파 사람들의 위선이나 과장에 있는 것이 아니라는 걸 알 수 있습니다. 비유의 서두에 이미 나타난 것처럼 예수님의 바리사이파 사람에 대한 비난의 초점은 이들이 자신의 의에 대한 확신 때문에 '남을 멸시하는 데' 맞추어져 있다고 할 것입니다.

바리사이파 사람과 대조적으로 세리는 멀찍이, 아마도 성전의 밖 앞뜰에 서 있었을 것입니다. 그는 손은 고사하고 눈조차도 들지 못하고 가슴을 칩니다. 가슴을 치는 행위는 기도의 자세가 아니라 회개의 자세입니다. 가슴은 죄의 자리로 간주되었고, 따라서 가슴을 치는 행위는 비통함과 뉘우침을 상징합니다(눅 23:48 참조). 그의 처지가 절망적이었기 때문일 것입니다. 세리는 "하나님, 이 죄인에게 자비를 베풀어 주십시오"라고 말합니다.

그런데 놀라운 것은 예수님의 판단입니다. 예수님은 바리사이파 사람이 아니라, 바로 이 세리가 하나님으로부터 의롭다는 인정을 받고서 성전을 내려갔다고 말씀하십니다. 바리사이파 사람에 비해 세리가 의롭다 인정받은 것이 아닙니다. "바리사이파 사람이 아니라,

이 세리가 의롭다 인정받았다"는 말씀은 비교가 아니라, 배타적 선택을 의미합니다. 그렇다면 율법의 실천에 있어서 흠잡을 곳이 없는 바리사이파 사람이 아니라, 죄인인 세리가 하나님으로부터 의롭다고 인정받은 이유는 무엇일까요?

그것은 바리사이파 사람이 하나님이 아니라 자기 자신의 의로움을 신뢰했기 때문이었습니다. 바리사이파 사람들이 율법을 엄격하게 준수하고, 또 다른 사람도 준수할 것을 요구한 이유는, 율법의 실천을 통해 하나님 나라의 임재를 촉진시킬 수 있다는 믿음 때문이었습니다. 나쁜 신념은 아니지만, 이런 신념은 바리사이파 사람들로 하여금 율법을 지키지 못하는 사람들을 경멸하고 멸시하게 하는 결과를 초래했던 것입니다. 또 다른 이유는 바리사이파 사람이 기도를 독백으로 만들었고, 그래서 하나님에 의한 의를 경험하지 못하고 자신의 의로움에 머무르게 되었다는 데 있습니다.

그와 반대로 세리는 하나님을 두려워하면서 자비를 간구했습니다. 그는 의지할 수 있는 자신의 의로움을 전혀 가지고 있지 않았기 때문에 겸손했습니다. 겸손은 자신에 대한 정직한 깨달음에 근거를 두고 있고, 하나님의 자비에 의지하게 합니다. 그러나 교만은 지나친 자기신뢰에서 오며, 마침내 다른 사람을 경멸하고 멸시하게 합니다.

그러나 이 비유가 말하고자 하는 가장 중요한 교훈은, 우리가 하나님으로부터 옳다고 인정받는 것은 하나님의 호감을 사는 행위를 통해서가 아니라, 전적으로 하나님의 자비에 달려 있다는 것입니다. 중요한 것은 행위 이전의 마음가짐입니다. 삭게오는 그가 취득한 불의한 재물을 되돌려주었기 때문에 구원을 받은 것이 아니었습니다. 그는 예수의 용납을 받은 후에 재물을 되돌려주었습니다. 감사의 결과로서의 선한 행위를 하나님은 옳다고 인정합니다. 자신의 의로운 행위가 남을 경멸하는 수단으로 전락할 때, 오히려 그것은 공동체를 파괴합니다. 그래서 바리사이파 사람이 아무리 훌륭한 종교적 행위를 했다고 하더라도, 하나님으로부터 의롭다고 인정받지 못한 것입니다. 세리와 창녀들이 대제사장들과 백성의 장로들보다 먼저 하나님의 나라에 들어간다(마 21:31)는 예수님의 선언과 백성의 지도자들에 대한 질타도 같은 맥락에서 이해할 수 있습니다.

• 우리 주변에서 사람들의 기대치나 자신의 능력 이상의 일을 함으로써 우리를 놀라게 하는 사람들을 볼 수 있습니다. 우리는 그런 사람들을 부지런하고 능력 있다고 칭찬합니다. 그러나 유감스럽게도 많은 경우, 그렇게 뛰어난 사람들에게 겸손이 부족한 것을 볼 수 있습니다. 그런 사람들은 입만 열었다 하면 자기자랑에 열을 올릴 뿐, 다른 사람을 칭찬하는 데는 인색합니다. 그들에게는 일 자체가 중요하고, 일을 통해서 자신의 능력과 업적을 드러낼 수 있다고 믿습니다. 그래서 자기만큼 일을 못하는 사람을 멸시합니다. 그들은 자기보다 더 능력 있어 보이는 사람을 만나면 얼른 눈치 보기와 줄 서기를 합니다. 하지만 상대방을 속으로 멸시하는 것은 마찬가지입니다. 오직 자기만이 중요하기 때문입니다. 이런 사람에게는 모든 인간관계가 오직 자신의 의로움과 업적을 뒷받침하는 수단

일 뿐입니다. 이들이 민중을 말하고, 정의를 말하고, 사랑을 말할 때도 마찬가지입니다. 이들은 진실로 겸손하지 않기 때문에 다른 사람의 눈치는 보아도 다른 사람의 눈은 보지 못하는 사람들입니다.

한국은 '눈치'가 문화가 된 전형적인 나라입니다. 한국인의 의사소통이 비언어적인 형태로 많이 행해지고 있고, 눈치는 한국인의 성격이나 의식의 특성 중 하나로 꼽혀왔습니다. 한국인에게 눈치가 얼마나 일상화되어 있는가는 눈치라는 단어가 쓰인 신문 기사만 봐도 알 수 있습니다. '대입 접수창구 한산 - 막판 눈치지원 극심할 듯', '핵문제 미국 눈치 보기 탈피해야', '한국 언론, 권력의 눈치 보기 여전', '직장인 정시퇴근 못하는 이유 상사 눈치', '대법원, 헌재 서로 눈치 보며 판결 늑장', '검찰 눈치 보기 급급' 등 눈치는 일상화된 한국인의 문화가 되었습니다. 이런 눈치 문화는 "자신의 생각을 그대로 표현하기를 꺼리며 감정표현을 억제하는 한국인의 성품"(윤태림), "솔직한 의사전달이 결여되어 있고, 내 의도를 상대방이 스스로 알아주기를 기대하는 심리"(이부영), "남이 스스로 알아차리게 하여 남의 비위를 건드리지 않으려는 마음"(오세철) 등이 함께 작용하여 형성된 것이라고 합니다.[1]

그러나 눈치 문화가 지배하는 사회, 사람의 눈을 정면으로 응시하는 사회가 아니라 눈 꼬리의 위치에 자신의 의식과 행동을 맞추는 사회는 결코 진정으로 민주적인 사회라고 할 수 없습니다. 물론 눈치가 체면을 중시하는 한국 사회에서 타인에 대한 감정적 배려라는 긍정적인 면도 있습니다. 그러나 눈치는 더 많은 경우, 자신에게 나타나는 부정적 결과의 회피 수단, 타인에 대한 만족 제공보다 자신의 불행 회피의 기재로 작용합니다.

　　　　　　•오늘 우리 사회가 진실로 필요로 하는 사람은 능력만 있는 사람이 아닙니다. 그 능력을 참되게 쓸 수 있는 겸손한 사람입니다. 자신의 능력을 과시하고, 그것을 근거로 다른 사람을 멸시하는 사람이 아닙니다. 자신의 능력을 나누고, 능력 없는 사람들과 더불어 살아가는 사람입니다. 자신만을 맹신하는 사람의 가장 큰 병은 마침내 그가 자신도 모르는 지경에 이른다는 것입니다. 자기 자신만큼 자기를 가장 잘 아는 사람이 없고, 자신은 언제나 정당하다는 거짓 신념의 노예가 된다는 것입니다. 이들은 일의 의미는 물을지언정, 인생의 의미를 묻지 않습니다. 이들은 인생의 성공만을 알려고 하지, 실패를 알려고 하지 않습니다. 세상의 모든 일을 도맡아야 한다는 강박관념에 사로잡혀 언제나 혼자 바쁘고 피곤하지만, 정작 피곤한 다른 사람에게는 관심이 없습니다.

　오늘 우리 사회가 아직도 진정한 민주사회가 되지 못하는 이유의 하나는 바로 이런 사람들 때문입니다. 스스로 정당하다는 거짓 신념에 사로잡힌 정치인, 기업인, 관료, 종교인, 교사가 다른 사람을 언제나 가르쳐야 할 대상, 멸시해야 할 대상으로 여기는 한, 어느 사회, 어느 공동체도 진정한 민주적 공동체가 될 수 없습니다.

　하나님은 겉모양으로 사람을 판단하지 않으시고 그 속마음으로 판단하십니다. 하나님이 의롭다고, 옳다고 여기시는 삶이란 무엇입니까? 겸손하여 자신을 보는 사람, 자신의 능력이 아니라 하나님의 자비와 은혜를 의지하여 사는 사람, 그 자비와 은혜를 다른 사람과 나누는 사람의 삶이 그것입니다. 위만 보는 것이 아니라 아래를 보는 사람의 삶이 그것입니다. 누가 아래를 볼 수 있습니까? 겸손한 사람만이 자기 아래를 볼 수 있습니다. 하나님의 눈치가 아니라 하나님의 눈을 보는 사람만이 자기 자신은 물론 고통받는 이웃을 향해 마음을 열 수 있는 것입니다. 겉으로 사람을 판단하지 않으시고 그 중심을 보시고 판단하시는 하나님의 은혜를 감사하면서, 고통받는 우리의 선한 이웃들의 눈을 바라보는 신앙공동체가 되기를 주님의 이름으로 축원합니다.

마르다의 좋은 몫
누가복음 10:38-42

•사람의 삶은 언제나 관계 속에 있습니다. 좋은 관계는 우리에게 많은 기쁨과 기회를 줍니다. 그러나 모든 관계가 우리를 즐겁고 행복하게 하는 것은 아닙니다. 때로는 그 관계라는 끈이 숨 막힐 정도로 부담이 되어 차라리 모든 관계를 끊고 살고 싶은 때도 있습니다. 관계가 기쁨을 주든지 아니면 부담을 주든지, 관계가 신뢰로 가득 차 있든지 아니면 긴장으로 가득 차 있을지라도 사람은 외로운 섬처럼 결코 홀로 살 수는 없습니다.

인간의 역사가 관계의 역사이듯이, 성서도 수많은 사람들의 관계에 대하여 말합니다. 최초의 남자와 여자 사이의 관계를 나타내는 아담과 이브, 불평등한 형제관계 때문에 살인을 한 가인과 아벨, 부왕의 질투와 왕위 계승의 가능성에도 불구하고 죽기까지 우정을 지킨 요나단과 다윗, 서로 다른 종교와 부족적 배경 때문에 서로를 배신한 삼손과 데릴라, 아버지의 집에 함께 사는 경건한 형과 유산을 탕진하면서 방탕한 생활을 한 동생, 잃어버린 아들과 아버지의 이야기 등 성서에는 다양한 관계로 맺어진 사람들 사이의 이야기가 실려 있습니다.

그런데 지금 우리는 그 가운데 두 자매의 관계에 대한 이야기를 들었습니다. 마르다와 마리아가 그들입니다. 이 두 자매 이야기는 그리스도교 문학과 미술이 오랫동안 즐겨 채택한 모티브였지만 또한 많이 오해되기도 했습니다. 대부분의 사람들은 마르다와 마리아를 두 개의 대립적인 인간상, 혹은 서로 다른 유형의 제자상으로 이해했습니다.

한편에는 매우 적극적이고 부지런한 여인인 언니 마르다가 있습니다. 마르다는 베다니 마을을 지나가는 예수님을 자기 집으로 모셔드릴 만큼 적극적인 성격의 여성입니다. 요한복음에 따르면 마르다와 마리아는 죽은 나사로의 누이들입니다(요 11:1-2). 나사로가 죽었을 때, 마르다는 오시는 예수님을 맞으러 밖으로 나가 "주님, 주님이 여기에 계셨더라면, 내 오라버니가 죽지 않았을 것입니다. 그러나 나는 지금이라도 주께서 하나님께 구하시면, 하나님께서 무엇이나 다 이루어 주실 줄 압니다"(요 11:21-23)라고 말할 정도로 적극적이고 예수님을 신뢰한 확신에 찬 믿음의 여인입니다. 마르다는 부지런하기도 합니다. 그녀는 즐거운 마음으로 손님을 접대합니다. 손님을 맞이하기 위해 집안을 깨끗하게 청소하고, 음식을 장만하느라 부엌에서 땀을 흘리면서 일합니다. 이런 마르다 같은 여인들이 없다면 오늘날 교회공동체도 일하기 힘들 것입니다. 교회를 위해 쉬지 않고 기도하고, 심방하고, 헌금하고, 새벽 기도는 물론 모든 예배에 참석하고, 주일에는 교회에서 음식을 장만하고 접대하고 설거지까지 하는 마르다 같은 여신도들이 없다면 과연 우리 교회공동체는 어떻게 될까요?

그런데 서구 교회는 그동안 마르다보다는 예수님의 발 곁에 앉아서 말씀을 듣고 있던 마리아에 더 관심을 기울였습니다. 이런 모습의 마리아를 주제로 한 대부분의 그리스도교 미술작품들은 마리아를 매우 아름답고 겸손하며 명상적인 여인으로 그리고 있습니다. 예수님의 생애에 대한 대부분의 영화에 등장하는 마리아의 모습도 마찬가지입니다.

그러나 마르다와 나사로의 여동생인 마리아는 예수님을 통하여 '일곱 귀신'에게서 해방된 여인(눅 8:2)으로 알려져 있습니다. 귀신이 하나도 아니고, '일곱 귀신'에게 사로잡혔던 여인이었다면 결코 아름답다고 말할 수 있는 상태의 여인이 아니었을 것입니다. 프랑코 제피렐리 Franco Zeffirelli 감독의 영화 〈나사렛 예수〉(1977년)는 막달라 마리아의 모습을 진실에 가깝게 묘사했습니다. 나사로가 죽은 후, 마르다가 예수님을 맞으러 나갔을 때에도 마리아는 그냥 집에 앉아 있었습니다(요 11:20). 마리아는 매우 소극적인 여인이었던 것 같습니다. 마리아는 예수님의 발에 값비싼 나드 향유 한 근을 붓고 자기 머리털로 그 발을 닦은 죄 많은 여인으로도 알려져 있습니다(요

12:1-8, 마 26:6-13, 막 14:3-9).

그런데 예수님이 베다니에 오신 날, 마르다는 열심히 일하고 있는데, 마리아는 아무 일도 하지 않고 단지 예수님의 발치에 앉아 말씀에 귀를 기울이고 있는 것입니다. 언니 마르다는 못마땅한 것처럼 예수님에게 말합니다. "주님, 내 동생이 나 혼자 일하게 두는 것을 아무렇지 않게 생각하십니까? 가서 거들어주라고 내 동생에게 말씀해주십시오."

그러자 예수님이 대답합니다. "마르다야, 마르다야, 너는 많은 일로 염려하며 들떠 있다. 그러나 필요한 일은 하나뿐이다. 마리아는 좋은 몫을 택하였다. 그러니 그는 그것을 빼앗기지 않을 것이다."

후기 르네상스 시대 베네치아의 거장 틴토레토Jacopo Tintoretto(1518-94)가 그린 〈마르다와 마리아 집을 방문한 그리스도〉라는 작품(1567)에는 마르다가 불만스러운 표정으로 동생에게 무언가를 따지고 있는 모습으로 그려져 있습니다. 마르다는 음식 준비는 않고 예수님과 이야기만 하고 있는 마리아를 보고 잔뜩 울화가 치밀어 있는 모습입니다. 바로크 시대 스페인의 거장 벨라스케스Diego Velazquez(1599-1660)의 작품(1618)도 불만스런 얼굴로 절구질을 하는 마르다를 그리고 있습니다.[2]

그러나 마리아는 '중요한 일이 뭔지를 알고, 부수적인 일은 포기할 줄 아는 현명한 여자', '결단성이 있었으며, 비록 잠시 방탕에 빠진 적이 있었다고는 하나 주님을 알고 난 후부터는 오직 주님 섬기는 일에만 열심이었던 여인', '존경하는 사람을 위해 자신이 소유한

귀한 것을 아낌없이 바칠 줄 알았으며 사소한 것에 마음을 빼앗기지 않은 여인'으로 그려지고 있습니다.3

정말 그래서 예수님이 마르다보다 마리아를 더 사랑했을까요? 물론 예수님과 마리아의 관계를 매우 이상한 눈으로 보는 사람들도 있습니다. 예수님과 마리아의 관계가 예사롭지 않았다는 것이지요. 나사로가 죽었을 때, 예수님을 만나고 돌아온 마르다가 마리아에게 한 말이 그 근거라는 것입니다. "선생님께서 와 계시는데, 너를 부르신다" 하고 마르다가 가만히 말하자마자 마리아는 급히 일어나 예수님께 갑니다. 예수님께 온 마리아는 예수님의 발아래에 엎드려서 "주님, 주님이 여기에 계셨더라면 내 오라버니가 죽지 않았을 것입니다"라고 울면서 말하자, 예수님은 마리아가 우는 것을 보고 마음이 비통하여 괴로워하셨다는 것입니다. 예수님께서 비통해 하면서 우신 경우가 별로 없는 것에 비추어보아 마리아가 우는 것을 보고 예수님도 비통해 하며 괴로워하고(요 11:33, 38), 눈물을 흘렸다는 것(요 11:35)은 얼마나 예수님이 마리아를 사랑하셨는지를 보여줍니다. 또 값비싼 향유를 예수님의 발에 뿌리고 자기 머리털로 그 발을 닦는 마리아의 행동 역시 예수님을 지극히 사랑했기 때문에 가능한 것이었습니다.

그렇다면 예수님이 마리아를 칭찬한 것이 그녀를 사랑했기 때문이라고 말할 수 있을 것입니다. 그런데 문제는 종교개혁자들이 마르다와 마리아를 대립적인 인간상으로 그린 이후, 다시 말해 율법과 복음과 행위를 통한 구원과 말씀의 경청에서 오는 믿음을 통한 구원, 업적을 통한 의인과 믿음을 통한 의인으로 대립시킨 이후, 지금까지 마르다와 마리아는 대립적인 인간상으로 그려진다는 데 있습니다. 마르다는 활동적인 봉사의 삶을, 마리아는 명상적인 기도의 삶을 나타낸다는 것이지요. 그렇다면 예수님이 마리아를 칭찬한 것이 결국 행동보다는 기도를, 봉사보다는 명상을 더 소중하게 생각했다는 말일까요? 만일 우리가 오늘의 말씀을 그렇게 이해한다면 우리는 성서를 오해하는 것입니다. 이 말씀의 비밀은 다른 곳에 있습니다.

• 우리는 먼저 예수님이 마르다를 비난하거나 탓하지 않으신다는 것에 주목해야 합니다. 마르다는 당시 유대 사회에서 여인에게 기대된 모든 일을 가장 모범적으로 실천한 여인입니다. 마르다는 주님이 자기 집에 오실 때, 무슨 일을 해야 할지를 알고 있었고, 또 그렇게 했습니다. 예수님도 마르다의 친절과 접대를 기쁘게 받아들입니다. 처음에는 마리아와 마르다 사이에 아무런 갈등도 일어나지 않습니다. 마리아가 예수님의 발 곁에 앉아서 말씀을 듣고 있는 것을 본 마르다가 마침내 예수님에게 와서 말합니다. "주님, 내 동생이 나 혼자 일하게 두는 것을 아무렇지 않게 생각하십니까? 가서 거들어주라고 내 동생에게 말씀해주십시오."

혼자서 땀을 흘리며 분주한데 동생은 일하지 않는 것이 못마땅해서 마르다가 그랬을까요? 마르다의 불평 뒤에는 단순히 도움에 대한 요청 이상의 것이 있었다는 걸 우리는 눈여겨보아야 합니다. 유대 전통을 아는 사람은 곧바로 이 점을 알아차렸을 것입니다. 언니 마르다를 놀라게 한 것은 동생 마리아가 자기를 돕지 않는 것이 아니라, 마리아가 예수님의 발 곁에 앉아 있었다는 것이었습니다. 마리아는 여자로서 매우 점잖지 않게 행동한 것입니다. 유대 전통에 따르면 선생의 발 곁에는 오직 첫 번째 남자 제자만이 앉을 수 있었습니다. 두 번째 남자 제자는 물론이지만 더욱이 여자가 랍비의 발 곁에 앉는 것은 있을 수 없는 일이었습니다. 어느 랍비도 여자가 자기 발 곁에 앉는 것을 허락하지 않았을 것입니다. 그런데 마리아는 대단히 선동적으로, 다시 말해 해방된 여성으로 행동한 것입니다. 이것이 언니인 마르다를 놀라게 한 것입니다.

그런데 예수님은 바로 그 순간에, 다시 말해 마르다가 자신의 행동을 다른 사람의 행동기준으로 삼고 그것에 따라 다른 사람을 판단하는 순간에 말씀하십니다. "마르다야, 마르다야, 너는 많은 일로 염려하며 들떠 있다. 그러나 필요한 일은 하나뿐이다. 마리아는 좋은 몫을 택하였다. 그러니 그는 그것을 빼앗기지 않을 것이다."

예수님은 그 누구의 태도도 폄하하려는 의도를 지니고 있지 않습니다. 활동적이고 적극적인 마르다와 조용하고 소극적인 마리아의 태도를 대립시킬 의도도 없습니다. 다만 누구도 자신의 행동기준을 타인에게 강요할 수 없다는 걸 말씀하신 것입니다. 은사는 다른 사람과 자신을 구별하거나, 다른 사람을 차별하기 위해 주어지는 것이 아닙니다. 누구도 다른 사람을 경시하거나, 자신의 경건을 다른 사람보다 더 높이 평가할 수 없습니다. 신앙생활의 형태가 어떻든 각각의 신앙생활은 존중되어야 하고, 각자의 신앙생활을 할 수 있는 공간이 주어져야 합니다. 신앙과 은사의 다양성은 서로 인정되어야 합니다.

• 그렇다면 이것은 '이것도 좋고, 저것도 좋다'는 식의 태도를 의미하는 것일까요? 서로 간섭하지도 말고, 너무 가까이 하지도 말고 그저 적당히 거리를 두고 서로 신앙생활을 하는 것이 이상적이라는 말일까요? 아닙니다! 성서는 그런 무관심을 권장하고 있지 않습니다. 만약에 마르다가 아니고 마리아가 예수님께 이렇게 말했다면 예수님은 어떻게 반응하셨을까요? "주님, 제 언니가 저렇게 부산을 떨면서 음식을 만들고 손님을 접대하면서 분주하게 움직이는데, 제발 그만두고 조용히 앉아서 말씀에 귀를 기울이라고 말씀해주십시오."

만약에 마리아가 그렇게 말했더라도 예수님은 "마리아야, 마르다는 좋은 몫을 택하였으니 그것을 빼앗기지 않을 것이다"라고 같은 대답을 하셨을 것입니다. 그러나 마리아는 그렇게 말하지 않았습니다. 마리아는 우리가 성서로부터 아는 것처럼 당시의 관습에 의해 변두리로 밀려난 여인입니다. '일곱 귀신' 들렸던 여인, 스스로의 힘으로는 독립할 수도 없을 만큼 허약하고 사람들의 편견과 곱지 않은 시선에 시달리는 여인이 마리아입니다. 예수님은 마리아를 지켜 보호합니다. 그것은 지금 마리아가 말씀을 듣는 바른 일을 하기 때문이 아니라, 그녀가 약자이기 때문입니다. 예수님이 마르다를 탓하지 않으셨던 것에서 알 수 있듯이 예수님에게는 인간관계의 조화로운 균형과 더불어 약자의 편에 서는 것이 중요했던 것입니다.

교회 공동체 안에는 강한 사람도 있고 약한 사람도 있습니다. 부유한 사람도 있고 가난한 사람도 있습니다. 건강한 사람과 병든 사람도 있습니다. 청년만이 아니라 노인도 있습니다. 열심히 봉사하는 교인도 있고 열심히 하고 싶지만 그렇게 하지 못하는 성도도 있습니다. 그러나 모든 성도들의 삶은 하나님의 충만한 은사 안에 있습니다. 우리가 받은 은사가 무엇이든지, 그것이 서로를 구별하고 차별하는 것이 아니라, 서로를 돕고 그리스도의 몸을 세우는 일에 쓰여야 합니다. 성도들의 다양한 은사가 교회의 성숙한 성장을 돕는 때는, 우리가 언제나 약자의 편에서 생각할 때 가능합니다. 특히 교회 안에서 직분을 맡은 성도들은 그리스도의 몸된 교회 안에서 가장 약한 곳, 가장 약한 성도들을 찾아 그들의 은사를 존중하면서 자신의 은사를 함께 나누어야 합니다. 직분과 은사는 섬김을 위해 주어진 것이지 지배를 위해 주어진 것이 아니기 때문입니다.

제자들 가운데 누구를 가장 큰 사람으로 칠 것이냐를 놓고 말다툼이 일어났을 때, 예수님은 말씀하셨습니다. "누가 더 높으냐? 밥상 앞에 앉은 사람이냐? 시중드는 사람이냐? 밥상 앞에 앉은 사람이 아니냐? 나는 시중드는 사람으로 너희 가운데 와 있다"(눅 22:27). 주님이 시중드는 사람으로 우리 가운데 계신다고 말씀하십니다. 그러므로 예수 그리스도의 제자인 우리도 시중드는 사람으로 교회 안에 있는 것입니다.

성도 여러분, 우리도 이 말씀 마음에 새기고, 이 말씀 따라 살아갑시다. 이렇게 살 수 있도록 하나님께서 지치지 않는 힘과 소망을 우리에게 주실 것을 주님의 이름으로 축원합니다.

눈은 몸의 등불
마태복음 6:22-23

• 장 도미니크 보비Jean-Dominique Bauby, 1952년 프랑스 파리 생, 좌파 성향의 마르셀 푸르스트 고등학교 졸업 후, 필리프 테슨 대학에서 저널리즘 공부, 〈일간 파리〉에서 첫 기자 생활을 시작, 1991년 세계적인 여성지 〈엘르〉 지의 편집장이 되었습니다. 아름다운 모델들 사이에서, 세계적인 잡지의 편집장으로서 명성을 구가하면서 행복했던 그는 4년 후인 1995년 12월 8일 이혼한 부인을 방문하여 아들 테오필과 주말을 함께 보내기 위해 돌아오던 중 갑자기 뇌졸중으로 쓰러졌습니다. 3주 후 의식은 회복했지만, 전신 마비, 오직 왼쪽 눈꺼풀만 움직일 수 있을 뿐, 그의 온 몸은 마치 육중한 철제 잠수복을 입고 한없이 바다 밑으로 가라앉는 잠수부 같았습니다. "죽지는 않지만, 몸은 머리끝부터 발끝까지 마비된 상태에서 의식은 정상적으로 유지됨으로써 마치 환자가 내부로부터 감금당한 상태,

즉 영미 계통의 의사들이 로크드 인 신드롬 locked-in syndrome (감금증후군)이라고 표현한 상태가 지속되었습니다."4

이런 병에 걸릴 확률은 복권에 일등으로 당첨될 확률만큼이나 희박하다고 합니다. 이 병에 걸린 환자 대다수가 식물인간 상태를 벗어나지 못하기 때문에, 요행히 신경계통이 다시 기능하기 시작한다 하더라도 아마 빌가락을 조금 움직이는 데만 4-5년은 족히 걸립니다. 겨우 바퀴의자를 탈 수 있을 정도로 회복되었을 때, 보비는 처음으로 자신의 모습을 한쪽 눈으로 볼 수 있었습니다. "진열장 유리에 비친 자신은 마치 석탄 독에 빠졌다가 나온 사람처럼 거무튀튀했습니다. 입은 비뚤어지고 코는 울퉁불퉁한데다가 머리카락은 제멋대로 곤두섰으며, 시선마저 공포로 가득 차 있었습니다. 한쪽 눈은 꿰매져 있었고, 나머지 눈은 흡사 카인의 눈처럼 커다랗게 열려 있었습니다."5

보비는 갑자기 신경질적으로 미친 듯이 웃기 시작합니다. 그렇게라도 해야 그의 운명을 바꿔놓은 그날의 사고 이후, 그가 감당해야 했던 불운을 농담으로 돌릴 수 있을 것 같았기 때문입니다. 생명줄이 잘린 잠수부처럼 완벽한 절망과 고독의 심연으로 끝없이 가라앉고 있을 때, 언어장애 치료사 상드린느가 등장합니다. 프랑스어에서 사용되는 빈도에 따라 철자를 배치한, 일종의 글자들의 빌보드 차트라고 할 수 있는 알파벳을 언어장애 치료사가 순서대로 읽으면, 보비는 그가 원하는 문장을 구성하는 알파벳이 등장할 때, 눈꺼풀을 깜빡임으로써 자기 의사를 전하는 것입니다. 이렇게 해서 만들어낸 보비의 첫 문장, 그것은 '나는 죽고 싶다'였습니다. 그런데 보비를 더 괴롭힌 것은 죽고 싶어도 죽을 수 없다는 것이었습니다. 손가락 하나도 꼼짝하지 못하고, "물컹물컹하고 흐느적거리는 육체를 수없이 뒤척거려야 비로소 옷을 입을 수 있고", 6 "끊임없이 입 속에 과다하게 고이다 못해 입 밖으로 흘러내리는 침을 정상적으로 삼킬 수만 있어도 세상에서 가장 행복한 사람이 된 기분일 것 같은" 7 그는 죽음을 스스로 선택할 수조차 없었습니다.

보비는 사고 후, 15개월을 더 살았습니다. 그 15개월 동안 보비는 여성편집자 클로드 망디빌이 불러주는 알파벳에 맞추어, 그의 유일한 의사소통 수단인 왼쪽 눈꺼풀을 깜박거려 글을 만들었습니다. 그렇게 만들어간 글이 하루에 반쪽 분량, 15개월 동안 20만 번 이상 깜박거려 완성한 책이 지난 1997년에 출간된 《잠수복과 나비》입니다. 보비는 막 출판된 자신의 책을 가슴에 안고 세상을 떠날 수 있었습니다.

《잠수복과 나비》는 깊고 어두운 바다 속에 끝없이 가라앉는 '잠수부'와 같은 현실과 '나비'처럼 가볍게 날고 싶은 소망 사이의 갈등과 분노와 증오심, 체념과 다하지 못한 사랑에 대한 그리움, 늙어서 움직이지 못하는 아버지의 수염을 이젠 누가 깎아드릴지에 대한 걱정, 아직 어린 아이들에게 삶의 갖가지 고뇌를 너무 일찍 경험시키는 것은 아닐까 하는 두려움, 일상의 작은 사건들의 행복, 저녁 해질 무렵에 꺾은 장미꽃, 비 오는 일요일의 나른함, 잠들기 전 울음보를 터뜨리는 어린아이 등등 삶의 순간에서 생생하게 포착된 편린들이 주는 깊은 감동, 돌이킬 수 없이 지나간 과거에 대한 향수와 놓쳐버린 기회에 대한 떨쳐버리기 어려운 미련,8 사랑할 줄 몰라서 떠나보내야 했던 여인들, 잡을 줄 몰라서 흘려보낸 기회, 작은 실패의 연속 같은 자신의 삶에 대한 회한을 무겁지 않게, 때로는 해학적으로 표현합니다.

이 책은 2007년 영화로 만들어졌고, 칸 영화제에서 감독상과 촬영상을, 2008년에는 골든 글로브 최우수외국어영화상과 최우수감독상을 받았습니다. 영화는 보비의 한쪽 눈의 시각을 따라 움직입니다. 완벽하게 단절된 소통이 어떻게 삶을 파괴하는지, 이제 유일하게 남은 감각의 보고인 '기억'을 매개로 회상과 상상 사이를 오가는 삶이 무엇을 의미하는지, 그리고 한쪽 눈 안의 삶과 눈 밖의 삶이 어떻게 관계 맺는지를 영화는 추적하고 있습니다.

• 눈은 사람의 안과 밖을 연결하는 다섯 가지 통로 가운데 하나입니다. 후각, 청각, 촉각, 미각 그리고 시각이 그것입니다. 어느 것 하나 중요하지 않은 게 없으나 아마도 시각의 상실이야말로 가장 불편할 것입니다. 눈은 밖에 있는 것을 볼 수 있게 하는 통로이면서 동시에 안에 있는 것을 드러내는 통로입니다. 그래서 눈을 보면 그 사람됨을 알 수 있다느니 눈은 마음의 창이니 하는 말이 있는 것입니다. 성서에도 눈과 관련된 말씀이 창세기부터 요한계시록에 이르기까지 아주 널리 등장합니다. 아담과 이브가 동산의 중앙에 있는 나무열매를 먹으면 "눈이 밝아져 하나님과 같이 되어 선악

을 알게 될 것"(창 3:5)이라는 말씀부터 "내가 또 보니 보좌와 네 생물과 장로들 사이에 한 어린 양이 서 있는데, 일찍이 죽임을 당한 것 같더라. 그에게 일곱 뿔과 일곱 눈이 있으니 이 눈들은 온 땅에 보내심을 받은 하나님의 일곱 영이더라"(계 5:6)까지. 눈은 단순한 생물학적, 기계적 인지의 도구가 아니라, 선악의 인식, 하나님의 영과 관련된다는 것입니다.

그런데 이해하기 어려운 것은 예수님의 말씀입니다. "눈은 몸의 등불이니, 그러므로 네 눈이 성하면 온 몸이 밝을 것이요, 눈이 나쁘면 온 몸이 어두울 것이니, 그러므로 네게 있는 빛이 어두우면 그 어둠이 얼마나 더하겠느냐"(마태 6:22-23). 누가복음에 나오는 병행 말씀은 다음과 같습니다. "네 몸의 등불은 눈이라. 네 눈이 성하면 온 몸이 밝을 것이요 만일 나쁘면 네 몸도 어두우리라. 그러므로 네 속에 있는 빛이 어둡지 아니한가 보라. 네 온 몸이 밝아 조금도 어두운 데가 없으면 등불의 빛이 너를 비출 때와 같이 온전히 밝으리라 하시니라"(눅 11:34-36).

'눈은 마음의 창'이라는 말은 어느 정도 이해할 수 있지만, '눈이 몸의 등불'이라는 말은 이해하기 어렵습니다. 눈이 순하고, 초롱초롱한 사람을 보면 그 사람의 마음도 맑고 밝다는 것을 미루어 짐작할 수 있다는 의미에서 '눈은 마음의 창'입니다. 그러나 눈이 어떻게 '몸의 등불'이 될 수 있는지, 그것은 무엇을 의미하는지는 분명하지 않습니다. 보지 못하면 행동에 제약을 받고, 방향을 알 수 없다는 것은 지극히 당연한 일입니다. 그렇다면 혹 예수님은 눈의 기능 그 자체보다 '우리 속에 있는 빛'에 더 무게중심을 두신 것이 분명합니다.

그런데 예수님은 '성한 눈'과 '나쁜 눈', '밝은 몸(삶)'과 '어두운 몸(삶)'을 대립시키고 있습니다. 놀라운 것은 여기서 '올바른 눈'이라고 말하지 '좋은 눈'이라고 표현하고 있지 않다는 것입니다. 본래 '올바른'이라는 유대적 헬라어 'aplous'는 '청렴한', '시기하지 않는', '솔직한', '순수한', '순종적인', '온전한' 등의 의미로 사용되었습니다. 이런 배경에는 히브리어와 아람어가 놓여 있는데, '올바른 눈'이란 무엇보다 베푸는 인간적 태도, 더 나아가 하나님에 대한 순종에서 비롯되는 정직성과 일편단심을 나타냅니다. 그렇다면 오늘의 말씀은 "솔직하고 순수하게 하나님께 순종하는 마음의 눈으로 자신을 살피고 베풀면서 살지 않으면, 인간이 어리석은 어두움에 빠지게 된다"는 뜻으로 해석할 수 있을 것입니다.

그렇다면 언제 인간이 어리석은 어두움에 빠지게 될까요? 오늘의 말씀의 전후 맥락에 있는 다른 말씀, 곧 하늘에 쌓아둔 보물과 땅에 쌓아둔 보물에 대한 말씀(마 6:19-21), 하나님과 맘몬에게 동시에 복종할 수 없다는 말씀(마 6:24), 무엇을 먹을까 마실까 입을까 걱정하지 말라는 말씀(마 6:25-34)에 비추어보면, 그것은 사람이 '돈'의 노예가 될 때입니다. 사람의 몸을 빛나게 하는 것은 '돈'이 아니라, '솔직하고, 순수한 눈'입니다. 눈 밖에서 비치는 빛이 아니라, 눈 안에서부터 나오는 빛으로 세상을 보고 행동할 때, 온 몸, 우리의 삶이 빛나는 것입니다. 눈 밖에서 비치는 빛은 보이는 것만을 볼 수 있게 합니다. 눈 안에서 비치는 빛만이 드러나지 않은 것까지 볼 수 있게 합니다. 빛은 언제나 등 뒤에서 길을 밝혀줍니다. 그러나 등 뒤에서 비추는 빛은 그림자를 만들기도 합니다. 그 누구의 그림자도 아닌 바로 우리 자신의 그림자이지요. 나의 삶의 길이와 깊이만큼, 크고 어두운 그림자를 남기는 것이 우리의 삶입니다. 오직 우리 몸 안에서부터 나오는 빛만이 그림자를 만들지 않습니다. 그러나 우리 몸 안에서부터 나오는 빛, 눈 안의 빛은 소유될 수 있는 인간성의 변함없는 본질이 아닙니다. 이 빛은 언제든지, 그리고 누구에게서든지 다시 어두워질 수 있고, 다시 밝아질 수도 있습니다. 우리 안에서 말씀하시는 그분의 말씀에 귀를 기울이고 그 말씀에 순종하면서 실천할 때, 우리의 삶이 빛나는 것입니다. 돈 때문에 눈이 어두워지면 하는 짓도 어두워져 갈팡질팡한다는 것입니다. 돈 때문에 어두운 곳에서 헤어나지 못하는 것은 평범한 개인만이 아니라 국가도 마찬가지입니다.

• 한국은 지난 대선에서 '경제 살리기'를 내세운 이명박 씨를 17대 대통령으로 선출했습니다. 지도자로서의 도덕성이 크게 문제되었지만, 결국 '경제논리'가 승리한 것입니다. 정권이야 시계추 같은 것이어서 바뀔 수 있고, 또 바뀌어야 합니다. 그러나 우리를 당혹스럽게 하는 것은 경제만 살리면 모든 다른 가치는 뒷전으로 밀려나도 상관없다는 이른바 '시장 독재'가 우리 사회를 지배하게 되었다는 것입니다.

세계 경제도 마찬가지입니다. 미국의 '서브프라임 모기지' 사태에서 시작된 금융위기는 이익의 극대화에 눈이 어두워진 금융기관들의 도덕적 해이와 미국적 신자유주의적이고 글로벌화한 금융자본, 세계화 지상주의, 시장근본주의의 파국에서 비롯된 것이었습니다.

양극화는 국내외적으로 더욱 심화되고 있습니다.9 우리는 이런 형태의 경제위기와 파국은 인간이 회개하지 않는 한, 다시 말해 전적으로 새로운 가치와 삶에로 방향 전환을 하지 않는 한 언제든지 다시 일어날 수 있다고 생각합니다. '보다 많이'에서 '보다 적게', '보다 빠르게'에서 '보다 느리게', '보다 높게'에서 '보다 낮게'로 삶의 방향을 정하고, 그런 삶을 행복하게 실천하는 것이 대안입니다. 그리고 이제는 '성장'이 아니라 '나눔'이 해결책임이 분명합니다.

구조적인 대안의 모색과 개인적 삶의 전환은 서로 뗄 수 없이 연결되어 있습니다. 스리랑카의 신학자 알로이스 피에리스는 '가난으로부터의 자유'가 '가난으로부터 오는 자유'와 결합하지 않으면 맘몬과의 싸움에서 결코 이길 수 없다고 말했습니다. 가난은 극복되어야 합니다. 세상의 많은 사람들이 굶어 죽어가는 것은 이 지구가 충분한 식량을 제공하지 못하기 때문이 아닙니다.10 맘몬의 지배로부터 벗어나는 길은 우리가 맘몬을 가지고 있을 때가 아니라, '가난으로부터 오는 자유'를 행복하게 누릴 때입니다. 숭배자 없는 우상은 힘을 잃게 됩니다. 가난한 사람들의 피를 먹고 살면서 생명을 파괴하는 맘몬으로부터 생명을 더욱 풍성하게 하는 생명의 영이신 하나님에게로 돌아설 때, 인류에게 희망이 있습니다.

"보물을 땅에 쌓아두지 않고, 하늘에 쌓아두라"(마 6:19)는 말씀도 베풀고 나누면서 살라는 말씀과 다르지 않습니다. 사람이 땅 위에 재산을 쌓아두려는 것은 풍요로운 현실과 불확실한 미래에 대한 '염려'(마 6:25-29) 때문입니다. 그러나 염려가 목숨을 연장해주는 것은 아닙니다. 예수님은 솔로몬의 영광을 들의 백합화 한 송이보다 못한 것으로 보셨습니다. 상상할 수 없는, 아니 비교 자체가 어리석은 일입니다. 그러나 들꽃 한 송이 속에서 솔로몬의 영광보다 더 큰 기쁨을 볼 수 있는 눈을 가진 사람이 그리스도인입니다. 이런 눈이 우리 몸의 등불이 되길 기원합니다.

미래의 사람
빌립보서 3:12-14, 20-21

• 얼마 전 '마이클 만'이 감독한 영화 〈퍼블릭 에너미〉 (2009년)가 상영되었습니다. 1930년대 미국의 경제공황기에 불황의 원인으로 지목받는 은행 돈만 털어 민중에게 영웅으로 추앙받던 은행 강도 존 딜린저(〈캐리비안의 해적〉 주연배우였던 조니 뎁이 분함)라는 실제 인물을 배경으로 만든 영화입니다.

미국연방수사국FBI 후버 국장은 '존 딜린저'를 공공의 적 1호로 규정하고, 당시 최정예 수사관 '멜빈 퍼비스'(배트맨 역을 했던 크리스찬 베일이 분함)를 투입, 추적에 나섭니다. 동료 갱들이 차례로 죽임을 당하고 쫓기면서도 딜린저는 시카고에 설치된 수사본부 안으로 유유히 들어가 살펴보는 두둑한 뱃장을 가진 인물이기도 합니다.

그런데 어느 날 존 딜린저가 사랑에 빠집니다. 극장에서 손님들의 외투를 보관하는 일을 하는 '빌리 프레셰'라는 여성입니다. 딜린저는 빌리를 시카고 최고 상류사회가 모이는 고급 레스토랑에 초대합니다. 초대받은 빌리는 식당에서 안절부절못하며 자꾸만 주위를 둘러봅니다. 왜 그러느냐고 딜린저가 묻자 빌리는 사람들이 자신을 쳐다본다고 말합니다.

"그것은 아마도 당신이 너무 아름다워서 그럴 것입니다."

딜린저가 웃으며 말합니다.

"아니에요. 제가 입고 있는 옷이 너무 초라해서 사람들이 경멸의 눈으로 저를 쳐다보는 것이랍니다."

"그래요?"

딜린저는 자리에서 벌떡 일어나 주위를 둘러보면서 소리칩니다.

"뭘 봐?"

한 순간에 주변이 조용해지면서 시카고 최고의 상류사회가 슬그머니 고개를 숙입니다.

"실례지만 무엇 하시는 분이세요?" 빌리가 묻습니다.

"은행 강도입니다."

"네? … 아니 정말 무엇 하시는 분이시냐고요?"

"은행 강도라니까요."

잠시 침묵이 흐른 뒤 빌리가 말합니다.

"처음 보는 여자에게 그렇게 꼭 솔직하게 말하지 않아도 되지 않나요?"

"그게 사실이니까요."

딜린저는 자신의 과거를 이야기합니다. 어려서부터 아버지에게 폭행당하고, 가출해 감옥을 자기 집 드나들 듯 살아온 이야기, 탈옥해서 은행 강도가 된 이야기 등. 그러다가 하는 존 딜린저의 한 마디, 그 말이 제 가슴에 남았습니다.

> "'사람들은 우리가 어디에서 왔는지'(Where are You from)에 관심을 갖고 그것을 중요하게 생각하지만, 나는 '우리가 어디로 가느냐'(Where we are going to)에 더 관심이 있답니다."

'Where are You from?'이라는 질문은 일반적으로 고향 혹은 국적, 출신 등 우리의 과거에 대한 질문입니다. 그러나 은행 강도 존 딜린저는 '우리가 어디로 가느냐'를 더 중요하게 생각합니다. 온 곳보다 가야 할 곳, 곧 미래를 더 중요하게 생각함으로써, 딜린저는 과거에 의해 자신의 삶이 규정당하는 것을 거부합니다. 흔히 운명이라고 규정되는 현실은 한 사람이 살아온 과거의 총체입니다. 딜린저는 한 인간의 가치를 과거에 의해 규정하는 현실, 출신과 배경으로 인간을 판단하는 세계에 도전장을 던진 것입니다.

한 사람의 정체성은 일반적으로 그 과거의 총체입니다. 한 사람의 가치는 또 그의 현재에 의해서 규정당합니다. 운명을 형성한 과거와 현재의 조건으로부터 벗어날 수 있는 것은 오직 미래에서부터 자신을 볼 때 가능합니다. 우리가 온 곳이 아니라, 가야 할 곳에 사로잡혀 있을 때입니다.

그러나 수사망은 점점 좁혀오고, 자신이 체포되거나 살해당할 수 있다는 것을 예감하고도 딜린저는 빌리가 있는 시카고로 돌아왔다가 사살당합니다. 그는 빌리와 함께 가고 싶었던 곳으로 결국 가지는 못했지만, 그는 누구나 언젠가 가야 할 곳으로 갔습니다.

오늘 우리는 성서에서 자신의 삶을 과거가 아니라, 미래에 사로잡힌 것으로 본 위대한 인물을 만났습니다. 사도 바울이 바로 그 사람입니다. 바울은 "팔일 만에 할례를 받고, 이스라엘 족속이요, 베냐민 지파요, 히브리인 중의 히브리인이요, 율법으로는 바리사이인이요, 열심히는 교회를 박해하고, 율법의 의로는 흠이 없는 사람"이었습니다(빌 3:5-6). 바울은 세 개의 타고난 우월성과 세 개의 획득한 우월성을 나란히 제시합니다. 바울은 유대 사회에서 신분으로나 율법 준수에 있어서 결코 뒤떨어지는 인물이 아닙니다.

그러나 그는 이 모든 것을 해로 여길뿐더러 심지어는 '쓰레기'로 치부했습니다. 그것은 바울이 그리스도를 얻고, 그분 안에서 발견되기 위한 것입니다.

우리는 여기에서 빌립보 교회 안에 있던 바울의 적대자들이 유대교 전통을 주장했던 그리스도인이었다는 것을 추정할 수 있습니다. 적은 교회 밖에 있는 것이 아니라 교회 안에 있었던 것입니다. 빌립보 교인들은 밖으로부터 유혹을 당하는 것이 아니라 내부로부터 위협당하고 있었습니다. 할례와 율법의 고수를 주장하던 유다 그리스도인들을 바울은 '개들'이라고 비난합니다. 이곳 외에 다른 어디에서도 바울은 이런 욕설을 사용한 적이 없습니다.

바울이 율법 준수를 강조하는 유다 그리스도인들을 비판하는 것은 그들이 위선자였거나 방종했기 때문이 아닙니다. 그들은 윤리적으로 훨씬 더 엄격했고, 심지어는 자신들의 현실의 삶이 신적인 삶으로 완전해질 수 있다고 믿었던 사람들입니다.

그러나 바울은 '율법으로부터 오는 의를 가지려 하지 않고, 그리스도에 대한 믿음을 통해 오는 의, 믿음에 근거하는 하나님으로부터의 의'를 가지려고 합니다. 이것은 인간적 노력을 경시하는 것이 아닙니다. 믿음을 통해 오는 의가 인간적 노력을 경시함으로써 얻어진다고 생각했다면 바울은 굳이 자신의 과거의 우월성을 거론할 필요가 없었을 것입니다.

그러나 믿음도 공로로 생각되어서는 안 됩니다. 율법의 업적 대신에 하나님께 바쳐짐으로써 하나님으로 하여금 의롭다는 선고를 내리도록 강요할 수 있는 그런 공로가 아닙니다. 우리가 하나님을 믿는다고 해서 하나님을 강요할 수 없습니다. 의롭다는 선고는 오직 하나님의 행위일 뿐입니다. 믿음은 하나님의 자비와 은혜로부터 분리될 수 있는 것이 아닙니다.

• 빌립보 교회 안에 있던 바울의 적대자들은 이른바 '거짓 교사들'이라고 불립니다. 이들은 율법을 꼼꼼하게 준수함으로써 자기들의 완전성을 과시하려고 했던 사람들입니다. 아니 '완전에 대한 열광주의'에 사로잡힌 사람들이었습니다. 이들은 그리스도를 '신인神人'으로 선언했습니다. 이런 표상은 과거의 위대한 신인들이

신성과의 접촉에 의해 그 자신이 신적 능력에 참여하게 되었을 뿐 아니라, 이를 넘어서서 그를 따르는 자들에게 이 능력의 가시적 중개자가 되었다는 믿음에서 출발합니다. 유대교의 포교활동에서 이런 생각은 특히 모세에 집중하고 있습니다. 모세가 산 위에서 경험한 변용은 그의 신격화의 징표라는 것입니다. 그러므로 모세를 매개로 하여 인간적 삶의 제한성을 탈피할 수 있고, 죽음도 극복하는 상태로 옮겨질 수 있다는 것입니다. 이렇게 생각했던 사람들이 예수 그리스도를 '신인'으로 이해했고, 자기들 안에서 신성이 활약하고 있으며, 마침내 스스로 신적 인간이 될 수 있다고 믿었습니다. 그러므로 이들에겐 그리스도의 십자가가 걸림돌이 되었고, 이와 함께 부활도 제외되었으며, 구원사건이 전적으로 지상의 예수의 영역으로 옮겨지게 되었던 것입니다.

'완전한 인간'에 대한 욕망, 죽음을 두려워하지 않는 인간, 정신과 육체가 분열되어 있지 않은 인간, 신적 능력을 가지고 있고 그런 신적 능력을 중개할 수 있는 인간이 되려는 욕망은 누구나 품고 있는 욕망입니다. 그 어떤 욕망보다도 매혹적인 욕망입니다.

그러나 바울은 그리스도의 고난에 참여하지 않고서는 결코 그리스도의 부활의 권능에도 참여할 수 없다는 것을 분명히 합니다. 그리스도교적 실존은 그리스도의 고난에의 참여로부터 분리될 수 없다는 것입니다. 그리스도인은 고난과 치욕과 궁핍을 그리스도를 따라가는 일의 규범으로서 이해하고 받아들일 사명을 받았습니다. 바울은 그가 겪는 환난을 언제나 그리스도의 죽음의 고난으로부터 해석했습니다. 이는 그가 예수의 죽음의 고난을 몸에 짊어지고(고후 4:10), 예수의 상흔을 몸에 지니며 또 예수의 고난이 자신과 그의 동역자들에게 넘쳤다(고후 1:5)고 자랑하는 데서 드러납니다. 바울은 초대교회를 향하여 그들이 이러한 그리스도교적인 삶의 방식, 즉 그들이 그리스도와 동일한 고난에 참여하고 있다는 것을(고후 1:7) 알려주려고 합니다.

세례에서 그리고 그리스도의 몸에 종속됨으로써 시작된 그리스도와의 인격적이며 운명적인 이런 연결 안에서 그리스도인은 그리스도와 유사해지게 되며, 그 결과 그리스도와 마침내 같은 모습을 갖게 됩니다. 이런 동형화는 그리스도교적 삶의 어떤 단계에 한정시킬 수 있는 현상이 아니라 전 그리스도교적 실존의 이 세상 속에서의 실현과 미래적 실현을 포괄하는 현상입니다. 바울에게 있어서 이런 동형화는 지상에서 예수의 죽음의 운명을 목표로 하고, 그리스도와의 완전한 동형화는 죽은 자들로부터의 몸의 부활과 함께 성취됩니다.

그래서 바울은 십자가 없는 그리스도와의 동형화를 신인의 완성으로 보았던 적대자들을 향하여 이렇게 말합니다. "내가 이미 도달했다는 것도 아니요 또는 이미 완전하게 되었다는 것도 아닙니다. 그러나 나는 잡으려고 쫓아갑니다. 내가 그리스도 예수에게 잡혔기 때문입니다. 형제들이여, 나는 아직 잡았다고 생각하지 않습니다. 그러나 한 가지 내 뒤에 있는 것을 잊고 내 앞에 있는 것을 향하여 온 힘을 다합니다."

목표에 도달하느냐 못 하느냐는 바울의 관심이 아닙니다. 쫓아가는 것은 바울이지만 그를 잡은 것은 예수 그리스도이기 때문입니다. 예수 그리스도가 놓지 않으실 것이기 때문에 우리는 스스로 해낼 수 있다는 망상에 조급스러워 할 필요가 없습니다. 또 목표에 도달하지 못할 것이라고 불안해 할 필요도 없습니다. 우리가 할 일은 다만 뒤의 것은 잊어버리고 앞을 향해 온 힘을 다하는 것입니다.

'뒤에 있는 것', 그것은 크게 우리를 좌절시키는 과거, 아픈 기억, 떠올리기조차 싫은 기억입니다. 뒤에 있는 것은 잊어야 합니다. 잊는다는 것은 시간이 가면서 기억에서 사라지는 것을 의미하지 않습니다. 잊는다는 것은 능동적이고 적극적으로 과거와 대결하는 것을 의미합니다. 과거는 잊히는 것이 아니라 용납될 뿐입니다. 용서된 과거, 용납된 기억이 자기 파괴적이지 않습니다.

'뒤에 있는 것', 그것은 우리를 우쭐하게 만드는 자랑스러운 업적, 오만한 기억이기도 합니다. 이것도 잊어야 합니다. 이룬 것에 머무는 사람은 미래의 사람이 아니라 과거의 사람입니다. 회상하는 인간이지 도전하는 인간이 아닙니다.

• 바울은 쫓아가는 목적 자체에 대해서는 성찰하지 않습니다. 다만 구체적인 목표점을 제시합니다. 그것은 '부름의 상'입니다. '그리스도 예수 안에서 하나님으로부터 오는 하늘의 부르심'이 바로 그 상입니다. 다시 말해 하늘에서, 하나님의 세계에서 성취되는 삶으로의 부르심에 투쟁의 상이 있다는 것입니다. 그래서 바울은 그리스도인의 시민권은 하늘에 있다고 말하는 것입니다. 하나님

의 세계에서 성취되는 삶, 그것은 부활한 몸으로서의 삶입니다. 그리고 이 부활한 몸으로서의 삶은 십자가에 참여할 때 인식됩니다. 사도 바울이 "그리스도와 그 부활의 권능과 그 고난에 참여함을 알고자 한다"고 말한 순서에 우리는 주목해야 합니다. 부활은 고난 다음에 온다고 일반적으로 생각합니다. 그러나 바울은 부활의 권능을 고난에 앞세움으로써, 부활의 권능이 고난의 삶 한가운데서 이미 인식되고 있고, 여기에 고난받는 그리스도인의 희망의 근거가 있음을 깨닫게 합니다.

고난 속에 있지만 부활의 권능을 인식하고 있는 그리스도인들에게는 '부르심' 그 자체가 상입니다. '하나님께서 예수 그리스도 안에서 자기의 세계로 초대하셨다는 것', 그리고 그 길에서 우리를 붙잡고 계시다는 것 그 자체가 상입니다. 하나님께서 예수 그리스도 안에서 우리를 부르셨고, 지금도 우리를 붙잡고 계시기 때문에, 우리의 나약함과 불신앙에도 불구하고 우리는 희망을 가질 수 있는 것입니다. 바로 이 부르심의 상을 향해 나아가는 그리스도인은 사도 바울처럼, "어떤 형편에든지 자족할 수" 있습니다. "비천에 처할 줄도 알고 풍부에 처할 줄도 알아 모든 일 곧 배부름과 배고픔과 풍부와 궁핍에도 처할 줄 아는 일체의 비결을 배우면서", "능력 주시는 분 안에서 모든 것을 할 수 있을 것"(빌 4:11-13)입니다.

4장
이스카리옷 유다에 대한 명상

삼일정신과 한국 그리스도교
신명기 26:5-13

• 3·1운동은 항일민족독립운동이었습니다. 3·1운동이 목적한 것, 삼일만세운동 이후 88년이 지났어도 아직도 해결되지 않은 것은 민족의 온전한 자주독립입니다. 민족의 평화통일이 이루어지지 않는 한 우리는 온전한 자주독립을 이루었다고 말할 수 없기 때문입니다. 허리 잘린 국토, 전쟁의 가능성이 여전히 남아 있는 나라, 주변 강대국들에게 정치적·경제적으로 간섭을 받는 나라를 자주독립국가라고 말할 수 없을 것입니다. 물론 국가 간의 관계가 복잡해진 세계화의 시대, 혹은 지구촌 시대라고 불리는 이 시대에 폐쇄적인 민족주의적 자주독립은 가능하지도 않고 또 필요하지도 않다고 생각하는 사람이 있을지 모릅니다. 폐쇄적이고 배타적인 민족주의, 지배이데올로기로서의 민족주의는 경계해야 하고, 그리스도교 신앙에도 맞지 않습니다. 그러나 민족의 자주성과 자존심을 지

키지 못하는 나라를 자주국가라고 할 수는 없을 것입니다.

　3·1운동은 바닥운동이었습니다. 3월 1일에 시작된 만세운동이 3월 4일경에 이미 전국적인 운동으로 파급된 것을 보아도 3·1운동은 민중운동이었다는 것을 알 수 있습니다. 일제 통계에 의하면 그해 6월 30일까지 3·1운동과 관련하여 투옥된 사람이 9,458명, 같은 해 12월 말까지 복역자 통계는 1만 9,525명(당시 인구는 1,600만 명)이라는 것도 이 운동의 범민족적 성격을 보여줍니다.

　특히 그리스도인들의 참여는 간과될 수 없습니다. 같은 해 6월까지 투옥된 사람들의 22%가 그리스도인이라는 것과, 복역자의 17% 이상이 그리스도인이었다는 것은 이 운동에 그리스도인이 얼마나 적극적으로 참여했는지를 단적으로 보여줍니다. 당시 그리스도인이 20만 명 정도였는데 이것은 전체 인구의 약 1.3%에 불과한 수였습니다. 이것은 3·1운동 전체 역량의 20% 이상이 당시 한국 인구의 1.3%도 안 되는 그리스도인들에 의해서 추진되었다는 것을 말해줍니다.

　그러나 이른바 민족 대표 33인 가운데 참여한 16명의 그리스도교측 대표들이 운동 이후 대부분 소극적이 되거나 변절한 것을 우리는 알고 있습니다. 선언 당일에 그리스도교계 대표였던 4인의 목사가 선언식에 늦게 오거나 아예 불참한 것이 그것입니다. 길선주 목사는 부흥회 인도 때문에 늦게 참석했고, 김병조는 거사 전에 상해로 건너갔습니다. 또 다수의 그리스도교계 지도자들과 교회는 거사 이후 좌절하여 일제에 타협하거나, 심지어 3·1운동에 참여한 것을 후회

하고 변절하는 경우도 있었습니다. 충북 청주시 삼일공원에 지금도 동상이 세워져 있는 민족 대표의 한 사람이라는 정춘수는 '국민 총력 그리스도교 조선 감리교 연맹'의 감독으로서 교회의 철문과 철책을 일제에 헌납하도록 하는 종교보국 5개항을 실천하게 하고 교회를 팔아 전투기를 헌납하는 결의안을 통과시키는 등 그리스도교 황민화의 선봉장이었습니다.[1]

민족보다 교회가 더 중요하고, 독립운동보다 부흥회가 더 중요할 수 있습니다. 변절은 어쩌면 용서받을 수도 있는 인간적인 선택일 수도 있습니다. 그러나 그리스도교계 민족 대표들의 태도는 그 후의 한국 교회의 변질과 관련하여 우리가 심각하게 반성해야 할 부분입니다.

오늘 우리는 3·1항일민족독립운동을 기념하는 예배를 드리고 있습니다. 우리가 이날을 기념하여 역사를 되새기는 이유는 무엇입니까? 다시는 잘못된 역사를 반복하지 않기 위해서입니다. 역사를 기록하고 되새기는 이유는 정의가 마침내 승리한다는 확신을 주기 위한 것이라고 말하는 사람이 있습니다. 그러나 저는 솔직히 역사를 읽을 때마다 역사는 결국 악이 어떻게 승리하는지를 보여주기 위한 것이 아닌가 하고 생각합니다. 왜 선한 사람들은 언제나 패배하고 왜 그들의 선한 뜻은 좌절되는가? 왜 악하고 교활한 사람들이 언제나 마지막 승리를 거두고 마침내 권력을 장악하는가? 왜 민중은 언제나 역사의 가장 큰 희생자이면서 역사의 결실에서는 언제나 소외되기만 하는가?

과거의 역사를 읽을 때마다, 언젠가는 역사로 기록될 오늘의 현실을 볼 때마다 저는 좌절과 절망에 빠집니다. 그러나 저는 체코슬로바키아 출신으로서, 1968년 '프라하의 봄'에 참여한 지식인이자, 《참을 수 없는 존재의 가벼움》으로 우리에게도 잘 알려진 작가 밀란 쿤데라(1929. 4. 1-)의 말을 기억합니다. "권력에 대한 인간의 투쟁이란 바로 망각에 대한 기억의 투쟁이다."[2] 권력은 기억을 가장 두려워합니다. 역사는 기억될 때 위험하기 때문입니다. 특히 민중의 저항과 해방의 기억일수록 그렇습니다. 그래서 권력은 망각을 조작하거나 기억을 기록물 보관소 안에 가두거나, 기념비를 세워 왜곡하거나, 기념사업으로 축소합니다. 권력은 역사가 어두운 지하 감방이나 쓰러져간 민중의 주검을 뒤엎은 잡초 밑에 영원히 감추어져 있기를 원합니다. 그들은 지배자의 위업과 승리의 기념비는 허락하지만 민중의 역사는 그 흔적까지도 말살하려 합니다. 기억될 역사와 거기에서 획득되는 민중의 역사적 상상력이 두렵기 때문입니다.

그러나 역사 앞에서 가장 큰 범죄는 역사를 망각하는 것입니다. 까닭은 제2차 세계대전 당시, 수많은 유대인과 부랑민들, 양심적 독일인들이 처형당한 남부 독일의 집단수용소 '다카오'에 기록된 인도 철학자 산타야나의 말처럼, '누구든지 역사를 망각하는 사람은 같은 역사를 또다시 경험하도록 심판받았기' 때문입니다. 이 말은 예루살렘의 유대인 학살 기념관인 '야드 바쉠'에도 기록되어 있습니다. 기념관의 출구를 나서기 직진의 공간에는 촛불 하나가 켜 있는 유리방이 있습니다. 유리벽에는 제2차 세계대전 동안 학살당한 유대인들의 이름들이 그림자처럼 지나가고 물방울이 떨어지는 소리가 쉬지 않고 들립니다.

우리가 역사를 기억하는 이유는 잘못된 역사를 결코 반복하지 않기 위해서입니다. 역사에 대한 기억은 현실 변혁에의 열정과 상상력을 퍼올리는 샘입니다. 회상된 해방의 역사 속에서 자신을 재발견하는 기쁨은 또 실천의 힘이기도 합니다. 해방의 역사가 대부분 실패로 끝난다는 역사적 경험도 그러나 이 기쁨과 실천을 파괴하지 못합니다. 실패한 역사에 대한 회상은 성공한 역사에 대한 회상보다 지배자들에게 더 위험하기 때문입니다. 그리고 이런 역사에 대한 기억은 '문화적 기억'과 '소통적 기억'으로 끊임없이 전승됩니다.

• 오늘 우리가 함께 들은 성서의 말씀, 신명기 26장 5절에서 9절까지의 말씀은 이스라엘의 가장 오래된, 그리고 이스라엘 역사를 관통하여 전승되어온 신앙고백입니다. 이 신앙고백은 끊임없이 회상되고 고백되었으며, '십일조'와 '나눔'을 통하여, 다시 말해 '문화적 기억'과 '소통적 기억'의 형태로 실천되었습니다:

"내 조상은 떠돌아다니면서 사는 아람 사람으로서 몇 안 되는 사람을 거느리고 이집트로 내려가서, 거기서 몸 붙여 살면서, 거기에서 번성하여, 크고 강대한 민족이 되었는데, 이집트 사람이 우리를 학대하며 괴롭게 하며, 우리에게 강제노동을 시키므로, 우리가 주 우리 조상의 하나님께 살려 달라고 부르짖었더니, 주께서 우리의 울부짖음을 들으시고, 우리가 비참하게 사는 것과 고역에 시달리는 것과 억압에 짓눌려 있는 것을 보시고, 강한 손과 편 팔과 큰 위엄과 이적과 기사로, 우리를 이집트에서 인도하여 내시고, 주께서 우리를 이곳으로 인도하셔서, 이 땅, 곧 젖과 꿀이 흐르는 땅을 우리에게 주셨습니다. … 세 해마다 십일조를 드리는 해가 되면, 너희는 모든 소출에서 열의 하나를 따로 떼어서, 그것을 레위 사람과 외국 사람과 고아와 과부에게 나누어주고, 그들이, 너희가 사는 성 안에서 마음껏 먹게 하여라"(신 26:5-12).

이스라엘은 그들이 떠돌아다니던 아람 사람이었다는 사실, 이집트에서 노예생활을 했다는 사실, 하나님이 이스라엘을 억압으로부터 해방하여 젖과 꿀이 흐르는 땅으로 인도하셨다는 사실을 언제나 '기억'해야 했습니다. 이 기억은 유월절 축제를 통하여 끊임없이 반복되고 '전승' 되었습니다. 이런 기억과 전승은 유대 민족이 유대 전쟁(66-74년) 이후, 나라 없는 디아스포라 유대인으로 살아갈 수밖에 없을 때에도 유지되었습니다. 유월절과 안식일, 토라를 준수함으로써 그랬던 것입니다.

몇 년 전 이스라엘의 '마사다'에 오른 적이 있었습니다. '마사다'는 사해 해면에서 410여 미터 높이, 정상 마당의 길이가 600여 미터, 너비는 320여 미터에 이르는 천연요새입니다. 헤로데 대왕이 37년 로마 황제로부터 유다 임금으로 제수된 후, 대대적인 공사를 한 여름휴양지이면서 요새인 '마사다'는 또한 유대 전쟁 마지막까지 결사항전을 한 젤롯당원들 960여 명이 장렬하게 최후를 맞은 곳으로 알려져 있습니다. 예루살렘이 70년 8월에 함락되었음에도 불구하고(베스파시우스의 아들 티투스가 4개 레기오, 즉 약 24,000명의 병력으로 함락, 71년 여름 로마로 개선행진하며 개선문을 세움), '마사다'에서 항전을 계속해온 젤롯당원들은 74년 초, 로마군 제10여단을 지휘하는 플라비우스 실바 장군에게 포위되었습니다. 로마군은 유대인 포로들을 강제노역에 동원, 흙으로 마사다 높이의 성을 쌓아 마침내 마사다의 외벽과 그 안쪽에 급조된 내벽을 무너뜨리는 데 성공하였습니다. 로마군은 다음 날 새벽에 성 안으로 진격할 계획을 세웠습니다.

그날 저녁 유대 저항군의 지도자인 엘레아자르 벤 야이르는 저항군을 모아놓고 호소했습니다. 적의 포로가 되어 수치를 당하느니 차라리 자살을 선택함으로써 적에게 모독을 주자고 제안, 저항군은 먼저 자기 가족을 죽이고 제비뽑기로 한 사람씩 죽이면서 마지막 남은 자는 자살을 했습니다. 다음 날 새벽, 최후의 일전을 기대하며 마지막 공격을 해온 로마군은 너무나도 조용한 마사다 성에 놀랐고, 한곳에 나란히 누워 죽어 있는 저항군 960여 명의 시신 앞에서 아연실색하지 않을 수 없었습니다. 마사다에서의 최후 항전이 이렇게 끝난 후, 이스라엘은 제2차 세계대전이 끝날 때까지 나라 없는 유랑의 민족으로 살아가야 했습니다. 이스라엘은 지금도 마사다에서 초급장교 임관식을 거행함으로써, 유대 민족의 최후를 기억하고 다시는 이런 역사를 되풀이하지 않을 것을 다짐한다고 합니다.

그런데 마사다 정상에 오른 날, 저는 바람이 거세게 몰아쳐 별로 사람이 없는 마사다 언덕 한쪽 작은 천막 안에 한 가족이 앉아 있는 것을 보았습니다. 가운데 아버지처럼 보이는 사람이 앉아 있고 옆에는 부인과 어린 딸이, 다른 한편에는 어린 아들이 머리에 모자를 쓰고 토라를 읽을 때 사용하는 손 모양의 긴 지시봉을 잡고 몸을 앞뒤로 흔들면서 토라를 암송하는 것이었습니다. 오늘의 유대인의 정신적 근원이 어디에 있는지 확인하는 순간이었습니다. 유월절이라는 '문화적 기억'과 토라의 준수라는 '소통적 기억'이야말로 유대인의 정체성의 근원인 것입니다.

그러나 오늘 레바논과 팔레스타인에서 일어나고 있는 일을 보면, 이스라엘은 그들의 오래된 신앙고백을 망각하고 있는 것 같습니다. 출애굽이라는 하나님의 해방의 역사에 대한 기억이 자민족의 우월성과 타민족에 대한 억압을 정당화하는 이데올로기적 기제로 이용될 수 없기 때문입니다. 해방의 기억은 기억만으로 끝나서는 안 됩니다. 신명기에 따르면 이 기억은 매 년 첫 열매 가운데 십일조를 따로 떼어서, 레위 사람과 외국 사람과 고아와 과부에게 나누어주고, 그들이 마음껏 먹게 하는 축제를 통해 실천되어야 했습니다(신 26:11-13). 이스라엘이 겪은 고난의 역사는 자민족의 폐쇄적인 집단의식과 축제를 통해서만 기억되고 축하되고 전승되어서는 안 되었습니다. 해방의 축제는 '모든 사람'을 위한 것이어야 했습니다.

이스라엘 역사가 타락하고, 이스라엘 백성과 지도자들의 '역사 건망증' 때문에 나라의 운명이 위기에 처했을 때에도, 예언자들은 이스라엘의 '원역사'에서부터 언제나 타락한 권력과 쉽게 역사를 잊어버리는 민중의 건망증을 비판했습니다. 회상과 축제, 곧 억압의 현실과 해방의 하나님을 기억하고, 이웃과 함께 먹을 것과 삶의 기쁨을 나누는 축제를 실천할 때, 신앙공동체는 새로워질 수 있기 때문이었습니다.

해마다 삼일절을 맞는 한국 교회가 할 일은 항일민족해방운동에 참여한 그리스도교의 자랑스러운 전통만이 아니라 변절과 배신의 역사도 기억해야 합니다. 자랑스러운 전통은 살려가고, 변절과 배신의 역사는 심판해야 합니다. 삼일정신의 '기억'과 '전승'이야말로 한국 교회의 과제입니다.

3·1운동 후 한국 교회는 애국계몽운동을 통하여 민족의 계몽과 근대화를 추진했습니다. 무엇보다 교육적 공헌을 주목해야 합니다. 사람을 변화시키고 사람답게 키우는 교육, 신분제적 봉건성을 극복하고 평등사상을 고취시킨 것이야말로 그리스도교의 가장 큰 기여였습니다. 그러나 그리스도교화가 곧 서구화와 동일시되고, 전통문화를 적대시하는 태도에 대한 비판은 정당합니다.

해방 후, 남북이 분단되고 비극적인 한국전쟁이 있었습니다. 전쟁의 상흔 속에서 분단된 것은 국토만이 아니었습니다. 그리스도의 몸인 교회도 분열되었습니다. 월남 그리스도인과 남한 그리스도인, 친미 반공주의, 개발독재, 군부독재에 대한 태도 때문에 분열되었습니다. 보수와 진보, 영혼 구원과 사회 구원, 복음화와 인간화, 체제 순응과 체제 도전으로 분열·대립해왔습니다. 그러나 그런 분열에도 불구하고 그리스도교 진보진영은 반체제와 인권, 민주화를 위하여 고난받으며 투쟁했고, 마침내 우리는 세계가 주목하는 정치적 민주화와 경제 발전을 이룩해냈습니다.

그런데 지금 우리는 새로운 위기와 도전에 직면했습니다. 세계화는 민중의 고통과 소외를 더 심화하는 방향으로 추진되고 있습니다. 생태계의 파괴는 돌이킬 수 없는 지경에 이르렀고, 자연의 보복은 이미 시작되었습니다. 상처투성이인 지구 위에서 여전히 전쟁은 그칠 날이 없고, 한반도 역시 전쟁 위험에서 안전하지 못합니다. 특히 대선이 있는 올해, 한국의 정치적 상황은 예측하기 어렵게 전개되고 있습니다. 한국의 그리스도교는 정치적 선택에 따라 또다시 분열할 것입니다. 그리스도교도 이른바 우파와 신우파(뉴라이트), 또는 진보파대로 그 나름의 판단과 선택, 지지와 비판, 보수와 개혁 등으로 대결할 것입니다.

교회는 역사적으로 정치현실에 참여해왔고, 또 참여해야 합니다. 교회 자체가 사회적 조직으로서 이미 정치적이며, 또한 정치현실로부터 자유롭지 못하기 때문입니다. 그러나 중요한 것은 무엇을 위하여 그리고 어떻게 참여하느냐는 것입니다.

우리가 3·1운동에서 배울 수 있는 대답은 교회의 정치적 참여가 '정당정치적 참여'가 아니라, '예언자적 비판'이어야 한다는 것입니다. 교역자와 그리스도인들의 정당정치적 참여는 이미 이승만 정권 때부터 있었고, 지금도 있는 일이어서 그렇게 낯선 일이 아닙니다. 언젠가는 이런 정당정치 참여에 대한 역사적 평가가 있을 것이지만, 여기서는 저의 과제가 아닙니다. 예언자적 비판으로서의 정치적 참여란 정당정치의 이해관계로부터 자유로운 자리에 있을 때, 가능한 것입니다. 권력의 내부에서는 '권력투쟁'이 있을 뿐, '권력비판'이 있을 수 없기 때문입니다.

• 삼일정신이란 무엇입니까? 역사는 위에서부터가 아니라 바닥에서부터, 중심부에서부터가 아니라 변두리에서부터 변혁된다는 것입니다. 그리고 그 변혁의 한가운데에는 언제나 민중이 서 있다는 것입니다. 삼일정신 위에 근거한 한국 교회의 정치적 참여는 그러므로 바닥에서부터, 변두리에서부터 권력을 감시하고 비판하는 데서 시작되어야 하고, 민족과 민중에게 희망을 주는 데서 끝나야 합니다. 권력의 결실을 나누어갖는 순간 이미 교회는 십자가에 죽으시고 부활하신 예수 그리스도의 교회가 아닙니다.

그러나 '기억'과 '전승'에만 그쳐서는 안 됩니다. 오늘 한반도를 둘러싼 새로운 억압적인 국제질서를 우리 스스로의 역량으로 헤쳐나가 평화통일을 이룩할 수 있어야 합니다. 분단된 지 62년이란 긴 세월이 지나고, 냉전체제가 해체된 지 오래되었어도 여전히 스스로의 힘으로 제 민족의 통일도 이루지 못한 민족으로 남아서는 안 됩니다. 분연히 함께 일어나 분단에 종지부를 찍고 하나된 민족으로 세계의 평화와 공영에 기여할 수 있어야 합니다.

삼일정신은 '나눔'이라는 문화적이고 소통적인 기억으로 구체화되어야 합니다. 삼일정신은 한민족만의 잔치일 수 없습니다. 이스라엘이 사회적 십일조를 조성하여 레위인과 나그네, 과부와 고아들과 함께 먹을 것을 나누면서 즐거워했던 것처럼, 역사에 대한 기억은 소통적 기억이어야 합니다. 위와 아래, 안과 밖, 특히 억압받고 변두리로 밀려난 사람들, 소외된 사람들과의 소통에 참여하는 축제여야 합니다. 우리 주변의 50만 명에 이르는 이주노동자들, 국제결혼 이주여성들, 노숙자들과 실업자들, 굶주리고 병약한 북한 동포들과 해방을 위한 나눔의 잔치를 벌여야 합니다. 교회 자신이 이른바 '천민자본주의' 보다 더 천민적이고 자본주의적인 질서에 사로잡혀 있어서는 안 됩니다. 교회는 '정신의 귀족' 이어야 합니다.

삼일정신은 한반도의 평화가 아시아의 평화, 나아가 전 세계의 번영과 직결되어 있다는 삼일독립선언서의 정신이기도 합니다. 한국 교회는 평화선교의 지평을 아시아와 세계로 확대해야 합니다. 우리는 베트남 전쟁, 이라크 전쟁은 물론 해외 진출 기업들의 인권 억압 등을 통해 아시아 이웃 나라들에게 큰 빚을 졌습니다. 한국 교회는 아시아 이웃 나라 민중에게 사랑과 소망을 주어야 합니다.

일찍이 인도의 시성 라빈드라나트 타고르Rabindranath Tagore은 코리아를 '동방의 등불' 이라고 노래했습니다.

"일찍이 아시아의 황금시대에
빛나는 등불이던 코리아,
그 등불 다시 켜지는 날
너는 동방의 밝은 빛이 되리라.

마음에는 두려움 없고

머리는 높이 쳐들린 곳.

지식은 자유롭고

좁은 울타리로 세상이 조각조각 갈라지지 않는 곳.

진실의 깊은 곳에서 말씀이 솟아나는 곳.

지성의 맑은 흐름이

굳어진 습관의 모래벌판에서 길을 잃지 않는 곳.

무한히 퍼져나가는 생각과 행동으로

우리들의 마음을 자유의 천국으로 인도하는 곳.

내 마음의 조국, 코리아여 깨어나소서."

진실의 깊은 곳에서 말씀이 솟아나는 나라, 맑은 지성, 무한한 생각과 행동으로 인류를 자유의 천국으로 인도하는 나라, 아시아 이웃 나라들의 마음의 조국, 우리 코리아가 그런 나라 되게 하는 것이 삼일정신을 이어받는 한국 교회의 과제입니다.

우리나라가 이런 나라, 우리 교회가 이런 교회되기를 기도합니다.

믿음이란 무엇인가?
창세기 12:1-9

• 아브라함은 세계 3대 종교가 믿음의 아버지로 고백하는 인물입니다. 아브라함을 믿음의 아버지로 경외하는 사람들은 마치 하늘의 별처럼 그렇게 많습니다. 인류의 다수를 차지하는 유대인, 그리스도인, 무슬림Muslim이 그들입니다.

유대인들은 하나님이 아브라함과 계약을 맺으셨고, 그에게 땅을 약속했다고 믿습니다. 그래서 거의 4천 년이 지난 지금도 이 약속을 증거로 이스라엘 땅이 자기 것이라고 주장합니다. 그러나 무슬림도 아브라함을 그들의 믿음의 조상으로 생각합니다. 무슬림 아랍인들은 그들이 아브라함의 첫째 아들 이스마엘의 후손이라고 생각합니다. 아브라함 자신이 메카에 성전을 지었고, 대순례의 기간에 모든 무슬림들이 지나가는 카바Kaaba(메카에 있는 회교의 네모진 영묘)의 한쪽 구석에 있는 돌도 언젠가 아브라함이 세운 성전에서 유래한 것이라고 합니다. 무슬림들도 자신을 아브라함의 후손이라고 이해합니다. 그렇다면 그리스도교는 어떻습니까? 그리스도교 역사상 위대한 선교사였던 사도 바울과 16세기 유럽의 종교개혁자들은 그리스도인들이 아브라함처럼 믿음의 사람들이 되어야 한다고 주장했습니다. 또 오직 믿음으로만 구원을 얻을 수 있다는 확신이 개신교도들을 다른 많은 종교들로부터 구별합니다.

• 그러나 종교에서 그렇게 중요한 믿음이란 것이 도대체 무엇이냐고 물을 때, 우리는 명확한 답변을 얻지 못합니다. 더욱이 인류의 3대 종교가 모두 믿음의 조상이라고 고백하는 아브라함이라는 인물을 바라보면 우리는 더욱 당황하게 됩니다.

아브라함은 우리가 그의 삶에서 믿음이 무엇인지를 알 수 있을 만큼 존경할 만한 믿음의 인물이 전혀 아니었기 때문입니다. 그의 삶은 언제나 빛난 것이 아니었습니다. 그의 삶에는 짙은 어둠의 시기가 있었습니다. 가나안으로 들어간 뒤에, 가뭄이 들자 그는 재빨리 그곳을 떠났습니다. 하나님이 약속하신 땅에서 하나님의 약속을 믿을 수 없었기 때문이었습니다. 아브라함이 가나안을 그렇게 일찍 떠나는 것은 그의 불신앙의 표징입니다. 그는 의심이 많고 하나님의 약속을 회의하는 사람이었습니다. 이집트에서는 어려움에 빠지지 않기 위해서 자기 아내를 여동생이라고 속입니다. 자기 아내를 왕에게 빼앗길 지경에 이르렀을 때에도 그는 아내를 여동생이라고 속이면서 가슴만 태우는 소심한 사람이었습니다. 아브라함의 이런 태도

4장_이스카리옷 유다에 대한 명상 189

는 납득할 수 없습니다. 아브라함은 절대로 이상적인 믿음의 사람이 아니었습니다. 영웅의 모습도 성자의 모습도 우리는 그에게서 찾아 볼 수 없습니다.

그럼에도 불구하고 왜 인류의 3대 종교들은 아브라함을 믿음의 조상으로 고백하는 것일까요? 그의 인격의 비밀은 그의 경건한 삶 안에 있는 것도 아니고, 그가 비난받지 않을 모범적인 삶을 살았다는 데 있지도 않습니다. 또 그가 종교적인 영웅이나 초인으로서 모든 평범한 사람들을 능가했다는 데 있지도 않습니다.

그렇다면 왜 성서는 아브라함을 믿음의 조상이라고 증언하는 것일까요? 아브라함의 인격의 비밀은 삶의 결정적인 순간에 그가 하나님의 약속을 받아들였다는 데, 다시 말해 그가 하나님의 약속을 믿었다는 데 전적으로 놓여 있습니다.

그러면 '믿는다'는 것은 무엇을 의미할까요? 저는 믿음이 무엇인지를 알기 위해 아프리카 사람들의 언어에 주목하려고 합니다. 북부 나미비아에서 살고 있는 오밤보Ovambo 족의 어떤 젊은 남자가 만일 어느 여인을 사랑하여 그 여인에게 결혼할 것인지를 물으면, 그 여인은 놀랍게도 "나는 믿습니다"라고 대답합니다. 믿음은 사랑의 선언에 대한 인간의 응답인 것입니다. 한 사람이 자기의 사랑을 선언합니다. 그는 사랑을 구속력 있고 결정적인 어떤 것으로 선언합니다. 오밤보 족은 믿음을 그렇게 이해합니다. 즉 하나님이 자기 사랑을 선언합니다. 하나님은 자신의 사랑을 구속력 있고 결정적인 것으로 선언합니다. 하나님은 우리와 함께 하시기를 원합니다. 하나님은 우리를 사랑합니다. 그럴 때, 우리의 응답은 다음과 같아야 합니다. "나는 믿고 그 사랑을 받아들입니다. 나는 당신이 진지하게 말하는 것을 신뢰합니다. 당신은 나와 함께 살기를 원합니다. 하나님, 나도 당신과 함께 살기를 원합니다. 한 남자와 여자 사이의 관계와 마찬가지로 하나님과 나도 영원히 결합되어야 합니다."

그렇습니다. 믿음은 하나님의 사랑에 대한 긍정입니다!

믿음은 어떤 특별한 능력이 아닙니다. 특별한 노력도 필요하지 않습니다. 믿음은 어떤 파격적인 것도 아닙니다. 믿음은 비록 일상적인 경험은 아니지만, 마치 사랑이 친구 사이나 부부관계에서 우리를 규정하는 것처럼 우리를 규정합니다. 믿음은 어떤 종교의 교리적 체계나 세계관을 무조건적으로 수용하는 것을 의미하지 않습니다. 믿음으로 산을 옮길 수 있다면 이보다 더 큰 믿음을 볼 수 있겠습니까? 그러나 사도 바울은 산을 옮길 수 있는 믿음을 가지고 있을지라도 사랑이 없으면 아무것도 아니라고 말했습니다(고전 13:2). 믿음을 가진다는 것은 회의 없는 인생을 사는 것을 의미하지 않습니다. 회의 없는 믿음은 자기 최면에 불과합니다. 믿음은 우리가 상처받을 수 있고 또 다른 사람에게 상처를 줄 수 있는 존재라는 것, 그러기 때문에 서로 용서를 필요로 하는 존재라는 걸 긍정하는 것입니다. 우리는 사랑받기 때문에 사랑할 수 있습니다. 사랑에 대하여 우리는 사랑과 신뢰로 응답합니다. 이것이 바로 믿음입니다.

믿음의 다른 측면은 나미비아에 살고 있는 다른 부족, 곧 오바헤레로Ovaherero 족의 언어에서 분명해집니다. 이들의 언어에서 믿음은 문자적인 의미에서 '자신을 고착시킨다'를 뜻합니다. "아브라함은 하나님 안에 자신을 고착시켰습니다." 이것은 믿음의 중요한 측면입니다. 사람이 문을 문틀에 고착시키듯이 아브라함도 하나님 안에 자신을 고착시켰습니다. 문이 문고리에 단단히 매여 있으면 있을수록 문은 더 쉽게 움직입니다. 고리에 느슨하게 달려 있는 문은 바닥을 긁어내고, 끽끽거리고, 잘 닫히지도 않습니다.

믿음도 마찬가지입니다. 하나님에게 자신을 고착시킨다는 것, 믿는다는 것은 움직일 수 없을 정도로 하나님에 의해서 구속되고 묶이는 것을 의미하지 않습니다! 그 반대입니다. 믿는다는 것은 우리의 삶 안에서 그리스도의 자유로서 우리에게 주어지는 삶의 거대한 활동의 여지를 갖는다는 것, 우리가 훨씬 자유롭고 또 움직일 수 있는 근거를 갖는다는 것을 의미합니다. 우리가 믿음 안에 아주 견고하게 서 있으면, 다시 말해 우리가 하나님에게 꼭 매여 있으면 있을수록 우리는 일상적인 행동에서 커다란 확신과 신뢰를 얻게 됩니다. 이런 고착을 통하여 우리는 두려움과 불안을 떨치고 필요한 일을 할 수 있는 힘을 얻게 됩니다. 이것이 믿음의 역설입니다.

그러나 유감스럽게도 우리는 이런 믿음을 언제나 분명하게 보지 못합니다. 우리는 무언가 잘못하지나 않나 두리번거리며, 끊임없이 두려움과 불안에 사로잡힌 소심한 그리스도인들, 특히 경건한 그리스도인들을 경험합니다. 우리는 얼굴을 맞대고 하나님의 눈을 보는 것이 아니라, 오직 하나님의 눈치만을 보는 그리스도인들을 많이 봅니다. '치' 자로 끝나는 생선들이 있습니다. 꽁치, 갈치, 준치 등 이들은 한결같이 꼬리가 길다는 공통점이 있습니다. 눈치, 곧 눈 꼬리를 보는 사람들은 하나님이 주신 삶을 기뻐하고 축하하면서 그 누구의 삶도 아닌 오직 자기 자신의 삶을 자유롭게 살기 위한 용기를 갖지 못한 겁이 많은 그리스도인들입니다. 믿음은 그들을 사랑과 자유의 삶에로 초대하는 것이 아니라, 그들을 더욱 소심하게 만들고 위축시키며, 행동에 무능하게 만듭니다. 이들은 내가 무엇을 할 수 있는지를 묻지 않고 내가 무엇을 해서는 안 되는지에 늘 관심을 둡니다. 이들은 '나는 이것을 해서는 안 돼. 내가 그리스도인으로서 이런 저런 일을 하면 이웃이 무엇이라고 말하겠는가?'라는 율법으로 둘러싸여 있습니다. 경건한 사람들은 두려움 때문에 주변에 벽을 쌓는 것입니다. 이들은 유행, 취미, 문화, 스타일 문제를 신앙의 태도와 혼동하고, 그들이 주변에 단지 소심함만을 확대시킨다는 것을 알지 못합니다. 믿음의 용기와 그 용기가 선사하는 자유는 더 이상 인식될 수 없습니다.

• 그러나 오늘 성서의 말씀은 우리를 다른 삶에로 고무시키려고 합니다. 아브라함처럼 하나님 안에 결합된 사람에게 사도 바울은 다음과 같이 말합니다. "그리스도는 여러분을 자유에로 부르셨습니다!" 이것은 그리스도가 주시는 자유를 인식하고, 두려움과 불안이 아니라 사랑이 우리의 삶을 이끌어가게 해야 한다는 것을 의미합니다.

현대인들은 두 가지 절망 가운데 살고 있습니다. 절망적으로 자기 자신이 되려는데 되지 못하는 데서 오는 절망과 절망적으로 되지 않으려는 자신이 되는 데서 오는 절망이 그것입니다. 이 절망으로부터 해방되는 길은 무엇일까요? 그것은 우리가 절망할 수 있다는 현실을 긍정하고 사랑하는 것입니다. 어떻게 자신을 용서하고 사랑할 수 있을까요? 믿음만이 그것을 가능하게 합니다. 하나님은 내가 내 자신에게 가까이 있는 것보다 더 가까이 계시다는 믿음, 하나님은 내가 나를 알고 있는 것보다 더 나를 잘 알고 계신다는 믿음, 하나님은 인간을 있는 모습 그대로 사랑한다는 믿음 말입니다. 이 사랑은 확실하고 변함이 없습니다. 까닭은 하나님 자신이 이 사랑을 유지하시기 때문입니다. 믿음의 근거는 우리 자신의 능력 안에 있는 것이 아니라 하나님 자신 안에 있습니다. 우리말에 "나는 너를 믿는다"라고 할 때, 이것은 "나는 네가 나의 기대를 실망시키지 않을 것임을 확신한다", 혹은 "나는 너의 능력을 믿는다"는 것을 의미합니다. 믿음은 우리 안에 있는 기대와 능력과 관계된 것입니다. 그러나 하나님의 사랑에 근거한 믿음은 우리의 기대와 능력과는 무관합니다. 우리말 '믿음'을 다석 유영모 선생은 '밑 소리'라고 풀이했습니다. 믿음이란 바닥 소리, 우리 존재의 가장 깊은 심연에서부터 들려오는 소리라는 것이지요. 내 귀, 내 입, 내 눈을 막아야 들리는 소리라는 말입니다.

《어린 왕자》로 세계적 명성을 얻은 프랑스의 작가 생텍쥐페리는 말했습니다. "경험을 통해 보건대 사랑은 서로 마주 보는 것이 아니라, 둘이 함께 같은 방향을 볼 때 생겨난다." 이제 막 사랑을 시작한 사람들, 서로 마주 보고만 있어도 행복한 사람들에게는 절반의 진실일지 모릅니다. 그러나 우리가 사랑하면 할수록 생텍쥐페리의 이 말은 온전한 진실이라는 것을 경험합니다. 사랑은 대부분 타인에게서 자신의 절반을 찾는 결핍 경험에 의해 시작합니다. 그러므로 우리가 사랑한다고 말할 때에도 사실 우리는 그 사람 자신을 사랑하는 것이 아니라 그 사람 안에 투영된 나 자신의 절반을 사랑하는 것입니다. 그러나 우리가 사랑 안에서 우리 자신만을 바라본다면 우리는 우리 자신 이상의 사람이 되지 못할 것입니다. 그러나 우리가 같은 방향, 우리가 함께 하나님을 바라본다면 우리는 우리의 얼굴에서, 그리고 타인의 얼굴에서 하나님의 얼굴을 볼 수 있을 것입니다.

세상 끝까지
마태복음 5:13-16, 28:16-20

• 마태복음 28장 16-20절의 말씀은 일반적으로 교회의 세계 선교를 위한 성서적 전거로 널리 알려져 있습니다. 부활한 예수 그리스도가 제자들에게 나타나 "나는 하늘과 땅의 모든 권세를 받았다. 그러므로 너희는 가서, 모든 민족을 제자로 삼아서, 아버지와 아들과 성령의 이름으로 세례를 주고, 내가 너희에게 명한 모든 것을 그들에게 가르쳐 지키게 하여라. 보아라, 내가 세상 끝까지 항상 너희와 함께 있을 것이다"라고 하신 말씀에 따라 복음이 유대 팔레스타인의 경계를 넘어 세계로 나아갈 수 있었습니다. 세계의 모든 민족이 그리스도의 복음에 초대된 것입니다. 교회의 세계 선교는 부활하신 예수 그리스도의 위탁입니다. 세계 선교의 내용은 민족의 제자화이며, 제자화는 예수 그리스도가 명한 것을 가르쳐 지키게 하는 것입니다. 예수 그리스도의 말씀을 가르치고 지키는 일은 필연적으

로 고난을 초래합니다. 그러나 이 고난은 예수 그리스도의 약속의 말씀, 곧 "내가 세상 끝까지 너희와 함께 있겠다"는 약속에 의해 극복됩니다.

신약성서의 선교는 예수 그리스도의 삶과 가르침과 관계되지 않고서는 이해될 수 없습니다. 그러나 복음서는 예수님이 아직 비유대인을 향한 총체적인 세계 선교에 참여하고 있지 않다는 것을 보여줍니다. 선교가 세계로 확대되고 그리스도교 공동체의 우주적 차원으로 이해된 것은 예수님의 부활사건 이후였습니다. 그리스도의 부활이 구원의 새 시대, 즉 모든 인류의 운명을 결정하는 새 시대의 도래를 가져왔고, 초대교회는 부활신앙에 기초하여 세계 선교의 길을 열었습니다.

그러나 교회의 이방인 선교, 혹은 세계 선교의 문을 처음 연 사람은 사도 바울이었습니다. 부활한 그리스도와의 만남이 그의 삶을 바꾸어놓았고, 바울은 그의 소명이 이방인 선교에 있다고 확신했습니다. 골로새서와 에베소서는 교회의 선교 지평을 훨씬 더 확대시켜, 그리스도의 주권이 전 우주에 해당하는 것이며, 하나님의 구원의 능력은 우주의 위협적인 운명까지도 극복한다고 보았습니다. 중요한 것은 교회 자체가 하나님의 우주적 화해의 도구이며, 모델로 이해되고 있다는 것입니다.

"하나님께서는 만물을 그리스도의 발아래 굴복시켰으며, 그 분을 교회의 머리로 삼으셔서 모든 것을 지배하게 하셨습니다: 교회는 그리스도의 몸이며 만물을 완성하시는 분의 계획이 그 안에서 완전히 이루어집니다"
(엡 1:22-23).

바울은 에베소 교회에 보내는 편지에서 선교가 무엇인지, 선교가 어디에 기초하여 어디를 향하여 나아가는지를 보여줍니다. 선교의 기초에는 하나님의 사랑이 있습니다. 하나님의 사랑은 그리스도를 통하여 드러났고, 그리스도의 죽음으로 말미암아 우리는 죄를 용서받고 죄에서 구출되었습니다. 하나님의 은총은 지혜를 주어, 하나님의 심오한 뜻을 깨닫게 합니다. 심오한 하나님의 뜻은 "하늘과 땅에 있는 모든 것이 그리스도를 머리로 하고 하나가 되는 것"입니다(엡 1:10). 바울은 만물의 일치를 선교의 목적으로 삼았습니다. 특히 분열된 세계의 '화해의 일치'는 부름받은 이들이 성취해야 할 가장 중요한 선교적 과제였습니다.

• 그런데 그리스도교가 세계 선교의 과정에서 다른 종교나 다른 신앙의 형태에 대하여 배타적이고 공격적이며 교사적인 태도를 취함으로써 제기된 역사적 과오를 우리는 알고 있습니다. 그리고 이런 태도를 뒷받침하는 신약성서의 전거로서 마태복음 28장 16-20절이 빈번하게 이용되어왔습니다. 마태복음의 세계 선교는 정말 그렇게 이해될 수 있는 것일까요? 마태복음 28장의 선교 이해는 마태복음에 나타난 예수님과 그의 제자들의 선교적 실천의 일부에 지나지 않습니다. 마태복음에 나타난 예수님과 제자들의 선교적 실

천은 하나님 나라의 선포와 치유, 율법 비판, 제자직에로의 부르심과 보내심, 제자로서의 삶 등에서 구체화되고 있습니다. 이런 다양한 선교 이해에서 볼 때, 마태복음 28장의 선교 이해는 제자직에로의 부르심과 보내심을 중심으로 이해되어야 합니다. 마태복음 28장은 하나님의 나라의 도상에 있는 예수님의 제자들의 교회공동체로서의 삶에 대하여 말하고 있다고 해야 할 것입니다. 마가복음에 비해 '선포하다'나 '복음을 전하다'와 같은 표현이 전면에 나오지 않고, 예수님의 '가르침의 준수'와 세상으로 '나아감' 등의 표현이 전면에 나오는 것도 마태복음이 오히려 '교회공동체'에 대하여 관심을 가지고 있다는 것을 보여줍니다. 세례가 죄 사함의 표징과 관계되지 않은 것도(죄 사함은 오히려 성만찬과 연결되어 이해됩니다. 26:28), 세례는 제자들이 하나님의 나라를 가르치는 자임을, 그리고 세례를 통하여 제자로서의 복종의 삶을 시작한다는 것을 나타냅니다(13:52 참고). 마태복음 28장은 그러므로 교회공동체에 대한 위탁이지, 정복적 세계 선교의 근거로 오해될 수 없습니다.

• 하나님은 모든 민족과 인류를 지배하시며, 하나님의 의지는 인류의 구원에 있다는 것이 성서의 증언입니다. 이스라엘이 선택받은 백성이라는 확신을 포기하지 않고 또 그것이 배타적으로 표현될 때에도, 이방인과 타민족에까지 미치는 야훼 하나님의 주권과 구원 의지는 일관되게 성서를 관통하고 있습니다. 야훼 하나님이 역사 안에서 역사를 통하여 일하신다는 신념은 선교 문제에 근본적

인 중요성을 가집니다. 이것은 야훼 하나님이 종교적 사건과 종교적인 기구 안에서만 자신을 나타내신다는 독단적 주장을 파기하는 근거가 됩니다. 이른바 세속적인 사건 속에서도 하나님은 자신의 구원 의지를 나타내십니다. 이스라엘이 세속적인 이방인의 언어와 제의의식과 문화를 받아들여 자기의 고유한 거룩한 가치와 구조로 변화시킨 것이 그 보기입니다. 세속적인 것 안에서 거룩한 것을 발견함으로써 이원론적인 성/속의 분리는 극복됩니다. 신약성서에서도 예수님의 이방인에 대한 태도, 사마리아 여인과의 만남(요 4장), 딸을 고침받은 시로페니키아 여인(막 7:29), 에디오피아 출신의 내시 이야기(행 8:36, 10:8) 등에서 우리는 성서가 성/속의 이원론적 분리 자체를 거부하고 있다는 것을 확인할 수 있습니다.

구원사와 세속사의 구분 역시 성서의 종말론적 역사 이해에 의해 극복됩니다. 예언자 문서에 의하면 종말에는 악과 죽음의 파괴, 새로운 창조, 정의와 평화의 일치, 단편적인 역사로부터 총체적인 역사에로의 이전, 혼돈으로부터의 창조, 약속이 성취됩니다. 신약성서는 예수 그리스도의 부활사건에서 이미 실현되고 있는 종말을 봅니다. 그러나 이 종말은 심판으로서가 아니라, 은총과 화해의 기회로 다가옵니다.

하나님의 구원 의지는 인간과 역사에만 제한된 것이 아닙니다. 갈등과 고난으로부터 인간을 구원하시는 것만이 아니라, 피조된 세계, 물질적 세계 자체의 갱신과 성취를 포괄합니다.

"보아라, 나 이제 새 하늘과 새 땅을 창조한다. … 늑대와 어린 양이 함께 풀을 뜯고 사자가 소처럼 여물을 먹으며, 뱀이 흙을 먹고 살리라"(사 65:17-25).

포도원에 과일이 열리고, 죽음이 사라진 세계, 땅의 갱신과 변화에 대한 희망은 묵시문학에까지 일관되게 흐르고 있습니다. 피조된 모든 세계가 결국 하나님을 드러내고, 하나님의 구원의 역사에 참여하고 있습니다. 이런 성서적 증언은 선교를 '영혼 구원'의 측면에서만 이해하게 하지 않습니다. 구원은 총체적이기 때문입니다. 구원은 영적이고 육체적이며, 개인적이고 구조적이며, 세상적이고도 우주적인 차원을 포괄합니다. 선교는 하나님의 총체적인 구원 역사에 참여하는 것입니다.

• 한국 교회는 짧은 선교의 역사에도 불구하고 급성장하여 세계를 놀라게 했습니다. 한국 교회의 이런 빠른 성장의 배경에는 신자들의 뜨거운 전도 열정과 헌신적인 봉사가 놓여 있습니다. 한국 교회의 세계 선교의 열정 뒤에는 값없이 받은 복음을 값없이 전하려는 의지가 놓여 있습니다. 그럼에도 불구하고 한국 교회의 세계 선교가 비판받고 있습니다. 해외선교 현장에서 일어나는 선교사들의 갈등과 교파이식형 선교, 공격적이고 전투적인 선교 방식, 현지 문화와의 충돌, 선교사의 자질 문제 등이 그것입니다. 복음을 전하는 자의 삶이 복음적이지 못할 때, 선교는 이미 실패한 것입니다.

다른 사람을 가르치기 전에 먼저 자신이 배우는 것이 제자로서의 선교사가 해야 할 일입니다. 우편배달부는 전하는 편지의 내용에 책임을 질 필요가 없습니다. 그러나 복음을 전하는 제자들은 그들이 전하는 복음에 책임을 져야 합니다.

그러므로 선교는 교회가 하는 많은 활동 계획 가운데 하나가 아닙니다. 교회가 선교를 위해 해야 할 일들이라는 많은 사업들, 예컨대 고아원, 양로원 등 사회봉사사업이나 교육사업 등에 덧붙여지는 어떤 사업의 하나가 아닙니다. 예수님이 너희는 '세상의 빛이요 소금이다' 라고 말씀하신 것은 우리가 해야 할 빛과 소금의 역할을 요청하신 것이 아닙니다. 예수님의 제자인 우리가 세상의 빛이요 소금입니다. 우리의 선한 빛 때문에 세상 사람들이 하늘에 계신 아버지께 영광을 돌릴 수 있게 하는 것이 선교란 말입니다. 선교는 우리의 존재로 하는 것입니다. 산 위에 있는 동네처럼, 교회와 그리스도인이 바로 있어야 할 곳에 서 있음으로써 선교는 성취됩니다. 오늘 교회의 선교를 위협하는 가장 큰 도전은 교회가 교회답지 않다는 정체성에 대한 도전입니다. 선교가 하나님의 영광을 드러내는 것이기 위해서는 무엇보다 교회가 교회다워야 합니다.

이스카리옷 유다에 대한 명상
마태복음 26:47-56

• 지난 2006년, 〈내셔널 지오그래픽The National Geographic Society〉에 의해 복원된 이른바 '유다복음서'가 세상에 처음 공개되었습니다. 1976년 이집트의 한 골동품 시장에서 발견되었다는 이 '유다복음서'는 2세기 무렵(130-170CE) '영지주의'의 한 분파인 카인파 Caintes가 쓴 것으로 추측됩니다. 원래 본문은 그리스어로 기록되었으나 4세기 무렵 이집트에서 사용하던 콥트어로 번역되어 파피루스에 기록된 것으로 추정됩니다. 모두 26쪽 정도의 분량인 이 짧은 '유다복음서'가 발견됨으로써 영지주의의 영향을 받은 초기 그리스도교 공동체가 널리 있었다는 것과, 지금까지 복음서를 통해 알려진 것과는 다른 모습의 이스카리옷 유다를 알 수 있게 되었습니다.

'유다'라는 이름은 서구 세계에서 '배신자', '저주받은 자'의 집단 상징이 되었습니다. 그러나 본래 '유다judas'라는 이름은 히브리어 이름 'Judah'를 그리스어로 표기한 것으로, '찬양받은', '칭송받은' 등의 의미를 가지고 있습니다. '유다'라는 이름은 모든 유대교 전통 안에서 널리 알려진 대중적인 이름일 뿐만 아니라, 유대교라는 명칭 자체도 바로 '유다'에서 온 것이지요.

유다는 야곱과 레아의 넷째 아들이면서 이스라엘 열두 지파의 한 이름이었습니다. 이스라엘이 약속의 땅으로 들어갔을 때, 유다 지파는 남부지역을 할당받았습니다. 솔로몬 사후 이스라엘이 두 왕국으로 분열되었을 때, 북왕국은 이스라엘, 남왕국은 유다로 불렸습니다. 그 후, 북왕국 이스라엘은 아시리아에, 남왕국 유다는 바빌론 제국에 의해 멸망당했는데, 포로생활에서 돌아온 사람들에 의해 유다는 복원되었습니다. 로마 제국의 황제 아우구스투스는 그 지역을 '유대아Judaea'로 불렀고, 거주민들을 유대인이라고 칭했습니다. 현대 이스라엘 국가는 이스라엘 남부지역을 '유대아'로 부르는 반면, 국제연합, 미국이나 언론에서는 '점령지 웨스트 뱅크occupied West Bank'라고 부릅니다.

지역명만이 아니라 사람 이름으로도 '유다'는 대중적인 이름입니다. 시리아 군대에 저항했던 마카비 반란을 이끌었던 지도자는 유다 마카비(Judas Maccabee 167-160 BCE)였습니다. 유대 역사학자였던 요세푸스도 당시의 테러리스트들인 '젤롯Zealots'을 '시카리Sicarii'로 불렀는데 이들의 지도자들을 유다로 칭했습니다. 신약성서에도 여섯 명의 인물이 유다로 불리는데, 예수님의 열두 제자 가운데서도 두 명이 유다라는 같은 이름을 가지고 있습니다(눅 6:16).

그렇다면 '이스카리옷'은 무엇을 의미할까요? 이 단어에 대한 학설이 분분한데, 아마도 '카리옷 출신 사람'(이스 = 사람, 카리옷 = 지역 이름 혹은 단순히 도시를 뜻하기도 함)을 나타내거나, 아니면 요세푸스가 주장하는 것처럼 당시의 '젤롯당'을 뜻하는 '시카리Sicarii'를 의미할 수 있습니다.3 그래서 이스카리옷 유다가 테러리스트였고, 테러리스트를 가까운 제자로 삼은 예수님의 하나님 나라 운동도 정치적으로 해석해야 한다는 주장이 나온 것입니다.

예수님을 넘긴 이스카리옷 유다가 누구였느냐는 질문에 대한 대답은 왜 그가 예수님을 배신했는지를 추정할 단서를 제공합니다. 배신의 이유를 정치적 기대의 좌절에서 찾는 사람도 있습니다. 자신의 삶의 마지막 40년을 예수에 관한 영화를 만드는 계획에 바쳤던 영화감독 드라이어가 그런 사람입니다. 드라이어는 세금 납부에 저항한 혁명론자들과 예수에게서 메시아를 본 모든 애국적 유대인에게 등을 돌렸기 때문에 유다가 배신했다고 봅니다.4

자신의 동성애를 숨긴 적이 없는 영화감독 파솔리니는 유다가 배신한 이유를 예수에 대한 자신의 사랑이 배신당한 데서 찾습니다. 예수님의 발에 비싼 향유를 붓고 긴 머리털로 발을 닦은 여인에 대한 질투라는 것이지요. 연정을 품은 동성애자인 유다의 격렬한 증오가 이유라는 것입니다.5

다른 한편에서는 돈에 대한 욕심이 그 이유라는 주장도 있습니다. 값비싼 향유를 낭비한 여인을 두고 분개한 제자가 바로 유다였다는 요한복음의 보도에 근거한 것입니다(요 12:4-5). 또 대제사장이 은 서른 개를 내놓자 "그때부터 유다가 예수를 넘겨줄 기회를 엿보고 있었다"는 마태의 보도(마 26:16)도 이런 주장을 뒷받침해줍니다. 그러나 '은 서른 개'는 우스울 정도로 적은 액수입니다. 출애굽기 21장 32절에 따르면 황소가 남의 노예를 죽였을 때는 은 삼십 세겔을 물도록 되어 있습니다. 예수님 시대에는 그 액수가 대략 십분의 일의 가치가 있었는데, 그렇다면 '은 서른 개'가 결코 스승을 넘겨주고 대가로 받을 만한 큰돈은 아닙니다.

목사이자 소설가인 백도기는 1979년 작,《가룟 유다에 대한 증언》이라는 작품에서 다른 해석을 시도합니다. 유다의 동향 친구이자 성전 판매소 상인인 시므온은 교활한 소시민입니다. 대제사장 안나스의 밀명을 받고 예수님의 행적을 감시하는 역할을 한 인물이지요. 그의 눈에 비친 유다는 엄준한 도덕주의자이자 혁명적 민족주의자입니다. 그런 유다이기 때문에 창녀가 된 그의 누이 라헬에게 자살을 요구하면서 칼을 보내기도 합니다. 유다는 처음 예수님에게서 정치적 메시아를 보았지만 예수님의 삶과 가르침이 자신의 기대에 부응하지 않은 배신감에 예수님을 넘겨주었다는 것입니다. 백도기는 유다의 정의 윤리와 예수의 사랑 윤리의 충돌에서 배신 이유를 찾습니다.

정치적 기대의 좌절, 애증관계, 돈에 대한 욕망, 그 어느 한 가지만으로 배신의 이유를 말할 수 없을 만큼 유다라는 인물에 대한 보도들은 복잡합니다.

그렇다면 무엇이 배신의 진정한 이유였을까요? 이 해결하기 어려운 질문에 대답하기 위해, 그리고 이스카리옷 유다를 변론하기 위해서 유다복음서가 기록된 것이 아닐까 생각합니다. 유다복음서는 예수님의 사건을 성서에 나타난 약속의 성취로 해석했던 초대교회공동체들처럼 하나님의 구원사의 조역으로 유다의 위치를 설정함으로써 예수 그리스도의 구원사역의 조력자로 묘사한 것입니다. 구원의 드라마, 감독 및 연출 하나님, 주연 예수, 조연 유다라는 것이지요.

• 역사 속에서 이스카리옷 유다는 한편으로 저주받은 악마로 여겨졌습니다. 그러나 다른 한편에서 유다는 역설적으로 예언자이며 고통받는 의인인 예수님의 분신으로도 해석되었습니다.

영화감독 파솔리니는 유다를 배신하는 친구이자 배신당한 친구로, 심판자이자 희생자로 묘사합니다. 드라이어는 유다를 회의주의자이자 우유부단한 인물로, 의심과 믿음 사이에서 동요하는 사람으로 봅니다. 니코스 카잔차키스의 《최후의 유혹》을 영화화한 스코시즈는 유다를 은총과 배신을 동시에 역설적으로 상징하는 인물로 그리고 있습니다.

어떤 시각에서 유다를 해석하든지 공통된 결론은 이스카리옷 유다는 배신자라는 것입니다. 그러나 성서는 유다의 행위를 배신으로 서술하지 않고, 단지 그가 예수님을 '넘겨주었다'고 표현합니다. '배신'으로 번역된 원래의 단어는 본래 '넘겨주다'라는 단어로서 배신보다는 훨씬 더 약한 뜻을 지니고 있습니다. 그리고 유다의 행동을 정확히 살펴보면 '배신'이라는 단어는 사건의 본질을 정확하게 설명하기 어렵게 한다는 것을 알게 됩니다.

예수님은 은밀하게 숨어지낸 것이 아니기 때문에 예수님의 은신처를 발견하기 위해 배신자가 필요했던 것은 아닙니다. 대제사장이 필요로 했던 것은 가급적 눈에 띄지 않게 예수님을 체포할 기회를 포착하는 것이었습니다. 그리고 실제로 유다는 그저 적당한 기회를 알려주는 역할만을 담당했습니다. 유다는 예수님을 다만 넘겨주었을 따름입니다. 유다는 대제사장에게 넘겨진 예수께서 다시 빌라도에게 넘겨지고, 마침내 십자가 처형을 당하리라고 생각하지 못했을 수도 있습니다. 아니 유다는 예수님을 빌라도에게 넘겨주는 일에 가담할 의도가 전혀 없었습니다. 사태가 그렇게까지 전개될 것을 몰랐기 때문에 유다는 그 후 크게 자책하여 자살했는지 모릅니다. 유다는 예수님을 대제사장에게 넘겨주었고, 대제사장은 빌라도에게, 빌라도는 예수님을 십자가에 넘겨주었습니다. 유다의 행동이 비록 최대한이 아니라 최소한의 적대적인 행동이었을지 모르지만, 그 작은 행동이 결국 그 다음의 모든 행동의 실마리가 되고 말았습니다.[6]

유다는 예수님에게 입을 맞춤으로써 체포자들에게 예수님을 알려주었다고 공관복음서는 기록하고 있습니다. 그 어느 제자와도 입을 맞추었다는 기록이 없는 반면, 유난히 유다와 입을 맞춘다는 것을 보도하는 것으로 보아 우리는 유다가 예수님과 아주 가까운 관계였다는 것을 추정할 수 있습니다. 더욱이 예수님은 자신을 넘겨주려고 다가와 입을 맞추는 유다에게 "친구여, 네가 무엇을 하려고 왔는지 행하라"고 말씀하십니다(마태 26:50).

주목할 것은 예수께서 어쩌면 가장 가까웠을지도 모를 사도들 중 한 사람, 그가 친구라고 호칭한 제자를 통해 넘겨졌다는 점입니다. 오늘도 예수님을 넘겨주는 일은 그 어디도 아닌 가장 가까운 곳, 바로 제자들 한가운데서, 교회 한복판에서 일어나고 있습니다. 이스카리옷 유다는 이제 한 개인이 아닙니다. 유다는 사도들 가운데 '유다 지파'를 대표합니다. 바로 이 지파로부터 다윗이 태어났으며, 이제는 약속된 다윗의 아들도 태어났습니다. 유다가 예수께 행한 일은 이스라엘이 언제나 야훼께 행한 일이었습니다. 이스라엘은 야훼 외에도 다른 신들을 섬길 자세가 언제나 되어 있었고, 이스라엘은 언제나 야훼를 은 삼십에 팔아넘겼습니다. 유다는 하나님을 버리고 자신의 길을 걸어가는 모든 인간, 모든 신앙공동체의 원형입니다.[7]

유다는 자신의 행동에 대한 자책으로 받은 돈 '은 삼십'을 되돌려주고 자살합니다. 유다의 이와 같은 행동에는 진정한 회개의 본질이라고 할 모든 요소가 들어 있습니다. 어쩌면 유다의 회개는 본질적으로 베드로의 회개보다 더 완전하고 영웅적인 것처럼 보입니다. 베드로가 한 일이라고는 예수님을 세 번 부인한 후에 밖에 나가서 '심히 통곡한' 일밖에는 없습니다(마태 26:75). 우리는 유다의 자살을 결코 폄하할 수 없습니다.[8] 자신의 회개를 거부한 후 자살로 삶을 마침으로써 유다는 자기 자신의 심판자가 되었습니다.

그러나 죽음 자체로써 죄를 속죄할 수는 없습니다. 오히려 죽음은 다만 죄의 최종적인 완성일 뿐입니다.[9] 유다는 속죄의 죽음을 죽은 것이 아닙니다. 그는 불순종한 자가 맛보아야 하는 전적으로 절망적이고 무익한 죽음을 죽었습니다. 그의 죽음은 희생의 죽임이 아니라 다만 하나의 형벌일 따름이었으며, 그러므로 아무런 교훈과 생명도 낳을 수 없었습니다.10

스스로 목숨을 끊어 자신의 정당성을 입증하거나, 아니면 삶이 너무 견디기 힘들어서 자살을 하려는 충동을 가져보지 않은 사람은 아마도 없을 것입니다. 그러나 자살, 곧 자신에 대한 스스로의 심판은 구원의 은총을 스스로 포기하는 행위입니다.

• 유다는 낙인을 받은 자요, 추방당한 자요, 하나님의 저주를 받은 자요, 쫓긴 자입니다. 그러나 유다는 그 단어적 의미에서 '거룩한 자', '구별된 자'이기도 합니다. 우리는 유다의 잘못을 조금도 줄일 수 없습니다. 그럼에도 불구하고 복음서의 분명한 설명에 따르면 유다의 버림받음은 모든 사도, 온 이스라엘의 버림받음의 계시로만 이해될 수 있다는 말은 무슨 뜻일까요? 유다는 예수님과 매우 다름에도 불구하고 '유사성'도 지니고 있습니다. '버림받음'이 그것입니다. 유다의 버림받음은 예수 그리스도가 받으신 버림받음입니다. 그런 의미에서 버린 돌이 모퉁이 돌이 되고, 버림받은 자가 언젠가 선택된 자리에 앉게 될 것이라는 하나님의 놀라운 역전은 모든 버림받은 자들의 희망의 근거가 됩니다.11

유다는 배신의 개인적 전형이 아니라, 바로 우리 자신의 집단적 모상입니다. 유다는 우리 가운데 있고, 우리도 유다 안에 있습니다. 아니 유다가 예수님을 넘겨주었을 때, 유다의 행동 안에서 하나님께서 친히 행동하셨습니다. 아니 유다가 예수님을 넘겨주기 전에 하나님은 예수님을 넘겨주셨고, 예수님은 자기 자신을 넘겨주셨습니다. 예수님이 사도의 넘겨줌의 대상이 되시기 전에 하나님은 예수님을 넘겨주셨으며, 예수님도 자기 자신을 넘겨주셨습니다. 하나님은 예수님의 인격 안에서 자기 자신을 넘겨줌의 대상으로 만드셨고, 예수님은 하나님의 아들로서 자기 자신을 넘겨줌의 대상으로 만드셨습니다.[12]

그 누구도 아닌 하나님 자신이 자신을 넘겨줌의 대상으로 만듦으로써 마침내 이 세상에는 용서받지 못할 죄가 없게 되었습니다. 그러므로 유다는 더 이상 배신과 저주의 상징이 아니라, 자살로 자신을 심판함으로써 용서하지 못할 죄가 없는 하나님의 은총을 거부한 인물의 원형인 것입니다.

유다는 과연 구원받았을까? 우리는 알 수 없습니다. 우리가 유다 이야기에서 확인할 수 있는 것은 하나님의 구원 의지는 변함이 없다는 것입니다. 다만 인간이 그것을 스스로 거부할 수 있다는 것입니다.

우리는 유다의 자살을 보도하는 성서의 두 가지 상반된 진술은 주목할 필요가 있습니다. 복음서는 유다가 목을 매어 자살했다고 하는데, 누가복음과 같은 기자인 사도행전은 유다가 "땅에 거꾸러져서 배가 갈라져 내장이 온통 터져 나왔다"고 말합니다(행 1:18). 여기서 내장을 가리키는 'splagchna'라는 단어가 흥미롭습니다. 누가는 세례 요한을 찬양하는 즈가리야의 시편을 언급할 때, '이 모든 일은 우리 하나님의 자비로 된 것이니'라고 말하기 위해, '우리 하나님의 깊은 자비의 내장으로부터'라고 쓰고 있습니다. 이것은 히브리 구약의 고전적인 어법이며, 신의 자비는 흔히 'rahom', '가슴', '모태', '품', '내장' 등으로 표현됩니다. 그러나 그리스어 구약은 신에 대해 결코 그런 표현을 쓰지 않습니다. 누가는 나인에서 죽은 젊은이에 대한 예수님의 연민과 상처받은 사람에 대한 사마리아 사람들의 연민, 탕자에 대한 아버지의 연민 등을 말하기 위해 유사한 용어를 사용하고 있습니다. 따라서 유다는 예루살렘 주민들이 '아겔다마Hakeldama'라고 부르게 될, 피의 밭 위에 창조를 바라는 자비로 전도된 혹은 속죄를 바라는 연민으로 전도된 창자를 쏟은 것으로 해석될 수 있습니다 (행 1:18).**13** 유다가 쏟아낸 내장은 연민과 자비로 다 타버린 바로 하나님 자신의 애간장이 아니었을까요?

지배자와 지도자

마태복음 23:1-12, 빌립보서 2:5-11

• 오늘의 이 말씀은 율법학자들과 바리사이파 사람들에 대한 예수님의 비판의 말씀으로 너무나도 잘 알려져 있습니다. 1절에서 12절까지는 율법학자들과 바리사이파 사람들의 행실을 열거하면서 무리와 제자들에게(1절) 다른 길을 갈 것을 가르칩니다. 그러나 13절부터 36절까지는 날카롭게 율법학자들과 바리사이파 사람들을 비판하며 저주합니다.

바리사이파 사람과 율법학자들의 행태에 대한 첫 번째 비판은 그들이 말만 하고 실행하지 않는다는 것입니다. 그들 자신도 자기들의 가르침에 따라 살지 않는 것을 비판합니다. 이들의 가르침의 내용은 율법과 경건입니다. 이들은 율법을 지키고 경건한 생활을 함으로써 가난하고 병들어서 율법을 지키지 못하고 경건을 유지하지 못하는 민중으로부터 자신을 구별한다는 의미에서 '바리사이파 사람'으로 불렸습니다. 이들은 자신의 경건을 보여주기 위해 율법 구절이 들어 있는 상자를 이마나 팔에 달고 다니고, 잔치에서는 윗자리에 앉거나 회당에서는 높은 자리에 앉기를 즐기며, 사람들이 자기들을 선생이라고 불러주기를 즐깁니다.

이들에 대한 비판은 이들의 경건의 과시에 있지 아직 이들의 위선에 있는 것은 아닙니다. 비판에 이어 예수께서는 제자들에게 다른 길을 가르칩니다.

> 그러나 너희는 선생이라는 칭호를 듣지 마라. 너희 선생은 한 분뿐이요. 너희는 모두 학생이다. 또 너희는 땅에서 아무도 너희의 아버지라고 부르지 마라. 너희의 아버지는 하늘에 계신 분, 한 분뿐이시다. 또 너희는 지도자라는 칭호를 듣지 마라. 너희의 지도자는 그리스도 한 분뿐이시다. 너희 가운데서 으뜸가는 사람은 너희를 섬기는 사람이 되어야 한다. 자기를 높이는 사람은 낮아지고, 자기를 낮추는 사람은 높아질 것이다(마 8-12절).

선생, 아버지, 지도자 등은 모두 인간관계에 있어서 상하관계를 나타냅니다. 선생과 학생, 아버지와 자녀(여기서 아버지는 유대인에게 아브라함을 의미합니다), 지도자와 민중은 지배와 복종의 관계를 나타내는 참으로 역전되기 어려운 상하관계입니다. 바리사이파 사람들과 율법학자들은 이런 눈에 보이는, 기존의 상하관계를 기득권을 유지하는 데 이용한 것입니다. 이에 반해 예수께서는 으뜸가는 사람은 오히려 섬기는 사람이고, 자기를 낮추는 사람은 높아질 것이라고 말씀하십니다. 바리사이파 사람과 율법학자들은 하나님의 이름으로, 곧 율법의 이름으로 위계질서를 정당화한 데 반하여, 예수께서는 그의 제자공동체에게 전혀 다른 질서를 요구하신 것입니다. 곧 섬김의 길이 그것입니다. 경건의 능력은 보이는 데 있는 것이 아니라 실천에서 드러납니다.

•이들의 비난받는 두 번째 이유는 이들이 지기 힘든 무거운 짐을 남의 어깨에 지우지만, 자기들은 그 짐을 나르는 데 손가락도 꼼짝하려고 하지 않기 때문입니다. 바리사이파 사람들은 구두로 전승된 성서적 전통을 오경과 같은 위치에 놓았으며, 전통을 고집하고 율법학자들의 권위를 높이 평가했으며, 결의론적으로 성서를 해석한 것으로 유명했습니다. 이들의 세밀하고 결의론적인 율법 해석은 하나님의 선물이나 기쁨이라기보다는 무거운 짐이 되었습니다. 스스로도 율법을 지키지 않으면서 다른 사람들에게만 지킬 것을 강요하는 이들은 다른 사람들이 율법을 성취하는 것을 도울 수 없을 것입니다. 이들은 지배자이지 진정한 지도자는 아닙니다. 다른 사람에게는 엄격하고 자기 자신에게는 지나치게 관대한 사람보다, 자신에게는 엄격하고 다른 사람에게는 관대한 사람이 진정한 지도자일 수 있습니다.

그렇다고 바리사이파 사람들과 율법학자들이 모두 율법을 지키지 않은 것은 아닙니다. 어떤 이들은 율법이 규정한 것 이상으로 율법을 열심히 실천했기 때문입니다. 그러나 이들이 율법을 기준 이상으로 실천할 때에도 그것이 보이기 위한 것이라는 점에서 비난을 받습니다. 이들은 모든 계명을 정확하게 이루려고 하는데, 이것은 사람들이 그들의 순종을 눈으로 보도록 하기 위한 것이었습니다. 자기들을 보고 배우라는 것이지요. 그러나 마태는 하나님에 대한 순종을 측정 가능하고 인간적으로 판단할 수 있는 업적으로 생각하는 이들 바리사이파 사람들과 율법학자들을 비판합니다. 까닭은 이들이 율법의 형식에 매달려 율법의 더 중요한 요소들은 소홀히 했기 때문입니다(23절).

- 율법학자들과 바리사이파 사람들에 대한 예수님의 비판은 이들의 위선에만 있는 것이 아니었습니다. 이들이 "누구든지 성전을 두고 맹세하면 아무래도 좋으나, 누구든지 성전의 금을 두고 맹세하면 지켜야 한다"(16절)고 말한 것이나, "누구든지 제단을 두고 맹세하면 아무래도 좋으나, 누구든지 그 제단 위에 있는 제물을 두고 맹세하면 지켜야 한다"(18절)는 말은 이들 지배자들의 부패한 현실을 보여줍니다. 이들이 잔과 접시의 겉은 깨끗이 하지만, 그 안은 탐욕과 방종으로 가득 채운다는 비판은 이들의 위선보다는 탐욕에 초점이 있습니다. 이들이 사치스럽게 먹고 마심으로 인하여 민중이 굶게 된 현실을 반영합니다. 제의를 통한 정결이 아니라, 정당하게 얻은 내용물만이 잔과 접시를 하나님 앞에서 깨끗하게 만드는 것입니다.

• 우리는 율법학자들과 바리사이파 사람들이 비난을 받는 이유를 살펴보았습니다. 말과 행함의 불일치, 겉과 속이 다른 위선, 과시하기 위한 경건, 겉은 깨끗해도 안은 탐욕으로 가득 찬 부정부패, 지배를 위한 권위, 법의 정신보다 법의 형식을 중요시하는 태도 등이 이들에 대한 비판의 핵심입니다. 왜 이들 율법학자들과 바리사이파 사람들이 예수님의 비판을 받았을까요? 저는 율법학자들을 '신앙 없는 신학자'의 전형으로, 바리사이파 사람들을 '신학 없는 신앙인'의 전형으로 보고 싶습니다. 율법학자들은 '신앙 없는 신학'으로 하늘나라의 문을 닫는 사람과 같습니다. 자기도 하나님 나라에 못 들어가면서 들어가려고 하는 사람도 들어가지 못하게 하는 사람과 다르지 않습니다(13절). 바리사이파 사람들은 '신학 없는 신앙으로' 그들의 경건을 부의 축적 수단으로 삼는 사람들과 다르지 않습니다(16-22, 25절).

'신앙 없는 신학'이나 '신학 없는 신앙'은 모두 위험합니다. 공자도 "배우기만 하고 생각하지 않으면 신념을 얻지 못하고, 생각만 하고 배우지 않으면 망상(편견)을 얻게 된다"라고 말씀했습니다. 함석헌 선생은 "생각하는 백성이라야 산다"라고 하셨습니다. 신학은 신앙을 지식으로 인도하고, 신앙은 신학을 실천으로 인도합니다. 아는 것과 믿는 것은 서로 배치되는 것이 아닙니다. 바로 알아야 바로 믿고, 바로 믿으면 바르게 알게 되어 있습니다. 신학은 이 길을 걷는 신도들을 돕는 교회의 학문입니다. 우리는 우리 교회가 성숙하게 성장하기를 원합니다. 이것은 우리가 배우면서 믿고, 믿으면서 배우는 교회일 때 가능할 것입니다.

• 예수님은 마태복음 13장에서 다시 율법학자들과 제자들을 구별하는 말씀을 하셨습니다. 마태복음 13장 51절에서 53절의 말씀은 1절부터 시작하는 일련의 비유 말씀의 대단원입니다. 씨 뿌리는 사람의 비유(1-9), 곡식과 가라지의 비유(24-30), 겨자씨와 누룩의 비유(31-33), 하늘나라에 대한 세 가지 비유(44-50)를 마무리하면서 하신 말씀입니다. 예수께서 제자들에게 너희가 이것들을 모두 깨달았느냐? 하고 물으시니, 그들이 예라고 대답했습니다. 예수께서 그들에게 말씀하셨습니다. "그러므로 하늘나라를 위하여 훈련을 받은 율법학자는 누구나 자기 곳간에서 새것과 낡은 것을 꺼내는 집주인과 같다."

오늘의 말씀은 오랫동안 '온고지신'의 시각에서 해석되어왔습니다. 훌륭한 율법학자, 또는 교사는 '자기 곳간에서 새것과 낡은 것을 꺼내는 집주인'처럼, 전통과 새로운 변화를 균형 있게 배우는 것이 중요하다는 교훈을 끌어낸 것이었습니다. 맞는 말입니다. 전통에만 얽매여 시대의 새로운 변화를 받아들이지 않으면 고리타분하고, 그렇다고 새것만 좇으면서 전통을 배우지 않으면 생각의 뿌리를 잃어버리기 때문입니다.

그러나 오늘의 말씀의 비밀은 다른 곳에 있습니다. 이 말씀을 전후한 상황을 고려하면 우리는 곧바로 이 말씀의 비밀은 다른 곳에 있다는 것을 알 수 있습니다. 이 말씀을 마치자마자 예수님은 고향 나사렛에서 배척을 받고 떠나지 않을 수 없었습니다(마 13:57). 까닭은 사람들이 예수님을 달갑지 않게 여겼기 때문입니다. 곧이어 세례 요한이 처형당한 이야기가 뒤따르는 것으로 보아 우리는 예수님의 사역이 더 심각한 결과를 초래할 것임을 예측할 수 있습니다.

오늘의 말씀의 비밀은 이것입니다. 예수님은 제자들을 전통과 새 것 사이의 균형을 이룬 지식인으로 만들 의도가 있었던 것이 아닙니다. 말씀의 핵심은 예수님이 자신의 제자들, 곧 갈릴리 출신의 어부, 농부들을 '하늘나라를 위하여 훈련받은 율법학자'로 규정했다는 데 있습니다. 그리고 이것이 율법학자들, 곧 교육받은 율법 교사들을 격분시킨 것입니다. 제대로 교육도 못 받은 천한 신분의 제자들을 정식 교육을 받고 사회적으로 존경받는 위치에 있는 높은 신분의 율법학자들과 대립시킨 예수님의 태도가 자못 못마땅했던 것입니다. 바로 여기에 말씀의 비밀이 있습니다. 예수님은 제자들을 '하늘나라를 위해 훈련받은 율법학자'로 규정했습니다. 그렇다면 하늘나라를 위해 훈련받은 율법학자들은 다른 율법학자들과 어떻게 다를까요?

유대교 율법학자들은 교사가 되기 위해 배우거나 지배자가 되기 위해 배웁니다. 그러나 하늘나라를 위해 배우는 사람은 섬기기 위해서 배우는 사람입니다. 유대교 율법학자들에게는 지식의 축적이 중요하지만, 하늘나라를 위해 배우는 사람에게는 지혜와 깨달음이 중요합니다. 크리스천 리더십은 지배자가 되는 데 목적이 있지 않고 지도자가 되는 데 목적이 있습니다. 그리고 그 방법은 섬김입니다. 남을 섬기고 자기를 낮추면 하나님께서 우리를 높이실 것입니다.

사람을 낚는 어부
마태복음 4:18-22

• 마태복음 4장 18-22절의 말씀은 요한이 잡힌 후, 예수께서 갈릴리에서 하나님 나라 운동을 시작하면서 처음 제자들을 부르신 이야기입니다. 갈릴리 해변에서 물고기를 잡는 어부였던 베드로와 그의 형제 안드레에게 예수께서 "나를 따라오라. 내가 너희를 사람을 낚는 어부가 되게 하리라"고 말씀하셨고, 이 말씀을 들은 베드로와 안드레가 "곧 그물을 버려두고 예수를 따랐다"는 것입니다.

이어서 다른 두 형제, 야고보와 그의 형제 요한이 그들의 아버지 세베대와 함께 그물을 깁는 것을 보신 예수께서 보시고 부르자, 그들도 곧바로 '배와 아버지'를 버려두고 예수님을 따라나섭니다.

우리는 베드로와 그의 형제 안드레, 야고보와 그의 형제 요한이 이전부터 예수님을 잘 알고 있었는지, 아니면 예수님에 대한 어떤 이야기를 들어 알고 있었는지 전혀 알 수가 없습니다. 그래서 이 이야기는 우리를 더욱 놀라게 합니다. 어떻게 예수님의 단 한 마디 말씀에 이들이 곧바로 그물과 배와 아버지를 버려두고 예수를 따라나섰는지 이해할 수 없기 때문입니다. 만일 이들이 예수님의 놀라운 기적 이야기들을 들었다거나, 예수님의 가르침을 받은 적이 있었다면 그들이 곧장 따라나선 걸 어느 정도 이해할 수 있을 것입니다. 그러나 이 첫 번째 소명 이야기는 아무런 단서도 제공하지 않습니다. 이런 문제를 해결하기 위해서 그랬는지는 모르지만 복음서 가운데 오직 누가복음서 기자만이 베드로의 이런 급진적이고도 극적인 변화의 이유를 설명하고 있습니다(눅 5:1-11). 밤이 새도록 수고를 하였으나 아무것도 잡지 못한 베드로에게 "깊은 데로 가서 그물을 내려 고기를 잡으라"고 예수께서 말씀하셨고, 그 말씀에 의지하여 그물을 내린 베드로가 심히 많은 고기를 잡았고, 마침내 베드로는 예수님의 무릎 아래에 엎드려, "주여 나를 떠나소서, 나는 죄인이로소이다"라고 고백한 것이 이런 극적인 변화의 배경이라는 것입니다.

그러나 다른 복음서에는 어디에서도 베드로와 다른 제자들이 왜 그렇게 갑자기, 그리고 모든 것을 버리고 예수님의 뒤를 따라나섰는지 그 이유가 설명되어 있지 않습니다.

• 그렇다면 무엇이 이들 갈릴리 바닷가의 가난한 어부들로 하여금, 그들의 '그물과 배'와 '아버지'를 버리고, '곧바로' 예수님을 따라 나서게 만들었을까요? '그물과 배'는 이들 어부들에게

생존과 생활의 근거입니다. '아버지'는 결코 단절하거나 버릴 수 있는 인륜관계가 아닙니다. 예수님을 따라나선다는 것이 갈릴리 어부로서의 현실보다 더 나은 현실을 보장할 것이라는 희망 때문이었을까요? 예수께서 선포한 그 하나님의 나라에서는 더 높은 자리에 앉게 될 것이라는 기대 때문이었을까요? 아니면 예수께서 보여주신 그 놀라운 기적과 초능력 때문이었을까요? 우리는 알 수 없습니다. 아니 복음서 기자들도 그 이유를 설명하는 데는 관심을 기울이고 있지 않습니다. 복음서는 단지 예수께서 "나를 따라오라, 내가 너희를 사람을 낚는 어부가 되게 하리라"고 말씀하셨고, 그 한 말씀에 제자들은 모든 것, 그들의 현재와 미래를 보장하는 모든 것을 버리고 방랑하는 급진주의자 예수님을 따라나섰다고 보도합니다.

'사람을 낚는 어부'가 된다는 것이 그토록 매혹적이었을까요? 아니 도대체 '사람을 낚는 어부'라는 삶의 방식은 어떤 것이기에 모든 것을 포기할 만한 가치가 있는 것이었을까요?

베드로로 하여금 모든 것을 버리고 예수님을 따르게 한 것은 그에게 약속된 새로운 삶의 방식, 혹은 새로운 직업에 대한 약속이 아닙니다. 만일 베드로가 예수님을 따르는 길의 마지막이 '십자가'라는 것을 미리 알았더라면, 하나님의 나라가 고난과 뗄 수 없는 관계가 있다는 것을 앞서 알았더라면, 그렇게 단호하게 예수님의 첫 부름에 모든 것을 버리고 따라나설 수 있었을까요?

중요한 것은 우리를 사람은 낚는 어부로 만드시는 분, 우리의 삶을 무언가 의미 있는 것으로 만드시는 분은 전적으로 하나님 자신이라는 것입니다. 그런 의미에서 소명, 부르심은 전적으로 하나님 편에서의 은혜이지, 우리 자신의 능력 안에 근거를 두고 있지 않습니다. 우리가 사람을 낚는 어부가 되는 것은 우리 자신 안에 있는 능력이나 자질 때문이 아닙니다. 사람들이 가지고 있는 남을 감동시키는 수사 능력, 도덕적이고 훌륭한 삶이 도움이 될 수는 있겠지요. 그러나 갈릴리 해변가의 어부인 베드로는 그런 인간적 능력이나 이른바 배경을 전혀 가지고 있는 인물이 아니었습니다. 예수께서 그런 베드로와 갈릴리의 어부들을 부르신 것도 그들이 가지고 있는 잠재 능력 때문이 아니었습니다. 사람들이 가지고 있는 능력이나 잠재력에 부르심의 근거가 있다면 예수님은 갈릴리 바닷가에서가 아니라 예루살렘의 궁전이나 군부대, 대학로에서 제자들을 불러 모아야 했을 것입니다.

중요한 것은 베드로가 나선 것이 아니라, 예수께서 그를 먼저 부르셨다는 것입니다. 복음서의 전후 문맥을 보면 베드로와 다른 갈릴리 어부들이 예수님의 부름에 급진적일만큼 극적으로 따라나선 것은 자신의 존재의 변화에 대한 약속이 아니라, 그들이 초대받은 '하나님의 나라', 곧 하나님의 지배에 동참하려고 했기 때문이라는 것을 알 수 있습니다(마 4:17, 마 4:23-25). 그리고 그들은 하나님의 나라, 하나님의 지배가 시작되는 곳에서는 "병에 걸려 고통당하는 사람들, 귀신 들린 사람들, 간질하는 사람들, 중풍병자들이 치유받고, 가난한 사람들에게 천국이 약속되고, 애통하는 사람들이 위로를 받으며, 온유한 사람들이 땅을 기업으로 받으며, 의에 주리고 목마른 사람들이 배부를 것이고, 의를 위해 박해받는 사람들에게 천국이 약속된 것"(마 5:1-12)을 듣고 보았습니다.

그러나 하나님의 나라를 향한 여정이 고난과 십자가의 길임을 그들은 이해하지 못했습니다. 그래서 제자들 가운데 하늘나라에서의 자리다툼이 있었던 것입니다.

누군가를 '따른다'는 것은 '앞서 가는 사람의 등을 보고 걷는 것'을 의미합니다. 뒷모습을 보고 걷기 때문에 우리는 그를 따르는 길이 어디에서 끝날지 모릅니다. 군대에서 야간 행군을 했거나 야간 산행을 해본 경험이 있는 사람들은 압니다. 달빛에 희미하게 반사되는 철모나 총신 끝만 보면서 무조건 앞 사람을 따라가야만 했던 경험을 했을 것입니다. 그 길고 험한 행군의 끝, 목적지가 어디인지는 중요하지 않습니다. 다만 앞서가는 사람을 놓쳐서는 안 된다는 일념으로 걸어갈 뿐이지요.

베드로와 제자들이 예수님의 뒤를 따른다는 것이 무엇인지 이해하지 못했던 것처럼, 우리도 예수님의 뒤를 따르는 길 위에서, 그리고 그 길의 마지막에 무엇이 우리를 기다리고 있을지 모릅니다. 앞서가는 분의 얼굴을 보면서 따라가면 눈치라도 챌 수 있겠지만, 유감스럽게 뒷모습만 보면서 따라가야 하기 때문에 우리는 그 길이 어디로 향하는지 잘 모르는 것입니다. 그냥 믿고 따를 뿐입니다. 선한 목자이신 예수님께서 우리를 푸른 초장으로 인도하신다는 믿음, 나의 이름이 아니라 자기 이름을 위하여 의의 길로 인도하신다는 믿음, 우리와 함께 하시면서 지팡이와 막대기로 우리를 안위하신다는 믿음, 주님의 선하심과 인자하심이 반드시 우리를 따르리라는 믿음(시편 23편)만 가지고 나아갈 뿐입니다.

우리를 무엇으로 만드실지는 전적으로 하나님의 은혜에 달려 있는 것입니다. 우리를 '사람을 낚는 어부'로 만드시는 분도 하나님 자신이시지, 우리 안의 잠재력이 아닙니다.

• 그렇다면 '사람을 낚는 어부'가 된다는 것은 우리에게 무엇을 의미하는 것일까요?

옛말에 '한 사람을 얻으면 천하를 얻는 것과 마찬가지다'는 말이 있습니다. 천하를 주고도 바꾸지 않을 사람, 단 한 사람이라도 가지고 있는 사람은 행복한 사람입니다. 아니 내가 다른 사람에게 천하를 주고도 바꾸지 않을 그런 사람이라면 나는 더 행복한 사람입니다. 예수님은 한 사람의 생명은 천하와도 바꿀 수 없다고 말씀하셨습니다. 그만큼 한 사람의 생명이 소중하다는 말입니다. 아니 한 사람이 천하를 바꿀 수도 있다는 말이기도 합니다. 저는 "세상은 변화시킬 수 있다고 믿는 미친 한 사람 때문에 변화되는 것이지, 세상이 변화시키는 대로 살아가는 많은 사람 때문에 변화되는 것은 아니"라고 생각합니다. 그래서 한 사람이 중요한 것입니다. 시인 이상이 이런 시를 쓴 적이 있지요. '한 아이가 달려간다. 두 아이가 달려간다. 세 아이가 달려간다. 네 아이가 달려간다. …' 이렇게 열 아이가 달려간 후, '한 아이가 운다. 두 아이가 운다. 세 아이가 운다. …' 이렇게 시작되어 마침내 열 아이가 우는 것으로 끝나는 시입니다. 처음에는 무슨 시가 이런 게 있나 의아했습니다. 그러나 시간이 가면서―물론 시 평론가는 아니지만―처음의 한 사람이 중요하다는 것을 의미하는 것이 아닌가라고 제 나름대로 생각했습니다. 첫 사람이 중요하지요. 아니 한 사람이 중요합니다. 소돔과 고모라가 망한 것도 의인 열 사람이 없어서였지, 악한 사람이 많아서 그랬던 것이 아닙니다.

'사람을 낚는 어부'가 된다는 것의 공동체적 의미는 교회의 '인물교육'에 있다고 생각합니다. 교육이 시장화되고, 양극화되어가는 우리 현실에서는 더욱 그렇습니다. 사람마다 교회교육의 목적에 대한 이해가 다양하겠지만, 저는 교회교육이 예수님과의 만남을 통하여 변하는 영적 삶의 깊이와 높이를 지향해야 한다고 생각합니다. 교회는 지식과 기술을 추구하는 학교도 아니고, 입시를 준비하는 학원은 더욱 아니며, 처세술을 가르치거나 도덕을 가르치는 교양학교나 사회교육원은 더더욱 아닙니다. 교회교육은 사람이 예수님을 만나 그의 삶이 근본에서부터 바뀌어 새로운 피조물로서 세상을 구원하는 공동체를 형성하는 데 봉사해야 합니다.

켄트 케이스Kent M. Keith가 쓴 《그래도 우리에겐 아직 희망이 있다》라는 책은 30년 동안 하버드 대학생들의 인생지침서였다고 합니다. 그 책에서 케이스는 '소인배'를 이렇게 규정하고 있습니다.

"한 사람을 소인배로 평가하는 기준은 아주 간단하다. 인생을 단기적으로 바라보는가 장기적으로 보는가에 달려 있는 것이다. 소인배는 자신의 인생, 자기가 속한 조직, 자기가 살고 있는 시대를 뛰어넘어 멀리 바라볼 수 있는 시야를 갖지 못한다. … 소인배는 자신의 지위나 안위, 편리함의 견지에서 사물을 바라본다. 그리고 자신에게 최선이면 가족이나 조직, 지역사회에서도 최선이라고 믿는다. … 세상에는 큰 뜻을 품은 사람보다 소인배가 백배는 더 많다. 소인배는 어디에나 있다. 지위고하를 막론하고 어느 위치에나 있다. 모든 비즈니스 세계에, 모든 정부 조직에, 모든 시민 단체에 존재한다. 그 사람들은 어디에 있건 위대한 꿈과 통찰력과 전망을 가지고 있는 사람들을 제거하기 위해 최선을 다한다. 참 슬픈 일이다."[14]

오늘의 교회교육의 위기는 소인배가 소인배를 양산하는 데 있습니다. 아무리 교육방법론과 기술이 발전한다고 해도, 교육은 언제나 가르치는 사람과 배우는 사람과의 관계 속에서 이루어집니다. 하물며 교회교육은 말할 것도 없습니다. 교회교육이 예수님과의 만남을 통한 영혼의 성숙을 지향하기 위해서는 교회 안에서 가르치는 사람이 먼저 변해야 합니다. 배우는 사람의 변화를 요구하기 전에 가르치는 사람이 먼저 변하지 않으면, 그들은 "개종자 하나를 만들려고 바다와 육지를 두루 다니다가, 하나가 생기면, 그를 너희보다 배나 더 못된 지옥의 자식으로 만드는"(마태 23:15) 위선자, 눈먼 인도자가 될 것입니다.

명나라 유학자, 왕양명(1472-1528)이 이렇게 말한 적이 있습니다.

"양지良知의 학문이 천명되지 않아, 천하 사람들은 사사로운 꾀로써 도당을 만들거나 서로 대립하게 되었다. 이에 사람들은 제각각 마음을 달리하게 되었으며, 편벽되거나 번쇄하거나 비루한 견해 및 교활하거나 거짓되거나 간사한 학술이 이루 말할 수 없이 많이 나타나게 되었다. 겉으로는 인의仁義를 표방하지만 실제 속으로는 사리사욕을 추구하거나, 말을 꾸며대어 시속時俗에 아부하거나, 진실되지 못한 행동으로써 사람들의 칭송을 구하거나, 다른 사람의 사욕을 들추어냄으로써 자기는 정직한 체 하거나, 길길이 뛰며 상대방을 이기려고 하면서도 입으로는 의義를 좇는다고 하거나, 음흉하게 상대방을 거꾸러뜨리려 하면서도 악을 미워해서 그런다고 하거나, 어질고 유능한 사람을 시기하면서도 자기는 시비에 공정하다고 하거나, 마음껏 욕심을 부리면서도 자기는 좋은 것이든 싫은 것이든 똑같이 대한다고 하거나 하면서 서로 능멸하고 서로 해치고 있는 것이다. 그리하여 한 집안의 골육지친에서부터 이미 서로 승부를 가리려 하는 생각과 피차를 나누려는 형세가 없지 않거늘, 하물며 커다란 천하와 저 많은 백성과 만물을 어찌 능히 자기와 한 몸으로 볼 수 있겠는가. 그러니 분분하게 재난과 난리가 끝없이 이어지는 게 조금도 이상한 일이 아니다."[15]

5백여 년 전 중국 지식인 사회나 지금 한국 사회의 소위 지도자들이라는 사람들의 세계나 별 차이가 없나 봅니다. 입만 열만 스스로를 돋보이게 하려고 침을 튀기고, 남에 대해서 말할 때에는 열을 올려 비난함으로써 상대적 반사이익을 챙기는 소인배들, 길길이 뛰면서 특히 자기보다 잘난 사람을 거꾸러뜨리려는 속내를 감추고 입으로는 정의를 실현하기 위한 것이라고 주장하는 위선자들이 더 잘나가고 있는 것이 세상입니다.

그러나 세상에는 아직 '근본을 두터이 하고, 실질을 숭상하며, 순박함을 되찾으려는' 사람들이 있습니다. 남의 비난이나 칭찬, 일신의 영욕에 구애되지 않고 오직 예수님의 뒤를 묵묵히 따르는 '사람을 낚는 어부', '선교적 공동체'가 있습니다. 우리 교회가 '사람을 낚는 어부 공동체', 위대한 선교적 실존이 되길 기원합니다.

5장

생명파괴와 치유의 길

교회 일치의 근거와 목적
요한복음 17:11-21

• 교회의 일치를 지향하는 에큐메니칼 운동의 배후에는 교회 분열의 역사와 상처가 있습니다. 그리스도의 몸인 교회의 분열은 스캔들이 아닐 수 없습니다. 그러나 교회의 역사는 그 자체가 분열의 역사였습니다. 교리논쟁(성서 기록의 권위 문제 등), 신앙고백의 구속력 문제(16, 17세기의 유럽 교회의 신앙고백이 어느 정도 구속력을 가지고 있는가라는 질문을 중심으로), 성령운동과 경건파에 의한 부흥운동의 도전, 정치사회적 문제에 대한 대처방법에 따른 이견(국가와 교회의 관계 문제, 노예제도를 둘러싼 미국 장로교회의 분열, 인종분리정책과 남아프리카 공화국 교회의 분열, 반공주의 등), 사회문화적 원인(이민, 지역주의, 언어적 갈등 등) 등에서 우리는 분열의 원인을 찾을 수 있을 것입니다.

한국 교회는 교파교회 선교에서 시작되어 처음부터 교파적으로 분열되어 있었지만 훌륭한 일치의 전통을 지켜왔습니다. 그러나 해방 후, 신사참배 문제, 신학적인 문제, 세계교회협의회WCC 회원권 문제, 반공주의, 독재정권과의 관계 문제 등을 두고 크게 양분되었고, 지역주의와 교권에 대한 다양한 이해관계로 인해 또다시 많은 수의 군소교단들로 분열되어 있는 것이 현실입니다.

그런데 그동안 한국 교회를 분열시킨 외적인 요인들이 많이 해소되고 민주화도 성취된 상황에서 한국 교회의 일치에 대한 여망이 다시 제기되고 있습니다. 이런 상황에서 교회일치주간을 맞아 성서가 의미하는 교회의 일치가 무엇인지, 그 근거는 무엇이며 목적은 무엇인지를 함께 생각해보려고 합니다.

• 예수께서는 우리에게 기도를 가르치시고, 또 스스로 기도를 하셨습니다. 그런데 요한복음 17장의 기도는 예수께서 자신의 죽음 직전에 하신 것이라는 점에서 그 절실함이 더하다고 할 것입니다. 그렇다면 예수님의 마지막 기도는 무엇을 위한 기도였을까요? 그것은 하나님과 아들 예수 그리스도가 하나인 것처럼 그리스도인도 하나가 되어야 한다는 것입니다. 그렇다면 그리스도인의 일치의 근거는 무엇이며, 그 목적은 어디에 있을까요?

예수께서 기도하신 일치의 근거는 예수 그리스도의 십자가의 죽음과 부활에 있습니다. 세상의 다양한 조직체들의 일치 근거와는 다릅니다. 권력 집단은 그 권력에의 의지에 의해, 경제 집단은 그 경제적 이해관계에 의해, 가족은 그 혈연관계에 의해 혹은 지연, 학연 등 인간적 동기에 의해 일치가 유지되고 있습니다.

그러나 예수 그리스도의 십자가 아래에 서 있는 교회가 뿌리 내리고 있는 일치는 다릅니다. 교회는 육신이 되신 하나님의 말씀에 존재 이유가 있습니다. 그러기에 교회 안에서는 교인들의 계급, 남녀노소, 건강한 사람과 병든 사람, 사회적 신분과 자연적 조건이 문제될 수 없습니다. 우리는 우리를 위해 죽으신 그리스도 안에서 모두 형제자매인 것입니다. 교회 안에서 그와 같은 인간적인 이유로 인한 분쟁과 분열이 있어서는 안 됩니다. 혹은 교파 신학적 견해의 차이, 인간적 연민과 동정 등도 궁극적인 교회의 일치를 방해하지 못합니다. 그런데 문제는 현실의 교회는 여전히 분열되어 있고, 세상은 교회를 미워한다는 것입니다: "나는 이 사람들에게 아버지의 말씀을 전해 주었는데 세상은 이 사람들을 미워했습니다"(요 17:14).

교회가 세상의 미움을 받는다는 것은 새로운 일이 아닙니다. 교회의 역사 처음부터 우리는 세상의 미움에서 비롯된 교회의 고난을 확인할 수 있습니다. 세상은 왜 교회를 미워할까요? 그것은 교회가 "세상에 속해 있지 않기 때문입니다"(요 17:14). 세상에 속하지 않는다는 것은 교회가 세상의 질서와는 다른 질서 속에 산다는 것을 의미합니다. 세상이 사람을 소유에 의해 판단한다면, 교회는 존재의 가능성에서 판단합니다. 세상이 자아실현, 자기성취를 통해 삶의 가치를 확인한다면, 교회는 자기를 버림으로써 확인합니다.

세상의 미움은 교회가 진정한 교회인지 거짓 교회인지를 판단하는 하나의 기준입니다. 어느 교회가 세상의 미움을 받습니까? 세상의 불의를 기뻐하지 않고 정의를 사랑하는 교회는 세상의 미움을 받습니다. 입이 있어도 말하지 못하고, 눈이 있어도 보지 못하고, 귀가 있어도 듣지 못하는 사람들 편에서 그들의 입과 눈과 귀가 되는 교회는 세상의 미움을 받습니다.

• 그런데 세상의 미움을 받는 교회를 위해 예수께서는 다음과 같이 기도합니다. "내가 아버지께 원하는 것은 그들을 이 세상에서 데려가시는 것이 아니라, 악마에게서 지켜주시는 것입니다"(요 17:15).

세상의 미움, 박해와 시련이 닥쳐오면 교회는 자칫 현실을 도피하는 길을 선택할 수 있습니다. 그러나 예수께서는 교회가 악의 세력을 회피하거나 도망치는 것이 아니라, 악의 세력과의 적극적인 대결과 그에 필요한 하나님으로부터의 능력을 요청하십니다. 그러기 위해서는 교회가 "진리로 거룩해져야 합니다"(요 17:17). 교회의 성화는 교회 자체의 속성에 근거를 둔 것이 아닙니다. 진리가 교회를 성화시킵니다. 교회의 성화는 세상 안에 있으나 세상에 속하지 않는 실천적 행동을 통하여 이루어집니다. 공동번역 성경은 이 말씀을 "이들이 진리를 위하여 몸을 바치는 사람들이 되게 하여 주십시오"라고 번역합니다. 진리를 위해 몸을 바친다는 것은 무엇을 의미할까요? 거짓과 폭력에 대항하는 것입니다. 불의한 권력에 저항하는 것입니다. 고난받는 사람들을 위해 함께 투쟁하는 것입니다. 진리는 그 진리를 확신하는 사람들이 진리를 위해 몸을 바칠 때 그 진실성을 획득합니다. 그리고 바로 그때에 진리는 힘을 얻어 불의와 어둠의 세력을 이기는 것입니다. 교회는 우리를 위해 죽으신 예수 그리스도, 곧 진리를 위해 몸을 바치도록 요청받고 있습니다. 진리를 증언하는 길은 여러 가지 있을 수 있습니다. 그러나 가장 확실한 길은 진리를 삶으로 증거하는 것입니다. 그래야 세상이 교회를 믿고 하나님이 인류를 위해 예수 그리스도를 보내셨다는 것을 믿게 될 것입니다.

• 교회는 왜 하나가 되어야 할까요? 보다 효과적인 선교를 위해서 그럴까요? 다양한 교파 분열 때문에 받는 세상의 비방을 벗어나기 위해서일까요? 아니면 조직적인 세력을 과시하고, 사회에서 발언권을 얻기 위해서일까요?

성서가 증거하는 교회의 일치는 실용적 목적과 아무런 관계가 없습니다. 요한복음 17장 21절의 말씀에 따르면 "세상으로 하나님이 예수 그리스도를 세상에 보내신 것을 믿게 하기" 위한 것입니다. 또한 아버지가 아들을 사랑한 것처럼 교회도 사랑했다는 것을 세상으로 하여금 알게 하는데(요 17:23) 그 목적이 있습니다. 교회의 일치는 그 자체 안에 목적이 있는 것이 아닙니다. 예수께서는 교회의 일치를 위해 그가 아버지에게서 받은 영광을 교회에게도 주십니다(요 17:22). 그 영광은 십자가 사건에서 가장 완벽하게 표현됩니다. 일치에서 중요한 것은 획일화가 아니라 정체성입니다. 교회의 일치는 조직의 통합이나 신학의 통일을 통해서 성취되는 것이 아닙니다. 일치는 교회가 예수 그리스도의 십자가와 부활 사건에 참여하는 데서 성취됩니다. 즉 믿음 안에서 예수 그리스도의 죽음과 부활에 연합함으로써 교회는 영광을 받으며, 복종과 겸손을 통하여 그 영광을 표현합니다.

생명파괴와 치유의 길
마가복음 5:25-34

• 오늘 우리는 한 여인을 만났습니다. 12년 동안을 혈루증으로 앓아온 여인입니다. 부유한 사람들만이 의사들을 찾아갈 수 있었던 당시의 현실을 고려하고, 또 그녀가 여러 의사들을 찾아다니며 치료를 받았다는 것으로 미루어보아 이 여인은 처음부터 가난한 여인은 아니었던 것 같습니다. 그러나 12년 동안 이 의사, 저 의사를 찾아다니며 치료를 받다가 그녀는 가진 재산을 다 없앴습니다. 돈도 돈이지만 병은 전혀 차도가 없습니다. 오히려 상태가 더 악화되어가고 있습니다.

그녀를 괴롭힌 것은 병의 고통만이 아니있습니다. 하혈하는 여인과의 접촉은 부정을 탄다고 여겨졌고(레 15:25), 여인의 부정한 하혈은 죄의 상징으로 간주되기도 했습니다(에제키엘 36:17). 그녀를 더 괴롭힌 것은 바로 이 율법이었을 것입니다. 그녀가 눕는 자리도 부정하고 앉는 자리도 부정하다고 여겨졌습니다. 아니 그녀가 앉거나 누운 자리에 닿기만 해도 부정한 것으로 생각되어졌습니다. 아무도 이 여인과 말하거나 접촉하려고 하지 않았을 것입니다. 우리는 이 여인의 이름은 물론 이 여인의 가족관계에 대해서도 아는 것이 없습니다. 나이는 몇 살인지, 결혼은 했는지, 자녀는 몇이나 있는지 알 수가 없습니다. 남편이나 자녀들이 얼마나 이 여인의 회복을 위해 노력했는지도 알 수 없습니다. 그러나 이 이야기에 그녀의 가족이 등장하지 않는 것으로 보아, 어쩌면 이 여인은 남편에게 버림을 받았는지도 모릅니다. 결혼할 때에야 서로 사랑했겠지만, 종교적으로 부정하다고 여김을 받는 아내, 아무도 그녀와 접촉하기를 꺼려하고, 접촉한 것을 알면 부정탔다고 불쾌하게 생각하는 여인을 아내로 맞아 함께 살아갈 남자가 없었을 것입니다. 일이 년이라면 또 모르겠습니다. 돈도 있고 신분도 나쁜 것 같지 않은 상황으로 미루어 남편도 노력했을지 모릅니다. 그러나 한두 해도 아니고 12년 동안 병을 앓는 아내를 견딜 수 있는 남자는 많지 않을 것입니다. 병간호 3년에 효자가 없다는데, 12년 병간호에 남아 있을 남편이 몇이나 되겠습니까.

이 여인의 이름도 우리는 모릅니다. 다만 외경 빌라도행전 7장은 그녀의 이름을 '베레니케'로 전합니다. 또 이 여인이 가이사랴 필립비 출신이라는 전승도 있습니다. 어쨌든 우리는 복음서에서 12년 동안 혈루병에 걸려 몸과 마음이 산산 조각난 한 여인을 만납니다. 돈은 돈대로 다 썼지만 병은 더 악화되어가는 절망적인 상황에 처해 있습니다. 재산도 날리고 병도 고치지 못한 것도 억울한데 사람들마저 그녀를 피합니다. 부정한 여인, 죄를 지은 여인이라고 바라보는 사람들의 따가운 시선이 병의 고통보다 더 그녀의 가슴을 찢어놨을 것입니다. 사람들이 자기 곁을 떠나가고 아무도 자기를 인간으로 생각하지 않을수록, 그녀의 고통과 고독은 더 깊어갔을 것입니다. 속으로만 움츠러드는 달팽이처럼 그녀는 자기만의 외로움 속으로 들어가 세상의 다른 어떤 일에도 관심을 갖지 않습니다. 관심은 차라리 사치스럽기만 합니다. '아무도 나에게 관심을 기울이지 않는데 왜 내가 다른 사람에게 관심을 기울여야 한단 말인가.' 철저한 무관심이 차마 죽지 못해 살아가는 매일의 생활에 가장 좋은 방편입니다. 그녀의 생명을 파괴하는 것은 병 때문에 오는 육체적 고통만이 아닙니다. 소외에서 오는 사회적 고난, 율법의 정죄에서 오는 정신적·종교적 고난도 그녀의 생명을 파괴하고 있습니다. 어떤 형식의 고난이든지, 그것이 지극히 개인적인 고난으로 보일 경우일지라도, 예를 들면 병, 실업, 가난, 이혼, 가족적 불행 등에서 비롯된 고난일지라도 고난은 육체적·정신적·사회적 고난이라는 세 차원을 가지고 있습니다. 이 여인의 고통은 병이 치유되는 순간 사라질 것입니다. 그러나 그녀의 영혼에 흔적을 남긴 상처, 버림받음, 종교적 정죄에서 온 상처는 오래 남아 있을 것입니다.

• 그런데 고난은 왜 우리 인간의 삶 안에 들어온 것일까요? 고난의 의미는 도대체 무엇일까요? 이 질문은 인류의 역사만

큼이나 오래된 질문입니다. 세계의 종교들도 이 문제, 곧 인간의 삶은 왜 고난으로 가득 차 있는지를 묻고 대답을 하려고 합니다.

불교는 생로병사의 고난을 삶의 현실로 긍정하면서 깨달음과 해탈을 대답으로 제시합니다. 그리스도교는 전통적으로 고난에 대해 두 가지 태도를 취했습니다. 하나는 마조히즘적 태도이고 다른 하나는 새디즘적 태도입니다. 마조히즘적으로 이해된 고난은 인간의 무기력과 종속성을 드러내면서 동시에 하나님의 절대성과 위대함을 웅변적으로 보여줍니다. 고난은 하나님의 강함과 시위에 대한 인간의 연약함으로 평가됩니다. 고난은 우리가 치러야 할 시험으로 이해됩니다. 또 고난은 이전의 우리의 죄의 결과로서, 일종의 형벌이며 우리는 이 과정을 거쳐 깨끗해진다는 생각을 하게 합니다. 고난은 경건한 자에게 그의 죄가 고난을 통해 사해졌으며 미래에 자신의 선행에 대한 보상을 받게 되리라는 확실한 희망을 줍니다.

고난에 대한 새디즘적인 이해는 사실 종교개혁, 특히 칼뱅의 신학에서 강화되었습니다. 칼뱅은 어째서 하나님을 모르는 자들의 일이 그렇게 잘되는가라는 질문에 대해, "왜냐하면 주님은 그들을 돼지로서 도살할 날을 위해 살찌우시기 때문이다"라고 말했습니다. 이제 고난받는 경건한 사람이 현세의 행복 때문에 하나님을 모르는 사람들을 부러워해야 할 이유가 없습니다. 왜냐하면 이들의 행복은 곧 끔찍한 종말을 맞을 것이기 때문입니다. 고난에 대한 새디즘적 이해는 하나님의 전능과 공의에 대한 전제에서 나온 것입니다. 그리고 고난은 죄에 대한 형벌로 이해됩니다. 그러나 하나님은 교육적 목적에서 인간에게 고난을 줍니다. 고난은 사람을 순종하게 합니다. 고난이 직접 혹은 간접으로 하나님에게서 야기된 것으로 볼 경우, 우리는 하나님을 새디즘적으로 생각하는 위험에 빠지게 됩니다.

고난을 마조히즘적으로 이해하든, 새디즘적으로 이해하든 고난에 대한 이런 전통적인 종교적 이해는 다음과 같은 공통성이 있습니다. 곧 고난은 인간의 죄에 대한 결과라는 것입니다. 자신이 당하는 고난이든 다른 사람이 당하는 고난이든 고난은 죄의 결과로, 회심을 유도하려는 하나님에게서 온 것이라는 이해가 그것입니다. 정말 고난은 그런 것일까요? 그렇다면 우리는 고난을 극복하거나 고난을 만들어낸 사회적 원인을 찾아 제거하려는 노력을 굳이 할 필요가 없을 것입니다. 그리고 고난이 우리를 영적으로 겸손하고 성숙하게 만드는 교사 역할을 한다면, 그리고 마침내 미래의 행복을 가져다주기 위한 시험일 뿐이라면, 무엇 때문에 우리가 고난을 그토록 고통스럽게 견디어야 하며 또 고난을 견디다 못해 스스로 목숨을 끊는 사람들이 생기는 것일까요?

• 다시 성서로 돌아갑니다. 우리가 만난 혈루병 앓는 이 여인은 전통적인 종교적 고난 이해의 희생자입니다. 도대체 내가 무슨 얼마나 험악하고 큰 죄를 지었기에 이런 병의 고통에 시달려야 한단 말인가? 하나님이 우리에게 고난을 주고 거기에서 자기의 전능성을 과시하는 신이라면, 그는 잔인한 독재자와 무엇이 다르단 말인가? 병이 형벌이라면 모든 병자들은 하나님의 형벌을 받고 있다

는 것인가? 고난이 우리의 삶을 성숙시키고 우리를 하나님 앞에서 겸손하게 만드는 교사적 기능을 한다고, 고진감래라고 자신을 위로하면서 희망을 갖기에는 고난의 상황이 너무 절박하지 않은가!

혼란스런 생각과 깊은 회의와 절망에 빠져 있던 이 여인이 예수님의 소문을 들었습니다. 갈릴리 출신의 청년 예수가 많은 귀신들린 사람들과 병자들을 고쳐주신다는 소문을 들은 것입니다. 열병 들린 시몬의 장모를 고치시고, 나병환자와 중풍병자를 고치시며, 죄를 용서하신 예수님, 안식일에 손이 오그라든 사람을 고친 예수님에 대한 소문이 그녀에게까지 전해진 것입니다. 예수님의 주변에는 이미 너무 많은 사람들, 제자들을 제외하고는 아마도 대부분이 병자였을 사람들로 발 디딜 틈조차 없었을 것입니다. 이 여인은 몰래 예수님의 옷에 손을 대려고 합니다. 공개적으로 자신의 병을 말할 수 없는 부끄러움, 행여나 혈루병 환자라는 사실이 알려지면 접촉을 기피당할지도 모른다는 두려움, 아마도 이런 두려움과 부끄러움 때문에 그녀는 몰래 예수님에게 접근했을 것입니다. 그런데 그 여인이 예수님의 옷에 손을 대는 순간, 출혈이 멈추고 몸이 나은 것을 느낍니다. 그러나 동시에 예수님도 자기에게서 능력이 나간 것을 느끼시고 누가 자기 옷에 손을 대었느냐고 묻습니다. 그러자 제자들이 "무리가 선생님을 에워싸고 떠밀고 있는데 누가 손을 대었느냐고 물으십니까?" 하고 반문합니다. 마치 항의하는 투입니다. 사람들, 그것도 성한 사람이 아니라 귀신들리고 온갖 병에 시달리는 병자들이 서로 먼저 나음을 받으려고 필사적으로 달려들어 예수를 만지고 있는 판에 도대체 누가 자기를 만졌느냐고 묻다니! 이 양반이 정신이 있나 하고 의아하게 생각했을지도 모릅니다. 그러자 예수님은 그 여인을 찾으려고 둘러보십니다.

우리는 그렇게 수많은 병자들이 예수님을 만지고 치유받기를 원했는데, 왜 하필이면 이 여인에게만 치유가 일어나게 되었는지 묻지 않을 수 없습니다. 자기를 찾는 예수님과 얼굴이 마주치자 이 여인은 두려워하여 떨면서 예수님께 나아가 자기에게 일어난 일을 말합니다. 자기의 병이 예수님의 옷을 만진 것만으로 나았다는 사실, 하나님이 예수님과 함께 계신다는 확인이 그녀를 두렵게 했지만, 12년 동안 자신의 몸과 마음을 파괴한 병으로부터 해방되었다는 기쁨에 그녀는 떨지 않을 수 없었을 것입니다. 그러자 예수님은 그녀에게 말합니다. "딸아, 네 믿음이 너를 구원했다. 안심하고 가거라. 그리고 이 병에서 벗어나서 건강하여라."

• 예수님은 병을 하나님의 징벌이라고 생각하지 않습니다. 또 예수님은 다른 치유자와 달리 자신의 치유 능력을 과시하거나, 그것을 수단으로 신자를 늘려갈 의도를 갖고 있지 않습니다. "네 믿음이 너를 구원했다"는 예수님의 선언은 여리고를 떠나면서 만난 바디매오라는 눈먼 거지를 고쳤을 때에도 등장합니다(막 10:46-52). 또 죽은 소녀를 살리신 후, 이 일을 아무에게도 알리지 말라고 명한 것(막 5:43)도 기적적인 치유자 예수님의 의도가 어디에 있는지 보여줍니다. 치유는 하나님의 나라가 임하는 종말론적 사건입니다.

귀신을 몰아내고 병자들을 고치고 기적을 행함으로써 드러나는 것은 예수님에 대한 주술적 신앙이 아니라, 예수님과의 만남을 통해 실현되는 하나님의 나라 자체입니다.

무엇이 이 여인을 예수님에게로 인도했습니까? 그것은 예수님에 대한 소식이었습니다. 그분과 함께 일어나는 사건들과 가르침에 대한 소식이었습니다. 죄인들과 세리들을 가까이 한다는 소식에 그녀는 예수님과의 만남을 두려워하지 않게 되었을지 모릅니다. 예수님이 귀신들린 사람들과 병자들을 안식일에도 고치시는 분이라는 소식은 그녀에게 희망을 주었을 것입니다. 희망은 두려움을 쫓아냅니다. 지금까지 자기를 부정한 여자라고 생각하여 스스로 피했거나 자기를 경멸하고 죄인 취급했던 사람들 사이를 헤집고 예수님에게 다가갈 용기도 그 희망으로부터 나온 것입니다. 예수님의 옷자락만 만져도 나을 것이라는 믿음이 마침내 그녀를 구원한 것입니다. 미국의 정치가 윌리엄 브라이언William J. Bryan은 언젠가 이런 말을 했습니다. "운명은 기회의 문제가 아니라 선택의 문제다. 운명은 기다리는 것이 아니고 쟁취하는 것이다"(Destiny is not a matter of chance, it is a matter of choice; it is not a thing to be waited for, it is a thing to be achieved). 이 여인은 기다리지 않고 운명을 쟁취함으로써 자신의 운명을 바꿨던 것입니다. '돈을 잃어버린 것은 많은 것을 잃은 것이다. 그러나 건강을 잃으면 모든 것을 잃은 것이다'는 말이 있습니다. 그러나 돈보다도, 건강보다도 중요한 것은 소망입니다. 죽음에 이르는 병은 고통이나 고난 그 자체가 아닙니다. 죽음에 이르는 병은 소망을 버리는 것입니다. 소망이 있는 곳에 치유가 있습니다. 소망을 잃은 사람은 살아 있으나 이미 죽은 자와 다르지 않습니다. 그래서 믿음은 소망의 바탕이고, 보이지 않는 것들의 증거(히 11:1)라고 우리의 신앙 조상들은 믿고 살았던 것입니다.

    소망을 가지고 주님에게 나아갑시다. 그분께서 우리의 질고를 스스로 짊어지시고 우리를 치유하십니다.

장애의 은사
요한복음 5:1-18

• 유대인은 명절이 되면 예루살렘을 찾아갑니다. 그래서 각지에서 올라온 사람들로 도시는 붐비고, 명절을 준비하는 손길이 바빠집니다. 명절에 한몫 잡으려는 상인들도 예루살렘으로 몰려들었습니다. 그런데 목자들이 양 떼를 몰고 지나가는 '양의 문' 옆에 '베데스다'라는 못이 있었는데, 그곳에도 사람들이 몰려들었습니다. 그곳에 몰려든 사람들은 모두 병자들이었습니다. 그 이유는 천사가 못에 내려와 물을 휘저어 물이 움직일 때, 가장 먼저 들어가는 사람이 무슨 병을 가졌든지 낫는다는 이야기가 전해 내려왔기 때문이었습니다.

그곳을 지나가시던 예수님이 중풍으로 38년 동안 누워 있는 병자를 보시고 "네가 낫기를 원하느냐?"고 물으셨습니다. 그 순간 병자는 쓴웃음을 지었을지 모릅니다. '낫기를 원하느냐고? 그걸 말이라고 하나?' 38년이라는 긴 세월이 주마등처럼 스쳐 지나갔을 것입니다. 자기를 떠나간 식구들과 친구들에 대한 원망도 시든 지 오래, 겨우 구걸로 연명하면서, 죽고 싶어도 죽지 못하는 자신에 대한 절망이 남긴 것은 철저한 무관심이었을 것입니다.

'그래, 낫고 싶지 않으면 이곳 베데스다 못까지 왔겠습니까?' 그는 이렇게 속으로 한탄하면서 대답했을 것입니다. "물이 움직일 때 저를 못에 들어가게 해주는 사람이 없습니다. 제가 가는 동안에 남들이 먼저 못에 들어갑니다."

잘못은 다 남에게 돌립니다. 38년 동안의 병고가 파괴한 것은 그의 몸만이 아니었습니다. 그의 마음도 망가뜨린 것입니다. '아무도 나에게 관심을 기울이지 않는데 나보고 어쩌란 말인가?' 속으로만 움츠러드는 달팽이처럼 그는 잔뜩 움츠러들었습니다. 물론 그동안 관심을 보인 사람이 전혀 없었던 것은 아닙니다. 그러나 그들의 관심은 기껏해야 일시적 동정이거나 자신을 의롭게 보이려는 종교인들의 허세였습니다.

그런데 예수님은 달랐습니다. 그분은 동전을 던져주지도 않았습니다. 단지 "네가 낫기를 원하느냐?"고 물으셨습니다. 지금까지 아무도 그렇게 물은 사람은 없었습니다. 38년 동안의 병고는 그의 운명이 되었습니다. 그가 베데스다 못 가까이에서 사는 것은 솔직히 병이 나을 것이라는 희망 때문이라기보다는 지나가는 사람들의 동정이라도 받으려는 이유였습니다. 그래서 그는 예수님의 물음에 적극적으로 대답하지 못했습니다. "네, 낫기를 원합니다"라고 대답할 수 없었던 것입니다. 우물쭈물하면서 자기가 낫지 못한 이유를 다른 것에서 찾기 시작합니다. 자기가 병든 것도 남의 탓, 베데스다 못에 들어가지 못한 것도 다 남의 탓입니다.

그러나 이런 병자에게 예수님은 "일어나 자리를 들고 걸어가라"고 말씀하셨습니다. '아니, 일어나라고요? 38년 동안 한 번도 일어나 본 적이 없는데 일어나 때 묻은 요를 들고 걸어가라고요? 내 육체의 일부가 된 더러운 요, 내 몸을 꽉 싸매고 있던 38년이라는 긴 세월을 털고 일어나 걸어가라고요?' 그는 이런 생각을 하며 믿을 수 없었습니다. 그는 이렇게 말씀하시는 예수님이 누구인지도 몰랐습니다. 그뿐만 아니라 더욱 믿을 수 없었던 것은 바로 자기 자신이었습니다. 그는 한 번도 자기 자신을 믿은 적이 없었습니다. 그는 자신이 일어날 수 있다는 가능성을 믿을 수도, 믿어본 적도 없었습니다.

그래서 그는 쓴 웃음을 지으면서 고개를 돌리려는데, 갑자기 다리에 힘이 들어가더니 굽은 허리가 펴지고 몸이 일어서기 시작했습니다. 그는 너무 놀란 나머지 자기의 병을 고쳐주신 분이 누구인지도 묻지 못하고 엉겁결에 자리를 들고 일어나 달려나갔습니다. 보이는 것은 자리를 들고 일어나 걷고 있는 자신의 펴진 다리뿐이었습니다. 자기의 병을 고쳐주신 예수님도, 같이 누워 있던 다른 병자들도 그의 눈에 들어오지 않았습니다.

• 그런데 자리를 들고 걸어가는 그에게 유대교 지도자들이 "오늘은 안식일이니 안식일에 자리를 들고 걸어가는 것은 옳지

않소!" 하고 경고합니다. 당시의 미쉬나 율법에 따르면 안식일에 하지 말아야 할 중요한 일들이 40여 가지가 있는데 어떤 물건을 한 곳에서 다른 곳으로 옮기는 일도 여기에 해당되었습니다. 그래서 유대교 지도자들이 율법을 어기지 말라고 경고한 것입니다. 병 고침을 받은 사람이 대답합니다. "나를 낫게 해주신 분이 나더러 자리를 들고 걸어가라고 하셨소"(11절). 그러자 유대교 지도자는 이렇게 묻습니다. "그대더러 자리를 들고 걸어가라고 한 그분이 누구요?" 유대교 지도자들에게는 38년 동안 병들었던 사람이 치유받은 일은 중요한 것이 아닙니다. 그가 어떻게 걷게 되었는지도 중요하지 않습니다. 다만 그가 안식일을 어기는 것이 불쾌했습니다. 그러나 치유받은 사람은 엉겁결에 치유받고 걸어갔기 때문에 누가 자기를 고쳐주었는지 알지 못했습니다. 사람들이 많았던 탓도 있지만, 예수님께서 그 자리를 빨리 피했기 때문이었습니다.

 그 후, 성전에서 그 사람을 다시 만난 예수님은 그에게 "다시는 죄를 짓지 마라. 그렇지 않으면 더 심한 병으로 고생할지도 모른다"(14절)고 말씀하십니다. 예수님은 어느 곳에서도 병이 죄 때문에 생긴 것이라고 말씀하시지 않았으며 또 그렇게 암시하지도 않으셨습니다. 그러므로 14절의 이 말씀은 육체의 병을 치유하는 것만으로 해결될 수 없는 근본적인 악을 극복하라고 당부하신 것으로 보아야 할 것입니다. 38년 동안 그를 사로잡고 있던 병은 나았지만, 그의 마음은 아직 완전히 치유된 것이 아닙니다. 육체적인 병 때문에 생긴 결과이기도 하지만, 마음의 병이 그를 절망과 무관심으로 이끌었기 때문입니다. 그래서 예수님은 다시는 죄를 짓지 말라고 당부하신 것입니다.

죄란 회개하지 않는 인간이 직면하게 되는 불가피한 운명을 의미합니다. 더 심한 병이란 아마도 심판을 의미할 것입니다. 치유는 회개를 통해 완성됩니다. 한번 치유받은 병자는 또다시 병에 걸릴 수도 있습니다. 온전한 치유는 몸과 마음을 함께 건강하게 합니다.

• 유대교 지도자들은 예수께서 안식일에 병자를 고치신 일을 빌미삼아 예수님을 박해했습니다. 16절의 말씀은 예수님이 의도적으로 안식일 법을 범했거나 안식일 법을 파기하려고 하셨음을 의미합니다. 어떻게 해서든지 꼬투리를 잡으려고 혈안이 되어 있던 유대교 지도자들에게 예수님은 이렇게 말씀하십니다. "내 아버지께서 이제까지 일하시니 나도 일한다." 이 말씀을 들은 유대교 지도자들이 예수께서 하나님과 자신의 동등성을 주장하는 말로 이해한 것은 당연합니다.

여기서 유대교 지도자들에게 거리낌이 된 것은 하나님이 항상 일하신다는 주장이 아니라, 예수님 자신도 그렇다는 주장을 한 것입니다. 그래서 그들은 예수님을 죽이려고 했습니다. 유대교 신학과 경건성에 따르면 하나님을 인간과 동일시하거나 혼동해서는 안 되기 때문입니다. 그러나 요한은 예수님이 자신의 생명을 내놓으면서까지 하나님께 복종한 겸손 때문에(요 5:30), 하나님께서 완성하라고 내려주신 일, 곧 생명을 주고 심판하는 일을 통해 하나님 자신을 만난다는 점에서(요 5:36), 예수님이 하나님과 동등한 분이라고 주장합니다.

예수님이 하나님의 아들로서 하나님과 동등한 것은 예수님이 지금도 하나님이 하시는 일을 그대로 하시기 때문입니다(요 5:19). 하나님이 하시는 일은 무엇입니까? 그것은 생명을 주시는 일입니다. "나를 보내신 분의 뜻은 내게 주신 사람을 내가 하나도 잃어버리지 않고, 마지막 날에 모두 살리는 일이다. 또한 아들을 보고 그를 믿는 사람이면 누구나 영원한 생명을 얻게 하시는 것이 내 아버지의 뜻이다"(요 6:39-40).

여기서 요한이 주장하는 '하나님이 일하신다'는 뜻은 생명을 줄 수도 있고 빼앗을 수도 있는 종말론적 심판자로서 일하시는 하나님을 의미합니다. 하나님은 오늘도 세상에서 생명을 위협하는 악의 세력을 물리치시면서 생명을 더 풍성하게 하시기 위해 일하십니다. 예수님도 같은 일을 지금도 하고 계십니다. 그러므로 예수님을 믿는 제자들인 우리도 생명을 위해 일해야 합니다. 생명을 위협하고 파괴하는 현장에서 생명을 지키고 더 풍성하게 하기 위해 일해야 합니다.

• 일본의 노벨 문학상 수상자인 오에 겐자브로에게는 자폐증에 걸린 아들이 있습니다. 자폐증에 걸린 아들이 모든 관계가 단절된 자기만의 세계 속에 칩거하며 살고 있는 것을 보고 절망한 그는 한때 글 쓰는 일을 포기하기까지 했다고 합니다. 고통과 좌절 속에서 매일 술로 지내던 어느 날, 그는 아들과 함께 산책을 나갔다

가 놀라운 경험을 했습니다. 듣지도 못하고 말하지도 못하고, 자기 밖의 어느 것에도 관심을 보이지 않던 아들이 갑자기 소리를 지르기 시작한 것입니다. 나중에 안 일이지만 그것은 아들이 노래하는 새들과 의사소통을 하고 있다는 표징이었습니다. 자폐증 환자와는 의사소통이 불가능하다고 생각해왔던 그의 선입관이 깨지는 순간이었습니다. 장애인은 비장애인보다 열등한 인식 능력을 갖고 있다고 생각해온 그의 편견이 무너졌습니다. 오에 겐자브로의 아들은 그 후 시를 쓰고 노랫말을 짓고 곡을 만들어 일본에서는 잘 알려진 작곡가가 되었습니다.

장애를 갖고 있지 않은 사람들은 대개의 경우, 어떤 사람에게 결여되어 있거나 장애를 갖고 있는 부분만 보고 그들을 장애인이라고 부릅니다. 그러나 정상적인 사람이라고 하는 사람들이라고 결여된 것이 없을까요? 건강하다고 생각하는 사람이 장애를 갖고 있는 것은 없을까요? 탐욕과 시기와 분노로 가득 찬 사람은 다른 장애를 가지고 있는 사람들보다 훨씬 더 위험합니다.

장애와 비장애는 우리가 만든 기준일 뿐입니다. 쓸모없는 사람은 아무도 없습니다. 어느 누구도 포기될 수 없습니다. 왜 그렇습니까? 그것은 예수 그리스도가, 십자가에 달리신 분이 참 인간성만이 아니라, 인간을 구원하기 위해 인간성의 모든 불행을 취했기 때문입니다. 그러므로 모든 인간의 삶은 그리스도 안에서 하나님에 의해 받아들여진 삶이며, 그리스도 안에서 이미 하나님의 영원한 생명에 참여하고 있습니다. 한 사람의 존재가 하나님의 부르심을 통해 용납받

앉을 때, 그의 장애가 하나님의 부르심을 통해 카리스마가 될 때, 그의 장애는 오히려 카리스마가 될 수 있습니다. 하나님의 사랑의 광채가 장애인의 삶 위에 비출 때, 그 사람의 삶은 빛나기 시작합니다. 장애인이 없는 공동체야말로 장애받은 공동체입니다. 우리 가운데 함께 있는 장애인들의 얼굴에서 우리가 하나님의 광채를 볼 수 있을 때, 장애는 장애인에게나 비장애인 모두에게 은사가 됩니다. 장애인이건 비장애인이건 사람들의 얼굴에서 우리가 하나님의 얼굴의 광채를 볼 수 있을 때, 세상은 하나님의 나라에 가까이 갈 것입니다.

정의와 사랑 안에서의 통일

에스겔 37:15-23

• 한반도가 크게 바뀌고 있습니다. 분단 55년 만에 처음으로 남북정상회담이 이루어졌고, 정상회담은 많은 것을 근본적으로 변화시키고 있습니다. 휴전선 일대에 울려 퍼졌던 상호비방이 중지되었습니다. 분단 현실을 정치적인 탄압의 구실로 악용하는 일도 없어졌습니다. 냉전시기 동안 북한 사회와 지도자들에 대한 조작되고 왜곡된 시각도 많이 조정되었습니다. 남북의 이산가족들의 상호방문이 이루어졌고, 비전향 장기수들의 귀향도 계획되어 있습니다. 남북의 경협은 더 활발해질 것이고 민간 차원에서의 교류도 보다 활성화될 것입니다. 극우 보수주의자들을 빼고는 남북이 화해와 공생의 길로 나아가는 것을 반대하지 못하고 있습니다. 분단의 상징이었던 경의선 철도도 다시 이어질 것입니다. 부산에서 출발해, 신의주를 거쳐 우리의 선조들이 말갈기 휘날리며 달려갔을 그 거친 광

야, 눈부신 사막, 눈 덮인 산맥을 넘어 옛 실크로드를 통해 대륙횡단 열차를 타고 유럽에 이를 날이 현실로 가까이 다가온 것입니다. 아직 온전한 통일이 실현된 것은 아니지만 언젠가는 우리 민족 스스로의 힘으로 민족통일을 이룰 수 있으리라는 자신감을 우리는 확인하고 있습니다.

한국 교회는 그동안 탄압과 시련 속에서도 민족통일의 선교사명을 최선을 다해 성취해왔습니다. 김재준 목사, 장준하 선생, 문익환 목사 등 분단이라는 민족의 십자가를 짊어지시고 고난받으신 믿음의 열조들이 이 사실을 증언합니다. 어디 이들만입니까? 이름도 없이 빛도 없이 수많은 우리의 형제자매들이 분단 현실을 인권 탄압의 도구로 사용하던 독재정권에 억압받으면서도 저항하지 않았습니까! 그리하여 마침내 인권과 민주주의를 한 걸음 진보시키지 않았습니까! 역사는 이것을 부인하지 않습니다.

• 그러나 우리는 지나간 역사에 안주할 수 없습니다. 민족통일과 관련하여 우리에게 주어진 과제는 정의 안에서의 통일입니다. 국토 통일은 되었지만 독일의 사회적 통일은 아직도 요원합니다. 옛 동독 시민들은 여전히 제도적·심리적 차별을 받고 있습니다. 좋은 자리는 모두 시독 사람들이 차지하고, 임금도 차이가 납니다. 법적으로는 모두 한 시민이지만 옛 동독 사람들은 이등시민이라는 패배의식에 사로잡혀 있습니다. 차별보다 더 심각한 것은 편견입니다. 옛 동독 사람들은 게으르고 능력이 없으며, 빠르게 새로운 변

화에 적응하지 못한다는 서독 사람들의 편견이 사회적 갈등을 더 심화시킵니다.

우리는 어떤가요? 통일 한반도에는 이런 갈등이 없을까요? 독일 사람들보다 민족의식이 강하니까 그런 일일랑 미리 걱정할 필요가 없을까요?

조선족 중국 사람이나 탈북 동포들에 대한 우리의 태도를 보면 안심은커녕 오히려 더 걱정되는 것이 사실입니다. 정치적 망명을 신청한 사람들이 자기 나라에 들어오지 못하고 해외에서 도피생활을 하도록 철저하게 방치하는 정부의 태도에서부터 중국 조선족 동포들에 대한 사기, 폭행, 인권 탄압 등을 보면 정말 통일되면 얼마나 더 큰 사회적 갈등이 폭발할까 걱정하지 않을 수 없습니다.

통일은 국토의 통합만을 의미하지 않을 것입니다. 오랫동안 전혀 다른 체제 안에서 살아온, 아니 형제전쟁 때문에 서로에 대한 적대심을 불지펴온 관계가 그리 쉽게 극복될 수 있으리라고는 누구도 생각하지 않을 것입니다. 통일 후에도 있을 수 있는 대립과 갈등을 극복하기 위해 우리는 '정의 안에서의 통일'을 추구해야 합니다. '정의 안에서의 통일'은 차별을 정당화하는 흡수통일을 의미하지 않습니다. 차이는 있을 수 있어도 차별이 있어서는 안 됩니다.

- 두 번째는 '사랑 안에서의 통일'입니다. 통일 후 어떤 경제체제가 올 것인지 아직 우리는 확실하게 말할 수 없습니다. 그러나 독일 통일이 보여주는 것은 통일 후 지구적 차원의 시장경제

라는 새로운 우상이 숭배받는 세계였습니다. 시장경제는 인간의 가치를 시장가치와 동일시합니다. 능력, 특히 돈으로 환산될 수 있는 능력을 가진 사람만 사람으로 대접받습니다. 어린이, 노인, 장애인, 병자, 실업자는 존엄성을 인정받지 못하고 무가치한 사람으로 취급받습니다. 독일 통일 후, 자본주의적 시장가치는 사회주의적 인간가치를 한순간에 붕괴시켰습니다.

우리는 어떻게 될까요? 아직 이루어지지 않은 상황을 미리 예측할 필요는 없을지 모릅니다. 그러나 우리 사회에 만연되어 있는 돈이면 안 되는 것이 없다는 황금만능주의, 일확천금주의가 통일 후에 자연스럽게 사라질까요? 그렇다고 자신 있게 말할 수 없을 것입니다. 그러므로 우리는 '사랑 안에 있는 통일' 운동을 해야 합니다.

'사랑 안에 있는 통일'은 사람을 시장가치에 의해서가 아니라 하나님의 같은 피조물로 받아들이는 운동입니다. 공산주의자건, 무신론자건, 이웃 종교인이건, 장애우이건, 못 배운 사람이건, 실업자건 그런 것이 문제될 수 없습니다. 이들 모두가 창조주이신 하나님의 피조물이고, 이들을 통해서 우리는 '하나님의 영원하신 능력과 신성'을 알 수 있습니다(롬 1:20).

• 그렇다면 정의와 사랑 안에서의 통일운동은 어떻게 가능할까요? 청년 시절 요시아 왕의 종교개혁과 개혁정치(주전 621년)의 영향을 받은 젊은 사제였던 에스겔이 활동한 시기는 주전 594년부터 571년에 이릅니다. 이 시기는 바빌론의 침공으로 예루살렘

이 함락되어 파괴된 때였습니다(주전 587년). 시드키야 왕과 그 가족들, 수많은 정치지도자들과 수공업자들이 포로로 잡혀갔습니다.

자기 조국 이스라엘이 가장 비참한 곤궁에 빠졌을 때, 성전이 파괴되고 민족이 포로로 잡혀가 모두 흩어졌을 때, 예언자 에스겔은 두 가지 놀라운 환상을 보았습니다. 첫 번째 환상은 이스라엘이 역사의 죽음에서부터 부활하는 것이고(마른 뼈들이 살아나는 환상; 겔 37:1-14) 두 번째 환상은 이스라엘이 하나님의 메시아적 통치 아래서 통일되는 것이었습니다(두 막대기의 연결; 겔 37:15-28).

에스겔은 자기 조국이 남북으로 분열되고, 이민족의 침략으로 파멸되고, 그 백성이 포로로 끌려가는 수치를 당한 것이 정치적, 혹은 군사적 원인이라고 생각하지 않습니다. 에스겔은 이스라엘이 한 분이신 하나님으로부터 떨어져 나가, 이방신들, 곧 우상들과 가증한 물건들과 모든 죄악(겔 37:23)에 굴복했기 때문이라고 봅니다. 그러므로 예속되고 분단된 민족은 스스로의 힘으로 해방과 통일을 이룰 수 없다는 것입니다.

우리는 에스겔의 두 번째 환상에 주목하려고 합니다. 에스겔은 두 개의 나무 막대기를 들어 한 나무 막대기 위에는 '유다'의 이름을, 다른 나무 막대기 위에는 '요셉'이라는 이름을 써야 합니다. 이것은 두 왕국의 이름이기도 합니다. 나무 막대기는 두 나라 왕들의 지배를 상징하는 지팡이입니다. 그리고 나서 에스겔은 이 두 개의 나무 막대기가 하나가 되도록 붙여야 합니다. 이런 상징적 행동으로 에스겔은 이스라엘의 주님이신 하나님이 이스라엘 자녀를 분단에서 다시 끌어내 하나의 민족을 만들기를 원하신다는 것을 사람들에게 보여주어야 합니다. "그들을 나의 땅 이스라엘 산악지대에서 한 민족으로 묶고 한 임금을 세워 다스리게 하리니, 다시는 두 민족으로 갈리지 않을 것이다. 다시는 반으로 갈라져 두 나라가 되지 않을 것이다"(겔 37:22-23).

에스겔은 분단된 이스라엘의 통일은 그러므로 두 개의 통일과 관계된 것으로 보았습니다. 하나는 우상의 세력에서 벗어나 하나님과 통일하는 것이고, 다른 하나는 분단된 민중의 통일입니다. 첫째 통일이 수직적 통일이라면 둘째 통일을 수평적 통일이라고 할 수 있습니다.

하나님은 자기 민중을 이방인의 손에서 해방시킴으로써, 그들을 함께 모으심으로써, 그리고 그들을 우상 숭배와 죄로부터 정결케 함으로써 통일시키십니다. 하나님은 민중과의 동맹관계를 다시 강화함으로써 민중과 하나가 됩니다. 마침내 하나님은 '민중 가운데 거하심으로써' 자기 민중과 하나 됨을 이룩하십니다.

수평적 통일은 두 개의 막대기가 하나가 됨으로써 성취됩니다. 그러나 각자의 막대기는 자기의 고유한 성격과 특수한 형태를 가지고 있습니다. 두 개의 막대기에서 하나의 새로운 막대기가 생깁니다. 북왕국이 남왕국에 흡수되는 것도 아니고, 남왕국이 북왕국에 굴복하는 것도 아닙니다. 두 왕국으로부터 메시아적 희망을 가진 하나의 민중, 하나의 하나님 나라가 생깁니다.

• 이스라엘의 통일에 대한 예언자 에스겔의 비전은 우리의 통일에 어떤 의미를 줄까요?

정의와 사랑이 넘치는 통일을 위해서는 우리가 먼저 하나님과의 수직적인 통일을 이루기 위해 노력해야 한다는 것을 의미합니다. 이것은 우상으로부터 떠나 생명의 하나님이 우리 가운데 거하실 수 있도록 처소를 마련하는 일에서 시작됩니다. 우리 시대의 우상은 무엇입니까? 그것은 '황금송아지'입니다. 물질적 풍요를 약속하는, 그러나 모든 사람을 위한 생명의 풍요가 아니라, 소수의 풍요를 위해 다수의 구조적 빈곤을 정당화하는 신자유주의적 시장경제입니다. 통일을 위해서는 이 현대적 우상의 희생자들의 권리를 회복하는 데서 시작해야 합니다. 우리가 이들 희생자들의 편에서 일할 때 하나님이 우리 가운데 거하실 것입니다.

수평적 통일은 수직적 통일 위에서 이루어질 때만, 평화적으로 성취될 수 있습니다. 그렇지 않으면 우리는 언제나 남쪽의 우상으로 북쪽의 우상을, 북쪽의 체제를 내세워서 남쪽의 체제를 추방하려고 시도할 것입니다. 그러나 우리가 악마를 다른 악마의 힘으로 추방한다면, 우리는 하나님의 나라가 아니라 지옥으로 가게 될 것입니다.

한반도의 통일은 역사의 새로운 것을 만들어내는 통일이어야 합니다. 일방적인 흡수통일이나, 분단 이전의 상태로 돌아가는 통일이 아니라, 새로운 공동체, '화해된 다양성', '화해된 일치'에 근거한 통일이 되어야 합니다.

종교차별인가, 차별의 종교인가?
로마서 2:11, 갈라디아서 3:26-28

• 2009년 8월 27일 수요일 오후, 이명박 정부의 종교 편향을 규탄하는 범불교도 대회가 열렸습니다. '헌법파괴, 종교차별 이명박 정부 규탄 범불교도 대회'라는 이름으로 20만 명 이상이 모인 일은 대한민국 역사상 아마도 처음일 것입니다. 장로였던 이승만 전 대통령이 불교계를 태고종과 조계종으로 강제로 분열시켰을 때에도 규탄대회 같은 것은 없었습니다. 아니 도대체 종교 편향과 차별을 이유로 정권에 대한 특정 종교의 규탄대회가 열린 일 자체가 처음 있는 일입니다.

8월 27일자 각종 일간지에 실린 몇 사찰들(봉은사, 조계사, 도선사, 화계사, 불광사, 진관사, 석불사)의 광고, '이명박 장로님, 이래도 기독교 공화국을 꿈꾸는 게 아닙니까?'라는 제목의 광고는 불교계가 지적하는 종교 편향 혹은 차별의 내용을 적시하고 있습니다.[1]

이명박 대통령은 서울시장 재직 시절인 2004년 5월 31일, '서울을 하나님께 드리는 봉헌서'를 발표했습니다. 그 내용은 이랬습니다. "흐르는 역사 속에서 서울을 지켜주신 하나님의 사랑과 섭리하심에 감사와 영광을 돌리며, 대한민국의 수도 서울은 하나님이 다스리시는 거룩한 도시이며, 서울의 시민들은 하나님의 백성이며, 서울의 교회와 기독인들은 수도 서울을 지키는 영적 파수꾼임을 선포하며, 서울의 회복과 부흥을 꿈꾸고 기도하는 서울 기독 청년들의 마음과 정성을 담아 수도 서울을 하나님께 봉헌합니다."

기독교인 시장으로서 개인의 신앙심은 높이 평가해야 하겠지만, 도대체 엄청난 인구 집중과 높은 대기 오염, 폭등하는 부동산 값, 최고의 교통사고 사망률을 자랑하는 서울이 과연 '하나님이 다스리시는 거룩한 도시'인지 모르겠습니다. 기독교인이 아닌 사람들은 '서울의 시민들이 다 하나님의 백성'이라는 기독교인 시장의 말에 어떤 반응을 보일까요? 서울에 사는 기독교인이 모두 '서울을 지키는 영적 파수꾼'이라는데, 도대체 이들이 무엇을 파수하고 있는지 모르지만, 그런데도 왜 서울이 정신적으로 더욱 피폐해지고 있는 것인지 묻고 싶습니다. 스스로를 영적 파수꾼으로 생각하는 기독교인이 누구인지도 알고 싶습니다.

서울시장 재직 시 최고의 업적 가운데 하나로 꼽는 청계천 복원 준공 감사 예배에서는 "청계천 복원은 보이지 않게 드려진 무릎기도를 하나님께서 받으시고 이루신 것이다"(한국기독교총연합회 주최 청계천 준공 감사 예배, 2005년 9월 12일)고 말한 이 대통령은 한 간증 예배에서는 "하나님이 해주신 것이기에 청계천 준공식을 할 때 먼저 목사님을 모시고 준공 예배를 드리고 테이프를 끊었다"(연세중앙침례교회 간증, 2005년 11월 11일)고 말했습니다. 기독교인들은 아마도 신심 좋은 장로 출신 서울시장의 이 간증과 행동이 기분 좋을지 모릅니다. 계몽주의 이후, 신앙이 사적인 영역으로 후퇴하고, 개인의 내면세계에서만 의미를 갖게 된 세속화된 세계에 대한 도전의 형태로 보수적 복음주의자들은 신앙을 공공연하게 천명하고, 공적 영역, 특히 정치와 경제 문제에 적극적으로 개입해왔습니다. 미국의 우파 기독교가 그렇고, 한국의 뉴라이트, 보수적 복음주의자들이 그렇습니다. 이 대통령의 입장도 같은 선상에 있을 것입니다.

그러나 오랜 다종교 전통과 문화 속에 살아온 우리에게, 이 대통령의 이런 발언은 특히 공인으로서는 적절한 것이 아닙니다.

대선 기간, 국회도서관에서 열린 '한나라당 기독인회 조찬기도회'(2007년 9월 19일)에서는 "이번 대선도 결과는 하나님이 만들어주는 것을 의심하지 않는다. 교회 장로로서 정치하기가 쉽지 않다. 대통령직은 잠시이고 하나님을 믿는 우리는 영원하기 때문에 어쩌면 대통령직보다 (장로라는 직책이) 중요하다고 생각한다"고 말했습니다. 대통령 당선 직후 소망교회에서 드린 당선 감사 예배(2007년 12월 27일)에서는 "5년 동안 저를 위해 기도 많이 해달라. 그러면 잠시 한눈을 팔아도 금방 제자리로 돌아올 수 있다. 소망교회 교인으로서, 장로로서 부끄럽지 않도록 노력하겠다"고 했습니다.

개교회 소속 장로로서 교인들에게 기도를 부탁하는 일은 당연한 일이고, 교인으로서, 장로로서 부끄럽지 않도록 노력하겠다는 것도 기특한 일이지만, 장로직을 대통령직보다 더 중요하게 생각하는 것은 더욱 감동적입니다. 그래서 취임사에서도 국민을 "예수님 섬기듯 섬기겠다"고 말했는지 모릅니다.

그러나 장로직을 대통령직보다 더 중요하게 생각한 결과가 '고소영'(고려대학교, 소망교회, 영남 출신), '강부자'(강남에 땅을 가진 부자) 내각, 청와대 참모로 나타난 것이라면, 대한민국의 대통령직을 지나치게 사사로운 것으로 평가 절하한 것이든지, 아니면 중세 봉건시대의 영주로 자신을 착각하고 있는 것임이 분명합니다.

한국 불교계의 우려와 분노는 이해할 만합니다. 전통적으로 호국 불교 이념 때문인지 몰라도 권력에 우호적이었던 한국 불교가 이렇게 들고 일어선 것은 단지 이명박 대통령의 종교 편향적 발언과 행태만이 아니라, 그것을 뒷받침하고 있는 근본주의적이고 보수 복음주의적 한국 개신교의 이웃 종교에 대한 배타적이고 공격적인 태도와 신앙관에도 원인이 있습니다. 그런데 문제는 이런 태도가 일부 그리스도교 보수 집단이나 대형 교회들에서만 볼 수 있는 일시적 현상이 아니라, 그리스도교의 근본인 성서와 교회의 역사에서도 확인할 수 있다는 데 고민이 있습니다.

• 그렇다면 그리스도교의 이웃 종교에 대한 배타적이고 공격적인 태도는 성서의 어디에 근거를 두고 있을까요? 이스라엘의 선민사상이 배타적으로 형성된 시기는 바빌론 포로기입니다.

에스겔, 에스라, 느헤미야 등은 이 시기에 이스라엘 선민사상의 내면화에 기여했습니다. 이런 선민의식이 최초로 보도된 곳은 모세가 시나이 산에서 십계명을 받기 전입니다.

> "너희는 내가 이집트인들을 어떻게 다루었는지, 너희를 어떻게 독수리 날개에 태워 나에게로 데려왔는지 보지 않았느냐? 이제 너희가 나의 말을 듣고, 내가 세워준 언약을 지킨다면 너희야말로 뭇 민족 가운데서 내 것이 되리라. 온 세계가 나의 것이 아니냐? 너희야말로 사제의 직책을 맡은 내 나라, 거룩한 내 백성이 되리라"(출 19:3-6).

이런 선민의식은 곧바로 적대자들에 대한 비타협적인 공격과 자기 정당화로 전환됩니다.

> "너희 하나님 야훼께서 이제 너희가 들어가 차지하려는 땅에 너희를 이끌어 들이시고, 인구가 많은 민족들을 너희 앞에서 모조리 쫓아내실 것이다. … 그 때 너희는 그들을 전멸시켜야 한다. 그들과 계약을 맺지 말고 불쌍히 여기지도 말라. … 그들의 제단을 허물고, 석상들을 부수고, 아세라 목상을 찍어버리고, 우상들을 불살라라. 너희는 너희 하나님 야훼께 몸 바친 거룩한 백성이 아니냐? 너희 하나님 야훼께서는 세상의 민족이 많지만 그 가운데서 너희를 뽑아 당신의 소중한 백성으로 삼으신 것이다"(신 7:1-6).

다른 신을 섬기는 것이 문제될 때에는 동족도 화를 피할 수 없습니다.

"이복형제, 동복형제 가릴 것 없이 너희 어느 형제나, 아들이나 딸이나, 너희 품에 안긴 아내나, 너희가 목숨처럼 아끼는 벗들 가운데서 누군가가 너희와 너희 조상이 일찍이 알지 못한 다른 신들을 섬기러 가자고 가만히 꾀는 경우가 있을 것이다. 땅의 이 끝에서 저 끝까지, 너희의 주변에 멀리 또는 가까이 있는 백성들이 자기네의 신들을 섬기자고 하더라도, 그 말에 귀를 기울이지 마라. 그 말을 듣지 마라. 그런 사람을 애처롭게 보지도 말고 가엾게 생각하지도 마라. 감싸줄 생각도 하지 말고 반드시 죽여야 한다. 죽일 때에는 네가 맨 먼저 쳐야 한다. 그러면 온 백성이 뒤따라 칠 것이다. 돌로 쳐 죽여라. 그는 너희를 이집트 땅, 종살이하던 집에서 건져내 주신 너희 하나님 야훼와 버성기게 하려고 꾀는 자이니 그대로 두어서는 안 된다"(신 13:7-11).

포로기 이후, 이스라엘의 전 역사과정에서 이런 배타적 선민의식과 폭력의 합리화는 일관되게 흐르고 있습니다.

이런 갈등은 초대 그리스도교 안에서도 제기되었는데, 유대교와의 갈등, 유대 그리스도인과 이방 그리스도인 사이의 갈등이 그것입니다. 유대교와의 갈등은 유대 전쟁 후, 85년경 얌니아에서 바리사이파 지도자들이 그리스도인을 정죄함으로써 구체화되었고, 이것이 유대교와 그리스도교의 공식적인 분열의 시작이었습니다. 바리사이파 지도자들은 "나사렛 사람들과 이교도들을 곧 소멸하소서…. 저들의 이름을 생명책에서 지우시고, 의인과 함께 기록하지 마옵소서"라고 결의했습니다. 묵시운동과 그리스도교, 곧 예수를 메시아라고 주장하는 그리스도교는 유대교 전통을 약화시키고 위협한다고 생각했기 때문입니다.

그러나 유대교의 그리스도교 배타는 콘스탄티누스Konstantinus I(274-337) 황제에 의해 그리스도교가 국교로 공인된 이후 역전되었고, 테오도시우스Theodosius I(346-395) 황제 치하에서는 유대교에 대한 차별이 제도화되었습니다. 그 후 서구 그리스도교의 역사는 현대에 이르기까지 타종교, 타문화, 타인에 대하여 구별과 차별, 배제와 배타, 심지어는 파괴와 파멸로 점철되었다는 것을 부인할 수 없습니다. 지금도 변한 것은 많지 않습니다. 여전히 종교가 폭력의 진원지가 되고 있는 것이 현실입니다. 팔레스타인(유대교 대 이슬람), 발칸 반도(정교를 믿는 세르비아 대 가톨릭을 믿는 크로아티아. 혹은 세르비아 대 이슬람을 믿는 보스니아와 알바니아), 북아일랜드(개신교 대 가톨릭), 카슈미르(이슬람 대 힌두교), 수단(이슬람 대 그리스도교와 정령신앙), 나이지리아(이슬람 대 그리스도교), 에티오피아와 에리트레아(이슬람 대 그리스도교), 스리랑카(신할라 불교 대 타밀 힌두교), 인도네시아(이슬람 대 티모르 그리스도교), 그리고 코카서스(러시아 정교 대 체첸 이슬람, 이슬람을 믿는 아제르바이잔 대 가톨릭과 정교회를 믿는 아르메니아) 등의 최근 분쟁들도 단지 일부 사례에 불과합니다.2 그래서 로버트 퍼시그는 "누군가 망상에 시달리면 정신이상이라고 하고, 다수가 망상에 시달리면 종교

라고 한다"고 했는지 모릅니다.3

• 그러나 성서에는 또 다른 전통이 있습니다. 그것은 아브라함에서 예수 그리스도, 사도 바울에 이르기까지의 역사를 인류의 구원사, 피조물의 온 세계를 포함한 새로운 창조의 시각에서 보는 전승입니다(사 65:17-25). 예수께서 그의 오심을 통하여 성취하고자 한 것은 "모든 사람이 생명을 얻어 풍요해지는 것"(요 10:10)이었습니다. 또한 예수 그리스도의 급진적인 평등주의 원칙은 당시의 사제계급 등의 특권을 보장하고 유지하는 권위주의적 계급구조, 특히 율법을 매개로 배제와 차별을 정당화했던 성전체제와 정면충돌하였고, 이것이 예수 그리스도의 십자가 처형의 한 이유가 된 것입니다. 사도 바울도 마찬가지입니다. 그러나 사도 바울처럼 많은 오해를 받은 인물도 없을 것입니다. 사도 바울은 예수 그리스도의 급진적 하나님 나라 복음을 형이상학화한 인물, 갈릴리 지역에서 있었던 예수운동을 그리스도교라는 세계 종교로 만든 인물, 교회중심주의자, 반유대주의자, 성차별주의자 등으로 인식되어왔습니다. 토마스 제퍼슨 Thomas Jefferson 은 바울이야말로 '예수의 가르침을 최초로 오염시킨 자'라고 평했고, 니체는 바울을 '나쁜 소식 전달자', '증오심을 부추기는 데 천재성을 지닌 사람'이라고 일컫기도 했습니다.4

그러나 바울에 대한 최근 연구는 사도 바울을 전적으로 새로운 차원에서 조명하고 있습니다. 바울은 역사적 예수를 한 번도 본 적도 없지만, 초대교회의 진실에 가장 가까운 자료들을 남겼습니다. 바울이 아니었다면 예수운동은 팔레스타인 지역 경계 안에서 실패한 하나님 나라 운동으로 머물렀을 것이고, 세계 종교로서의 보편성을 얻지 못했을 것입니다. 스스로를 '이방인 그리스도인을 위한 사도'로 이해하고 율법과 복음을 대결시키지 않았다면, 그리스도교는 유대교 내부의 작은 개혁운동으로 머물러 있었을 것입니다. 바울의 신앙과 사상이 인류의 평등에 있었다는 증거를 우리는 그의 진정성 있는 편지들에서만이 아니라, 무엇보다 그의 죽음에서 찾을 수 있습니다. 바울의 죽음에 대한 여러 가지 전설이 있습니다. 신약성서는 물론 후기 바울 서신들에서도 바울이 어디에서 어떻게 죽었는지 알 수 없습니다. 다만 클레멘트 서신과 이그나티우스의 편지로 우리는 바울이 같은 그리스도인인 유대 그리스도인과 네로의 더러운 거래의 희생자였음을 확인할 수 있습니다. 바울은 유대 그리스도인들로부터 배반과 밀고를 당해 체포되었고, 아마도 짐승의 가죽을 뒤집어쓴 채 갈기갈기 찢겼든지, 네로의 정원에 장식용 횃불로 사용되었든지 간에, 타키투스가 묘사한 끔찍한 방법 가운데 하나로 죽었을 것입니다.[5] 바울을 죽인 것은 결국 같은 그리스도인이었습니다. 이방 그리스도인이 유대교 율법을 지키지 않으면 형제자매로 받아들일 수 없다고 주장했던 유대 그리스도인들, 야만인과 자신을 구별하여 차별했던 헬라인들, 여성을 차별했던 남성들, 종을 차별했던 자유인들이 바울을 참을 수 없었던 것입니다.

- 하나님은 사람을 차별 없이 대하시고, 그리스도 안

에서는 유대인이나 헬라인이나, 자유인이나 종이나, 남자나 여자도 없다는 바울의 선언은 그 시대나 지금이나 가히 혁명적이라고 할 수 있습니다. 종교라는 이름으로 이웃 종교를 사탄시하고, 문명과 문화의 이름으로 다른 문명과 문화를 파괴하고, 여성이라는 이유만으로 차별하는 것은 예나 지금이나 크게 변하지 않았기 때문입니다. 하나님을 우주의 창조주이시며 인류와 모든 피조물의 구원자로 믿는 그리스도교가 같은 하나님을 믿는 다른 형제자매들에게 더 배타적이고, 다른 종교인들에게 더 공격적인 것은 아이러니입니다. 아니 자신의 신앙전통을 스스로 배신하는 행위입니다. 그러나 이것이 2천년 그리스도교의 역사이고, 한국 교회의 현실입니다.

로마 가톨릭 교황 베네딕토 16세는 2008년 6월 28일부터 2009년 6월 29일까지 1년간을 사도 바울에게 바치는 특별 희년, 이른바 '바울의 해'로 선포했습니다. 2008년은 사도 바울이 태어난 지 2000주년이 되는 해이기 때문입니다. 예수 그리스도의 종, 부르심을 받은 사도, 교회사를 통틀어 가장 빛나는 증인인 바울이 올해 유난히 한국 사회에서 더 요청되는 것은 그가 세운 그리스도교 자체가 사도 바울 자신과 화해하기 어려울 정도로 변질되었기 때문입니다. 사도 바울은 말했습니다. "그런즉 믿음, 소망, 사랑, 이 세 가지는 항상 있을 것인데, 그 중의 제일은 사랑이라"(고전 13:13). 한국 교회는 요즘 바울의 이 말씀을 바꾸어 말한다고 합니다. "그런즉 믿음, 소망, 사랑, 이 세 가지는 항상 있을 것인데, 그 중의 제일은 소망이라"고. 그러나 믿음도 아니고 소망도 아니고, 오직 사랑만이 인종과 종교와

성과 계급의 차이를 넘어 급진적 평등을 실현할 수 있습니다. 사도 바울은 복권되어야 합니다. 바울의 복권은 그리스도 교회의 복권이기 때문입니다.

영화 '밀양'과 한국 교회
마태복음 6:9-15

• 소설가 이청준 씨의 《벌레이야기》를 영화로 만든 이창동 감독의 영화, 〈밀양〉이 2007년 한국 사회의 화제가 되었습니다. 여주인공 전도연 씨가 '칸 영화제'에서 여우주연상을 받음으로써 우리 영화의 수준이 세계에서 인정받은 것도 그 이유 중의 하나였을 것입니다. 그러나 제 생각에 또 다른 이유를 들자면 그 영화가 그리스도교만이 아니라 모든 종교에서 가장 중요한 가르침의 하나, 곧 근본가치의 하나로 여기는 '용서'를 문제 삼고 있기 때문이었습니다.

이청준 씨의 원작소설,《벌레이야기》는 초등학교 4학년 장애를 가진 늦둥이 외아들이 유괴범에게 납치되어 잔혹하게 살해당한 한 어머니, 벌레만도 못한 유괴살해범을 결코 용서할 수 없었던 한 여인, 가까스로 신앙의 힘으로 살인범을 용서할 수 있을 것 같았으나, 하나님의 용서를 받아 마음의 평화를 얻었다는 살인범의 뻔뻔한 태도에 무너지는 존엄성을 감당할 수 없어 스스로 목숨을 끊은 한 여인의 이야기입니다. 세상의 모순과 부조리, 치유받기 어려운 상처를 신의 섭리라는 틀 안에서 너무나 쉽게 해결하려는 제도 교회에 저항하여 자신의 삶 자체를 끝장냄으로써 이른바 '섭리의 세계'를 부수려고 했던 한 여인의 이야기입니다. 피해자인 인간이 가해자인 인간을 용서하기 전에 하나님이 먼저 용서할 권리는 없다고, 하나님이 먼저 용서함으로써 인간이 용서할 기회를 빼앗을 수 없다고, 그래서 살인자가 그 아이의 어미 앞에서 그토록 침착하고 평화스런 얼굴을 할 수는 없다고, 절망과 고통의 뿌리에서 자살을 선택한 한 여인의 이야기입니다.

《벌레이야기》는 오늘의 한국 교회와 신학에게 질문을 던집니다. 피해자가 가해자를 용서할 수 있을까? 아니 왜 용서해야 한단 말인가? 인간적 용서는 신적 용서의 전제인가? 복수와 보복은 인간의 존엄성을 지키기 위한 최소한의 선택이 아닐까? 아들을 잃은 이 여인이 자신을 견디는 데 무엇보다 소중했던 것은 하나님의 사랑이나 섭리보다도 분노와 저주와 복수심이 아니었을까?[6] 인간의 눈으로는 이해하기 어렵고, 인간의 지혜로는 헤아릴 수 없는 것이 '주님의 사랑과 오묘한 섭리'이기 때문에 어떤 시련도 그냥 받아들여야 하는 것일까? 아들의 유괴살해라는 도저히 치유될 길 없는 깊은 상처와 충격도 신앙심 깊은 김 집사가 말하는 것처럼 '어쩌면 우리가 모르는 더 큰 사랑을 베푸시려는 주님의 뜻'[7]이라고 순순히 수용해야 할까? 분노는 오히려 자기 자신을 파괴하기 때문에 자기 자신을 위해서도 복수심에서 벗어나야 한다는 것이 인간적 경험의 결과이고 정신과 의사나 상담자의 조언이기 때문에 용서해야 할까?[8] 아니면 소설 속의 김 집사가 이야기하는 것처럼, '인간에겐 도대체 어느 경우를 막론하고 다른 사람을 심판할 권리가 없다. 인간을 마지막으로 심판할 수 있는 것은 오직 하나님 한 분뿐이시며, 사람에겐 오직 남을 용서할 의무밖에 주어지지 않았다. 그것을 거역하여 인간이 스스로 남을 원망하고 심판하려 할 때는 그 원망과 심판이 거꾸로 자신에게로 돌아오게 된다'면[9] 도대체 '정의'란 그리스도교에게 무엇이란 말인가? 그리고 그 하나님의 심판이라는 것도 현실에서 이루어지는 것이 아니라 대부분 죽음 이후, 천당과 지옥에로 유예되는 것이라면 하나님은 산 자의 하나님이 아니라 죽은 자의 하나님이란 말인가?

• 이청준의 소설 《벌레이야기》는 해답 없는 질문으로 끝납니다. 그런데 영화 〈밀양〉에서 이창동 감독은 놀라운 영상미학으로 자기 자신의 신학적인 대답을 하고 있었습니다. 영화가 시작되는 첫 장면, 곧 '구름이 떠 있는 하늘'과 영화의 마지막 장면, 자르는 머리카락이 흩어지면서 '햇볕과 그늘이 겹쳐 있는 시궁창 같은 땅과 그 위에 한 가닥 나뭇가지의 그림자'를 기억할 수 있을 것입니다. 그리고 원작 소설과 결정적으로 다른 것은 자살을 시도한 어머니가 죽지 않고 정신과 치료를 받은 후, 다시 세상으로 돌아온다는 것, 지극

히 평범한 세상 사람들(세차장 사장이면서 그녀를 마음에 두고 뒤를 따라다니는 남자와 양품점 가게 아주머니 등)이 그녀를 조건 없이 위로하고 지킨다는 것입니다.

하나님은 절대자이고 세상은 하나님의 섭리 아래에 있다는 생각 자체가 애당초 잘못된 것이라는 말이 아닐까? 하늘에는 구름이 있듯이, 햇볕과 그늘도 본래 하나이고, 하늘이 땅에서 먼 것 같아도 사실 하늘과 땅은 하나라는 것이 아닐까? 삶을 끝장내는 것이 아니라, 악착스럽게 살아남는 것이야말로 신에게 상처받은 인간이 자신의 존엄성을 지키는 길이 아닐까? 이창동 감독의 속생각까지 알 수야 없지만, 신학을 공부하는 신앙인으로서 저도 세상이 하나님의 섭리 아래 있다는 것을 승인할 수 없을 때가 많습니다. 언제부터인가 그리스도교는 한국 사회에서 천덕꾸러기 종교로 전락한 것 같습니다. 종교가 사람들의 기대를 한참 벗어나서 마침내 있으나마나 한 종교, 아니 차라리 없는 것이 더 나은 종교로 전락하게 되는 것은 종교가 자기 스스로를 천덕꾸러기로 만들기 때문입니다. 그것은 종교의 근본가치를 너무 헐값으로 바겐세일해온 결과이기도 합니다. 독일 신학자 본회퍼는 이런 그리스도교를 '은혜를 바겐세일하는 종교'라고 비판했습니다.

사랑, 용서, 화해, 관용, 덕, 용기, 죄의 고백, 책임 등 종교의 근본 가치들은 쉽게 지켜지는 것이 아닙니다. 때로는 목숨과 맞바꾸면서까지 지켜진 가치들입니다. 그런데 오늘 이런 가치들이 쉽게, 너무나 쉽게 강단에서 선포되고, 지하철 안에서 외쳐지고 있습니다. 드러나지 않게 신앙의 가치들을 지키는 신앙인들이 더 많겠지만, 자신도 지키지 않으면서 타인에게 지켜야 할 가치들을 목이 쉬도록 외치는 위선적 종교지도자들 때문에 종교적 가치 자체가 의심받는 것입니다. 영화 〈밀양〉의 영어 제목은 '비밀스런 햇볕'이라고 합니다. 밝은 것처럼 보이는 곳이 더 비밀스럽다는 뜻일까? 햇빛이 쏟아지는 곳의 이면에는 더 지독한 어둠이 있다는 말일까? 〈밀양〉은 종교의 근본가치를 현실이라는 시장에 싸구려 상품으로 팔아넘기는 오늘의 한국 교회에게 독설을 퍼붓고 있습니다. 영화 〈친절한 금자 씨〉에서 금자 씨가 말했던 것처럼 "너나 잘 하세요"라고.

• 그러나 여전히 남는 문제가 있습니다. 그것은 바로 '용서'라는 것입니다. 개인적 차원에서건 개인과 집단, 집단과 집단의 관계에서건 용서란 쉬운 일이 아닙니다. 오히려 원수는 미워해야 하고, 박해하는 사람에게는 보복해야 하는 것이 인간적 정서입니다. 엄밀한 의미에서 이미 일어난 불의는 원상회복될 수 있는 것이 아닙니다. 특히 억울하게 죽임을 당한 사람들은 이미 죽었고, 우리는 죽은 사람을 살려낼 수 없기 때문입니다. 맞은 상처는 여전히 남아 있고, 마음에 남겨진 상처도 시간이 지나면서 아물겠지만 흔적은 언제나 남아 있고, 우리는 그 상처를 온전히 치유할 수 없습니다. 그러므로 상처받은 정의를 회복하기 위해서는 우리가 당한 불의와 다른 사람이 저지른 죄를 복수하는 것이 정당한 일입니다. '눈에는 눈, 이에는 이'로 보복하는 것이 정의로운 일인 것입니다. 그래서 독일 신학

자 위르겐 몰트만 Juergen Moltmann도 "복수할 준비가 되어 있는 사람만이 화해할 수 있다. 그렇지 않으면 화해는 굴종을 종교적으로 정당화하는 것일 뿐"이라고 지적합니다.[10]

그렇습니다. 불의는 보복되어야 합니다. 그래야 정의와 질서가 회복될 것이기 때문입니다. 체제와 구조 안에서만 그런 것이 아닙니다. 개인적으로 우리가 불의를 당하면 자존심은 상처를 받고, 상처받은 자존심은 복수를 통해 치유받고, 또 굴욕에서 해방되는 느낌을 갖습니다. 그러나 복수를 하지 못할 경우 피해자는 병들게 됩니다. 자신이 비겁한 사람이 되기 때문입니다. 용기 없는 자신을 증오하거나, 억울함을 해결하지 못하는 사법체제를 원망하면서 자신이 파괴되는 것을 보고만 있는 상황에 처하게 됩니다. 그러므로 당한 불의에 대한 복수는 단순한 감정의 문제가 아니라, 도덕적 의무의 문제인 것입니다.[11]

그런데 예수님은 "일곱 번뿐 아니라, 일곱 번을 일흔 번까지라도 용서하라"(마 18:22)고 말씀하십니다. "우리가 우리에게 죄지은 자를 사하여 준 것같이 우리 죄를 사하여 주시라"고 기도할 것을 가르치십니다(마 6:12). "원수를 사랑하고, 박해하는 사람을 위해 기도하라"고 말씀하십니다(마 5:44). 이렇게 해야 우리가 하늘에 계신 아버지의 아들이 될 것이며(마 5:45), 하늘에 계신 아버지의 온전하심과 같이 우리도 온전해야 한다(마 5:48)는 것입니다. 그렇다면 우리가 용서하는 것은 예수께서 용서하라고 말씀하셨기 때문이며, 이를 통해 우리가 하나님의 자녀가 되고 하나님처럼 온전해지기 위해서라는 말일까요? 그렇다면 그리스도교가 말하는 용서는 보복하지 못해 어쩔 수 없이 선택하는 도덕적 우월감도 아니고, 용서하지 않고 분을 품고 있으면 자기 자신이 파괴되기 때문에 취하는 심리적인 자기위안도 아니라고 할 수 있습니다. 바가바드기타가 "용감한 사람을 보기를 원하면 용서할 줄 아는 사람을 보라. 영웅을 보기를 원하면 미움을 사랑으로 되돌려 보내는 사람을 보라"고 말하는 것처럼, 용감한 사람, 영웅이 되기 위하여 용서하는 것도 아닙니다.[12]

예수께서 우리에게 용서하라고 명령하실 때, 예수께서는 우리를 동네북으로 만들거나, 오른쪽 뺨을 맞고도 다시 왼쪽 뺨을 내놓음으로써 갑절로 희생당하는 희생자 집단을 만들기 위해서 그런 것이 아닙니다. 예수께서는 희생자 집단이나 '마조히스트'들을 만들어내는 일에 관심이 없습니다. 세상은 이미 충분한 희생자들을 양산해내고 있기 때문입니다. 또 예수는 용서와 화해라는 위장된 도덕성 안에서 사실상의 무관심을 정당화하거나 공분의식조차 없는 구역질나는 중립을 지키라고 명령하는 것도 아닙니다.

예수께서 우리에게 용서를 명령하신 것은 끝없이 돌고 도는 보복과 복수의 쳇바퀴를 멈춰 세우라는 초대라고 저는 이해합니다. 그러나 용서는 인간적 가능성이 아닙니다. 용서할 수 있는 용기는 우리가 용서받은 사람들이라는, 우리도 용서를 필요로 하는 존재라는 깨달음과 겸손에서만 비롯됩니다. 인간의 용서는 우리가 하나님께 먼저 용서받은 것에 대한 응답으로 시작합니다. 그러므로 인간의 용서는 우리에게 해를 가한 다른 사람을 향한 관대함의 행위이기보다는,

우리를 용서하시는 하나님을 향한 감사의 행위입니다.13

그러나, 아니 그럼에도 불구하고, 용서는 결코 인간적이고 자연적인 것이 아닙니다. 용서할 수 있는 죄가 있는가 하면, 절대로 용서하지 못할 죄도 있는 것입니다. 하나님에게는 용서하지 못할 죄가 없을지 몰라도 사람 사이에서는 용서할 수 없는 죄, 용서해서는 안 될 죄가 있습니다. 물론 개인적 차원에서는 사과와 보상과 배상, 법적 책임을 짐으로써 해결될 일이 있습니다. 마음의 상처라는 것도 육체의 상처와 마찬가지로 많은 경우 시간과 망각이 치유에 도움이 됩니다. 그러나 공동체 혹은 역사에 대한 죄도 용서될 수 있을까요? 아니 용서해야 할까요? 나치와 유대인, 아프리카에서 백인과 흑인, 북아일랜드에서 천주교와 개신교, 이슬람과 그리스도교, 보스니아에서의 인종청소, 인도네시아와 동티모르, 이스라엘과 팔레스타인, 광주 민중과 신군부와의 관계에서도 용서는 가능할까요? 아니 용서해야 할까요?

용서할 수 없는 것은 용서할 수 없는 것으로 남겨두어야 합니다. 설령 우리가 그것 때문에 왜 그리스도교인이면서 예수의 가르침을 따르지 않느냐는 비난을 받고, 왜 하나님처럼 온전해지지 못하느냐고 비난받는 일이 있어도 용서할 수 없는 것은 단호하게 용서를 거부해야 합니다. 값싼 용서가 있듯이 값비싼 용서도 있습니다. 기억과의 화해가 '미래를 위한' 용서, '미래를 향한' 용서가 아닐 때, 그것은 값싼 은혜로서의 용서가 될 것입니다.

• 2007년은 한국 그리스도교에게 역사상 가장 고통스런 도전을 받은 한 해였습니다. 아프가니스탄에서의 단기 선교팀 피랍사건에서 폭발된 반기독교 정서는 기독교를 '개독교'로 표현할 만큼 적대적이었습니다. 왜 오늘 한국 사회에서 우리 그리스도교가 이런 시각으로 평가받아야 한단 말일까요? 한국 민족과 민중의 고통과 고난의 십자가를 함께 짊어짐으로써 민족의 희망이 되었던 그리스도교가 왜 오늘 이런 취급을 받아야 한단 말일까요?

우리는 지금 값비싼 은혜를 헐값에 '바겐세일' 해온 '값싼 그리스도교'가 흔들리는 것을 보고 있습니다. 현실을 단순한 도덕으로 환원시켜 고통받는 인간 실존의 심연을 애써 외면하고, 차지도 않고 뜨겁지도 않고 미지근하고(계 3:15-16), '오직 믿음으로만'이라는 교리를 수행과 실천 없는 말만의 믿음을 정당화하는 도구로 전락시키는 그리스도교인들 때문에, 성직주의의 뒤에 숨어 가르침대로 살지 않는 소위 종교지도자들 때문에 그리스도교가 천덕꾸러기로 전락하고 있는 것입니다. 영화 〈밀양〉은 이런 그리스도교에 도전하고 있습니다. 인간적 삶의 모순과 부조리를 정직하게 인식하지 않고 또 분노할 줄도 모르면서, 그것을 쉽게 신의 섭리라는 틀 안에 꿰맞추려고 하는 한, 그리스도교는 값싼 은혜의 종교로 더 깊이 추락할 것임을 〈밀양〉은 더 이상 비밀스럽지 않게 폭로하고 있는 것입니다.

무신론자이며 마르크스주의 철학자였던 독일의 에른스트 블로흐Ernst Bloch는 "희망이 있는 곳에 종교가 있다"고 말했습니다. 그런데 오늘 우리는 한국 사회에서 과연 "종교가 있는 곳에 희망이 있다"고

과감하게 주장할 수 있을까요? 지금은 한국 교회가 우리 민족과 인류에게 희망의 근원이 되어야 할 때입니다. 그러기 위해서는 우리 그리스도인들이 자신을 예수님의 제자로서 가장 소중하게 여기고, 신앙의 근본가치들을 스스로 지키고 실천할 수 있어야 합니다. 하나님께서 우리에게 자비와 능력으로 함께 하시어, 우리가 세상에 희망을 주는 공동체가 될 수 있기를 기도합니다.

주(註)

1장_ 아래로부터의 기적
1) 헤럴드 쿠쉬너, 왜 착한 사람에게 나쁜 일이 일어날까?, 김하범 역, 27.
2) 같은 책, 33.
3) 같은 책, 34.
4) 같은 책, 42.
5) 같은 책, 45.
6) 같은 책, 46.
7) 같은 책, 194.
8) 같은 책, 170.
9) 같은 책, 180-181.
10) 같은 책, 203.
11) 같은 책, 181.
12) 로버트 팔콘 스콧, 《남극일기》, 박미경 편역, 세상을 여는 창, 2005, 19.
13) 슈테판 츠바이크, 《광기와 우연의 역사》, 안인희 역, 자작나무, 1996, 295-296.

2장_ 하나님의 아름다움
1) 피터 콜리어, 데이빗 호로위츠, 《록펠러가의 사람들》, 함규진 역, 씨앗을 뿌리는 사람, 2004, 24-25.
2) 이른바 라카펠러 10계명은 다음과 같은데, 출처는 분명하지 않다: 1) 하나님을 친 아버지처럼 섬겨라. 2) 목사님을 하나님 다음으로 섬겨라. 3) 오른쪽 주머니는 십일조 주머니가 되게 하라. 4) 어떤 사람하고도 원수를 맺지 말라. 5) 주일은 자기 교회에서 예배드려라. 6) 하루 일을 기도로 하나님께 부탁하라. 7) 하루 한 일을 끝낼 때 기도하여 아뢰라. 8) 성서부터 읽어라. 9) 선한 일을 할 때는 크게 하라. 10) 예배 시간에는 제일 앞자리에 앉아라.
3) 임홍빈, 《뉘앙스 풀이를 겸한 우리말 사전》, 아카데미하우스, 1993, 468 참조.

3장_ 현실의 부정과 하나님의 긍정

1) 최상진, 《눈치: 한국인 사이의 커뮤니케이션, 사이》, 지식산업사, 2002, 7, 창간호, 208.
2) 고종희, 《명화로 읽는 성서 - 성과 속을 넘나든 화가들》, 한길아트, 2000, 108-110 참고.
3) 고종희, 같은 책, 110.
4) 장 도미니크 보비, 《잠수복과 나비》, 양영란 역, 동문선현대신서 154, 1997, 12.
5) 같은 책, 37.
6) 같은 책, 18.
7) 같은 책, 22.
8) 같은 책, 129.
9) 오늘 지구상에는 18억이 넘는 인구가 하루에 1달러도 안 되는 수입에 의존해 극도의 빈곤 속에서 살고 있다. 반면 가장 부유한 1%의 인구는 가난한 사람 57%의 수입을 모두 합한 것과 같은 액수의 돈을 번다. 해마다 세계 인구의 1%인 6,200만 명이 무슨 이유로건 사망하는데, 2006년의 경우, 이 중에서 3,600만 명 이상이 기아 또는 영양결핍으로 인한 질병으로 사망했다. 그런데 이 기아란 다름 아닌 인간이 만들어낸 산물이다. 기아로 죽는 사람은 살해당한 것이라고 해도 과언이 아닌데, 이 살인자의 이름은 '부채'다. 장 지글러, 《탐욕의 시대: 누가 세계를 더 가난하게 만드는가?》, 양영란 역, 갈라파고스, 2008, 116.
10) 전 세계 모든 국가의 군비지출총액은 2004년 1조 달러를 넘어섰다. 그 가운데 47%는 미국이 집행한다. 뉴욕 맨해튼의 타임스 스퀘어에는 이라크와의 전쟁에 들어가는 비용을 실시간으로 보여주는 거대한 전광판이 있는데, 2004년 8월 25일 수요일, 1,345억 달러로 시작된 전쟁 비용은 하루에 1억 7,700억 달러씩 증가하고 있다. 이는 시간당 740만 달러, 분당 122,820달러에 해당한다. 그런데 유엔개발계획의 2006년 연례보고서에 따르면, 해마다 850억 달러씩 10년 동안 투자한다면, 지구상의 모든 사람은 기초적인 교육과 기초적인 의료, 적절한 영양, 식수, 기본적인 위생시스템을 보장받을 수 있을 뿐만 아니라, 여성들은 적절한 산부인과 치료도 받을 수 있다고 한다. 장 지글러, 《탐욕의 시대: 누가 세계를 더 가난하게 만드는가?》, 양영란 역, 갈라파고스, 2008, 50.

4장_ 이스카리옷 유다에 대한 명상

1) 〈한겨레신문〉, 1995. 2. 23.
2) 밀란 쿤데라, 《시혜》, 하문사, 1997, 72.
3) James M. Robinson, *The Secrets of Judas: The Story of the Misunderstood*

Disciple and His Lost Gospel, HarperSanFrancisco, 2006, 33-35 참조.
4) 카트린 슐라르 책임편집, 《유다》, 박아르마 역, 이룸, 2003, 127.
5) 위의 책, 117.
6) 리하르트 그루노브 엮음, 《칼 바르트의 신학묵상》, 이신건 외 역, 대한그리스도 교서회, 2009, 201-202 참조.
7) 위의 책, 204.
8) 위의 책, 205.
9) 위의 책, 207.
10) 위의 책, 209.
11) 위의 책, 209.
12) 위의 책, 212.
13) 카트린 슐라르 책임편집, 《유다》, 박아르마 역, 이룸, 2003, 165-166 참조.
14) 켄트 게이스, 《그래도 우리에겐 아직 희망이 있다》, 문채원 역, 더난출판, 2003, 72-73.
15) 박희병 편역, 《선인들의 공부법》, 창작과 비평사, 1998, 70-71.

5장_ 생명파괴와 치유의 길

1) 〈한겨레신문〉, 2008. 8. 27.
2) 샘 해리스, 《종교의 종말》, 김원옥 역, 한언, 2005, 31-32.
3) 리처드 도킨스, 《만들어진 신》, 이한음 역, 김영사, 2007, 14.
4) 게리 윌스, 《바울은 그렇게 가르치지 않았다》, 김창락 역, 돋을새김, 2007, 8-9.
5) 위의 책, 242.
6) 〈밀양〉, 이청준 소설 원제《벌레이야기》, 열림원, 2007, 54-55.
7) 위의 책, 52.
8) 위의 책, 62, 65.
9) 위의 책, 63.
10) 위르겐 몰트만, 《그리스도가 계신 곳에 생명이 있습니다》, 채수일 역, 대한그리스도교서회, 1997, 37.
11) 위의 책, 38.
12) 달라이 라마, 빅터 첸, 《용서》, 류시화 역, 오래된 미래, 2004, 11.
13) 스탠리 하우어워스, 윌리엄 윌리몬, 《주여, 기도를 가르쳐 주소서》, 이종태 역, 복 있는 사람, 2006, 139.

하나님의 아름다움

2011년 9월 14일 초판 1쇄 인쇄
2011년 9월 19일 초판 1쇄 발행

지은이 | 채수일
펴낸이 | 김영호
펴낸곳 | 도서출판 동연
편   집 | 조영균 디자인 | 이선희 관 리 | 이영주
등   록 | 제1-1383호(1992. 6. 12)
주   소 | 서울시 마포구 망원2동 472-11 2층
전   화 | (02)335-2630
전   송 | (02)335-2640
이메일 | ymedia@paran.com
홈페이지 www.y-media.co.kr

ISBN 978-89-6447-155-5 03200

Copyright ⓒ 채수일, 2011

이 책은 저작권법에 따라 보호받는 저작물이므로 무단 전재와 복제를 금합니다.
책값은 뒤표지에 나와 있습니다.
잘못된 책은 바꾸어 드립니다.